古典文獻研究輯刊

三九編

潘美月・杜潔祥 主編

第52冊

蔡守集
（第八冊）

伍慶祿、蔡慶高 著

國家圖書館出版品預行編目資料

蔡守集（第八冊）／伍慶祿、蔡慶高 著 -- 初版 -- 新北市：
花木蘭文化事業有限公司，2024〔民113〕
目 2+220 面；19×26 公分
（古典文獻研究輯刊 三九編；第52冊）
ISBN 978-626-344-972-5（精裝）
1.CST：蔡守 2.CST：學術思想 3.CST：研究考訂
011.08　　　　　　　　　　　　　　　　113009890

ISBN-978-626-344-972-5

9 786263 449725

古典文獻研究輯刊
三九編　第五二冊　　　　　ISBN：978-626-344-972-5

蔡守集
（第八冊）

作　　者	伍慶祿、蔡慶高
主　　編	潘美月、杜潔祥
總 編 輯	杜潔祥
副總編輯	楊嘉樂
編輯主任	許郁翎
編　　輯	潘玟靜、蔡正宣　美術編輯　陳逸婷
出　　版	花木蘭文化事業有限公司
發 行 人	高小娟
聯絡地址	235 新北市中和區中安街七二號十三樓
	電話：02-2923-1455／傳真：02-2923-1400
網　　址	http://www.huamulan.tw 信箱 service@huamulans.com
印　　刷	普羅文化出版廣告事業
初　　版	2024 年 9 月
定　　價	三九編 65 冊（精裝）新台幣 175,000 元

蔡守集
（第八冊）

伍慶祿、蔡慶高　著

目次

二、蔡守與古人交流考

姓氏檢索

二畫：丁　七　八　九

三畫：于　大　山　六

四畫：王　元　天　巨　支　尤　升　今　毛　方　卞　文　巴　尹　孔

五畫：甘　可　古　左　石　史　白　包　玄　司空　司馬　弘

六畫：吉　成　列　呂　自　伏　仲　伊　任　伍　朱　羊　祁　米　江
　　　　阮

七畫：李　武　求　車　杜　束　吾　吳　岑　貝　佛　何　伽　伯　邱
　　　　狄　余　佘　妙　辛　宋　完顏　汪　沈　改　邵

八畫：長　林　杭　范　郁　尚　依　岳　季　竺　金　周　法　初　郎
　　　　宗　屈　居　孟

九畫：柳　查　胡　封　荀　南　冒　侯　信　段　俞　紀　姚　施　洪
　　　　姜　胥　韋

十畫：秦　華　袁　班　馬　桂　莫　莊　耿　晉　真　夏　時　畢　恩
　　　　晏　晁　郭　唐　高　席　祝　海　倪　徐　殷　般　翁　奚　陶
　　　　孫　陸　陳　納

十一畫：梅　黃　曹　菩　雪　盛　區　國　婁　許　章　康　清　淨　梁
　　　　　符　崔　崇　屠　張　巢　貫　庾

十二畫：彭　萬　葉　惠　董　葛　揚　項　愚　閔　惲　勞　湯　道　湛
　　　　　曾　寒　喬　嵇　程　焦　傅　剩　舒　鄔　鄒　費　賀　馮　達

十三畫：髠　蒙　夢　裘　楊　載　賈　甄　義　溫　褚　愛新覺羅　鳩

十四畫：趙　蔡　慕　蔣　厲　裴　廖　鄭　端　譚　榮　管　僧　錢
　　　　　翟　鄧

十五畫：樓　摯　樊　歐　談　慶　黎　潘　劉　樂　衛

十六畫：駱　霍　薛　燕　賴　曇　龍　鄺　澹　鮑　闍　閻　錫　盧

十七畫：戴　韓　藍　謝　應　繆　鍾　魏

十八畫：聶　瞿　關　邊　歸　顏

十九畫：蘇　嚴　羅　寶

二十畫：釋

姓名檢索

毛晉　毛奇齡　毛袞

方岳　方虛谷　方絜　方朔　方濬益　方可中　方嵩年

卞和

文徵明　文彭　文謙光　文鼎　文信

巴慰祖

尹滋亭　尹濟源　尹良

孔子　孔齊　孔繁社　孔四貞　孔繼涵　孔繼涑　孔繼勳

五畫：甘　可　古　左　石　史　白　包　玄　司空　司馬　弘

甘忠可　甘暘

可韻上人

古淨

左思　左宗棠

石濤　石達開

史達祖　史際　史藥

白明達　白居易　白行簡　白樸　白陽翁

包世臣

玄奘

司空曙　司空圖

司馬相如

弘忍　弘仁

六畫：吉　成　列　呂　自　伏　仲　伊　任　伍　朱　羊　祁　米
　　　江　阮

吉安

成公綏　成鷲

列子

呂岩　呂公著　呂本中

自渡

伏勝　伏女

仲長統

伊秉綬

任熊　任薰　任頤　任貴震

伍元華

朱泚　朱劻　朱熹　朱淑真　朱碧山　朱芾　朱錦　朱鶴　朱大韶　朱簡
朱耷　朱彝尊　朱履貞　朱鶴年　朱為弼　朱士端　朱善旂　朱緒曾　朱驌
朱一新　朱福詵　朱楓　朱堅　朱伯姬　朱維瀚　朱象賢　朱必信

羊祜

祁承㸁　祁世長

米芾

江總　江致和　江皜臣　江聽香　江秬香　江逢辰　江德量　江樹昀
江蕃

阮瑀　阮孝緒　阮閎　阮慰民　阮葵生　阮元

七畫：李　武　求　車　杜　束　吾　吳　岑　貝　佛　何　伽　伯
　　　邱　狄　余　佘　妙　辛　宋　完顏　汪　沈　改　邵

李耳　李斯　李白　李泌　李陽冰　李德裕　李賀　李石　李商隱
李亢　李存勖　李煜　李順　李邦彥　李之儀　李唐　李清照　李孝美
李好文　李孔修　李延機　李日華　李流芳　李成棟　李煙客　李稔　李光暎
李世瑞　李鱓　李方膺　李兆洛　李南澗　李文藻　李調元　李湖　李明徹
李魁　李錫齡　李鼎元　李麟徵　李秉禮　李秉綬　李璋煜　李佐賢　李鴻藻
李瀚章　李元度　李用清　李慈銘　李鴻裔　李文田　李錦鴻　李希喬
李桂林　李騰霄　李宗蓮　李朋亭

武則天　武億

求那毗地　求那跋摩

車袞

杜預　杜甫　杜荀鶴　杜鎬

束皙

吾丘衍

吳季札　吳道子　吳融　吳文英　吳炳　吳寬　吳廷舉　吳應箕　吳扣扣
吳妙明　吳偉業　吳三桂　吳履　吳蘭修　吳梅鼎　吳兆騫　吳歷　吳觀均
吳焯　吳翌鳳　吳驤　吳升　吳省蘭　吳廷瑞　吳嵩梁　吳德旋　吳榮光
吳世宜　吳式芬　吳藻　吳廷康　吳熙載　吳昭良　吳平齋　吳咨　吳之璠
吳思忠　吳逸香　吳天松

岑梵則　岑毓英

貝守一

佛陀跋陀羅

何遜　何延之　何震　何吾騶　何騰蛟　何石閭　何春巢　何夢華
何太青　何文綺　何紹基　何蘭士　何璟　何昆玉　何子彬

伽羅叉

伯夷、叔齊　伯圜尹

邱光庭　邱濬　邱峻

狄青

余懷　余集　余楘　余錫純

佘啟祥

妙湛　妙慧

辛仲湘

宋璟　宋雪岩　宋大樽　宋世犖　宋玉　宋咸熙　宋振譽　宋慶凝

完顏崇厚

汪伯彥　汪元量　汪琬　汪戀麟　汪森　汪文柏　汪士慎　汪憲　汪梅鼎
汪雲任　汪心農　汪肇龍　汪啟淑　汪學金　汪士鍾　汪鋆　汪正元

沈約　沈懷遠　沈與求　沈周　沈與文　沈璟　沈存周　沈瑩中　沈德符
沈兼　沈初　沈彩　沈石薌　沈秉成　沈樹鏞　沈源深　沈育佳

改琦

邵旭茂　邵亨貞　邵二泉　邵積誠

八畫：長　林　杭　范　郁　尚　依　岳　季　竺　金　周　法　初
　　　　郎　宗　屈　居　孟

長萃

林逋　林待用　林俊　林侗　林皋　林召棠

杭世駿

范仲淹　范咸　范恩章

郁松年

尚均

依克唐阿

岳飛

季彤

竺佛念　竺法護

金德淑　金光襲　金沙僧　金農　金學蓮　金和　金錫鬯　金鍾秀
金忠淳

周厲王　周文子　周煇　周密　周砥　周之冕　周懋光　周北山　周亮工
周高起　周顒　周笠　周日炳　周初瀋　周栻　周德馨　周世錦　周農
周普潤　周有經　周作礑　周斌

法立共　法炬　法式善

初尚齡

郎廷極

宗養

屈大均

居巢

孟郊　孟佐舜　孟瑢　孟容

九畫：柳　查　胡　封　荀　南　冒　侯　信　段　俞　紀　姚　施
　　　　洪　姜　胥　韋

柳宗元　柳永　柳公權

查伊璜　查梅史　查繼佐　查禮

胡仔　胡正言　胡我琨　胡亦常　胡唐　胡騋　胡琇　胡林翼　胡震
胡公壽　胡義贊　胡勳裕　胡雄飛　胡金竹　胡退處　胡熊鍔

封演　封寧

荀子

南洲和尚

冒襄　冒俊

侯白　侯學詩

信修

段頴

俞琰　俞正燮　俞樾　俞熊

紀昀

姚文式　姚合　姚元澤　姚獨庵　姚咨　姚谷符　姚成烈　姚根雲
姚筠　姚詩雅

施護　施閏章　施世驃

洪劼　洪遵　洪文惠　洪良品　洪亮　洪思亮

姜夔　姜紹書　姜千里　姜垛

胥燕亭

韋誕　韋陟　韋昌輝

十畫：秦　華　袁　班　馬　桂　莫　莊　耿　晉　真　夏　時　畢
　　　恩　晏　晁　郭　唐　高　席　祝　海　倪　徐　殷　般　翁
　　　奚　陶　孫　陸　陳　納

秦韜玉　秦鎬　秦恩復　秦敏樹　秦炳直

華瑞璜　華師道

袁大舍　袁滋　袁正真　袁容　袁中道　袁特丘　袁枚

班固　班昭

馬援　馬鈺　馬湘蘭　馬治　馬景沖　馬思贊　馬曰璐　馬履泰　馬傅岩
馬傳庚　馬秋藥　馬三　馬昂伯

桂馥　桂文耀

莫耀

莊有恭

耿精忠

晉灼

真諦

夏雲英　夏之鼎

時大彬

畢沅

恩齡

晏殊　晏袤　晏端

晁公武

郭璞　郭象　郭緣生　郭震　郭崇韜　郭登　郭有本　郭厚菴　郭麐
郭尚先　郭嵩燾　郭毓圻　郭適

唐秉鈞　唐孝女　唐仲冕　唐友耕　唐椿森　唐炯

高誘　高仲武　高觀國　高濂　高儼　高爽泉　高其倬　高鳳翰　高繼衍
高燮曾

席佩蘭

祝允明

海瑞

倪瓚　倪元璐　倪鴻　倪耘　倪小航　倪印元

徐穉　徐盛　徐熙　徐霆　徐渭　徐象梅　徐元　徐應秋　徐霞客　徐次京　徐柳臣　徐康　徐釚　徐乾學　徐鑄　徐同柏　徐松　徐渭仁　徐延旭　徐三庚　徐致祥　徐懋

殷樹柏

般剌密諦

翁樹培　翁方綱

奚岡　奚疑

陶弘景　陶潛　陶穀　陶岳　陶宗儀　陶淇

孫登　孫思邈　孫光憲　孫道明　孫承澤　孫寶侗　孫汝梅　孫宗濂　孫星衍　孫原湘　孫衣言　孫毓汶　孫詒讓　孫樊　孫元培　孫君尚

陸賈　陸璣　陸翽　陸士修　陸羽　陸龜蒙　陸游　陸小掘　陸子剛　陸萬齡　陸飛　陸烜　陸鼎　陸增祥　陸心源　陸廷黼

陳琳　陳叔寶　陳子昂　陳陶　陳摶　陳師道　陳起　陳居中　陳道復　陳紹儒　陳子壯　陳朝輔　陳貞慧　陳用卿　陳有守　陳仁錫　陳鳴遠　陳弘緒　陳洪綬　陳子升　陳維崧　陳恭尹　陳書　陳撰　陳昌齊　陳鱣　陳鴻壽　陳文述　陳晟熾　陳澧　陳介祺　陳彝　陳懋侯　陳琇瑩　陳經　陳壽昌　陳份　陳萊孝　陳潤書　陳亮伯　陳樹鏞　陳舒　陳曇　陳煜駰

納蘭性德

十一畫：梅　黃　曹　菩　雪　盛　區　國　婁　許　章　康　清　淨　梁　符　崔　崇　屠　張　巢　貫　庾

梅摯　梅堯臣　梅清

黃筌　黃庭堅　黃子行　黃佐　黃士俊　黃道周　黃聖年　黃貞　黃虞六　黃雲淡　黃元吉　黃之雋　黃慎　黃任　黃易　黃景仁　黃丹書　黃丕烈　黃釗　黃明熏　黃安濤　黃培芳　黃冕　黃喬松　黃曾　黃體芳　黃國瑾　黃鳳江　黃樂之　黃彭年　黃紹憲　黃景侖　黃顯章　黃宗繹　黃彝年　黃璟　黃呂

曹子臧　曹丕　曹植　曹唐　曹昭　曹溶　曹廉讓　曹文植　曹載奎

曹貽孫

　　菩提留支

　　雪礀

　　盛弘之　　盛懋　　盛時泰　　盛大士　　盛志達　　盛山甫

　　區玉章

　　國英

　　婁機

　　許光治　　許光清　　許庚身　　許振煒　　許謹齋

　　章得象　　章麗真　　章耀廷　　章珠垣

　　康曾定

　　清河僧智海

　　淨蓮

　　梁巘　　梁師我　　梁儲　　梁裹　　梁小玉　　梁年　　梁詩正　　梁清標　　梁槤

梁章巨　　梁廷枬　　梁麟生　　梁僧寶　　梁九圖　　梁志文　　梁玉書

　　符翁

　　崔實　　崔豹　　崔液　　崔顥　　崔希範

　　崇恩　　崇裕

　　屠隆　　屠倬

　　張湯　　張陵　　張衡　　張華　　張揖　　張鷟　　張說　　張九齡　　張文成　　張珀

張彥遠　　張伯端　　張孝祥　　張臺　　張士亨　　張珪　　張詡　　張風　　張謙德

張鳴岐　　張大復　　張溥　　張穆　　張塤　　張喬　　張岱　　張泓　　張錦芳　　張香修

張青選　　張燕昌　　張衍基　　張如芝　　張熊　　張澹　　張長發　　張問陶　　張邦佐

張辛　　張海鵬　　張惠言　　張廷濟　　張維屏　　張祥河　　張之萬　　張芾　　張曜

張端木　　張崇懿　　張一鳴　　張憲　　張預　　張硯秋　　張元普　　張鶴千　　張寶銛

　　巢鳴盛

　　貫休

　　庾信

十二畫：彭　　萬　　葉　　惠　　董　　葛　　揚　　項　　愚　　閔　　惲　　勞　　湯　　道
　　　　湛　　曾　　寒　　喬　　嵇　　程　　焦　　傅　　剩　　舒　　鄔　　鄒　　費　　賀
　　　　馮　　達

　　彭大雅　　彭年　　彭孟陽　　彭睿瓘　　彭邦疇　　彭玉鱗　　彭啟豐　　彭玉嵌

萬光煒

葉夢得　葉盛　葉小鸞　葉志詵　葉小庚

惠能　惠孟臣　惠逸公　惠棟

董源　董回　董其昌　董翰　董斯張　董小宛　董洵　董教增　董復表　董金南

葛洪　葛子厚

揚雄　揚無咎

項篤壽　項元汴　項真

愚極

閔振聲　閔華　閔乃始

惲壽平　惲敬　惲珠

勞勳成

湯顯祖　湯貽汾　湯今頎

道安

湛若水

曾鞏　曾逢泰　曾燠　曾國藩　曾國荃　曾紀澤　曾敬熙

寒山

喬重禧

嵇康　嵇含

程邈　程元鳳　程大昌　程嘉燧　程邃　程晉芳　程瑤田　程國仁　程振甲　程芝華

焦贛

傅玄　傅占衡　傅棠

剩人和尚

舒仲山　舒位

鄔純嘏

鄒元標　鄒之麟

費詩　費丹旭

賀鑄

馮道　馮敏昌　馮登府　馮承輝　馮龍官

達摩笈多　達受

十三畫：髡　蒙　夢　裘　楊　載　賈　甄　義　溫　褚　愛新覺羅
　　　　　鳩

　　髡殘

　　蒙恬

　　夢英

　　裘璉　　裘曰修

　　楊孚　　楊利　　楊泉　　楊玉環　　楊巨源　　楊維楨　　楊慎　　楊儀　　楊繼盛
楊繩武　　楊文聰　　楊維斗　　楊玉璿　　楊中訥　　楊賓　　楊鐸　　楊芳燦　　楊秀清
楊以增　　楊瀚　　楊尚文　　楊峴　　楊岳斌　　楊浚　　楊晨　　楊應祖　　楊健　　楊彭年
楊戀建　　楊聖宜

　　載山

　　賈島　　賈似道

　　甄鸞

　　義淨

　　溫承悌

　　褚人獲　　褚成博

　　愛新覺羅·長麟　　愛新覺羅·永瑆　　愛新覺羅·裕興　　愛新覺羅·昭蓮
愛新覺羅·綿愷　　愛新覺羅·奕訢　　愛新覺羅·寶廷　　愛新覺羅·裕瑞

　　鳩摩羅什

十四畫：趙　蔡　慕　蔣　厲　裴　廖　鄭　端　譚　榮　管　僧　錢
　　　　　翟　鄧

　　趙璘　　趙彥端　　趙宜之　　趙孟頫　　趙同魯　　趙南星　　趙宧光　　趙昱　　趙翼
趙宜喜　　趙之琛　　趙懿　　趙飲谷　　趙希璜　　趙魏　　趙紹祖　　趙慎畛　　趙之謙
趙穆　　趙時熙　　趙煥聯　　趙彪詔

　　蔡邕　　蔡克　　蔡京　　蔡脩　　蔡松年　　蔡條　　蔡子銘　　蔡司霈　　蔡毓榮
蔡琬　　蔡時敏　　蔡鑾揚　　蔡錫恭　　蔡錦泉　　蔡若舟　　蔡愷　　蔡爾眉　　蔡廷楫
蔡芸甫　　蔡應嵩　　蔡雲　　蔡兆華

　　慕榮幹

　　蔣衡　　蔣溥　　蔣寶齡　　蔣士銓　　蔣仁　　蔣知讓　　蔣攸銛　　蔣列卿　　蔣光煦

　　厲鶚

　　裴松之

廖壽恒　廖廷相

鄭虔　鄭谷　鄭符　鄭熊　鄭三俊　鄭成功　鄭燮　鄭灝若　鄭寧侯
鄭開禧　鄭小谷　鄭鑾

端木埰

譚積　譚宗浚

榮祿

管仲　管道升　管道昇　管庭芬

僧佑　僧伽提婆　僧六舟

錢起　錢鏐　錢易　錢選　錢谷　錢謙益　錢曾　錢陳群　錢載　錢大昕
錢侗　錢叔美　錢坫　錢泳　錢杜　錢熙經　錢熙祚　錢松　錢式　錢熙載
錢志偉

翟雲升

鄧溪　鄧伯羔　鄧石如　鄧承修　鄧奎　鄧淳　鄧蔭泉

十五畫：樓　摯　樊　歐　談　慶　黎　潘　劉　樂　衛

樓儼

摯虞

樊圻

歐旦良　歐陽修

談修

慶裕　慶保

黎遂球　黎簡

潘岳　潘仕成　潘耒　潘奕雋　潘有為　潘正亨　潘正衡　潘楷　潘紹經
潘存　潘祖蔭　潘恕　潘桐岡　潘培楷　潘鼎亨　潘寶琦　潘寶琛　潘頤福
潘淑

劉向　劉歆　劉安　劉孝孫　劉長卿　劉肅　劉鎮　劉辰翁　劉球　劉洪
劉獻廷　劉世馨　劉彬華　劉華東　劉喜海　劉銘傳　劉錦棠　劉學詢
劉師陸

樂史

衛鑠

十六畫：駱　霍　薛　燕　賴　曇　龍　鄺　澹　鮑　闍　閻　錫　盧

駱綺蘭　駱秉章

霍韜

薛能　薛昂　薛尚功　薛瑄　薛始亨　薛雪

燕文貴

賴俶

曇無竭　曇無讖

龍應時　龍元任　龍元僖　龍葆誠

鄺露

澹臺明滅　澹菴

鮑昭代　鮑廷博　鮑康　鮑超　鮑臨

闍那崛多

閣望雲　閣敬銘

錫申　錫珍

盧循　盧懷慎　盧肇　盧見曾　盧擇元　盧同伯　盧葵生　盧毓芬

盧觀恒

十七畫：戴　韓　藍　謝　應　繆　鍾　魏

戴昺　戴埴　戴明說　戴敦元　戴熙　戴澤春

韓非　韓嬰　韓愈　韓翃　韓泰華　韓日纘　韓鈿閣　韓崶　韓騏　韓崇

藍漣

謝道韞　謝疊山　謝文肅　謝榛　謝肇淛　謝振定　謝蘭生　謝吉暉

應場　應時良

繆頌

鍾離春　鍾繇　鍾離權　鍾嶸

魏伯陽　魏忠賢　魏錫曾　魏春松

十八畫：聶　瞿　關　邊　歸　顏

聶道真

瞿應紹　瞿中溶

關尹子　關魯窩　關復生

邊讓　邊壽民

歸有光　歸昌世

顏之推　顏師古　顏真卿

十九畫：蘇　嚴　羅　寶

蘇武　蘇易簡　蘇軾　蘇轍　蘇過　蘇雲卿　蘇宣　蘇六朋　蘇孫瞻
嚴元照　嚴儀生　嚴保庸　嚴大昌　嚴邦英
羅隱　羅泌　羅志仁　羅子開　羅石　羅雅谷　羅天尺　羅聘　羅傳球
羅季躍
寶鋆

二十畫：釋

釋道宣　釋道世　釋古亳

二十一畫：鐵　酈　顧

鐵腳道人
酈道元
顧烜　顧元慶　顧從德　顧憲成　顧炎武　顧苓　顧橫波　顧杲　顧祖禹
顧嗣立　顧修　顧洛　顧沅　顧文彬

二十二畫：龔

龔大明　龔鼎臣　龔開　龔鼎孳　龔春　龔賢　龔自珍　龔照瑗
龔在德

二畫：丁　七　八　九

丁敬（清 1695～1765），字敬身，號硯林，又號鈍丁，別號玩茶叟、丁居士、龍泓山人、硯林外史、勝怠老人、孤雲石叟，浙江錢塘人。好金石碑版，精鑒別，富收藏，工詩，善書法。篆刻取法秦璽漢印，並吸收何震、朱簡等人之長，善多頭取法，孕育變化，以切刀法刻印，方中有圓，蒼勁質樸，一洗矯揉嫵媚之態，別具面目為「浙派」「西泠八家」之首。著有《武林金石錄》《龍泓山館集》《硯林詩集》等。

丁寶禎（清 1820～1886），字稺（稚）璜，室名十五弗齋，貴州平遠人。咸豐三年進士，歷任編修、知府，及至四川總督，創辦四川機器局，為洋務派官員。諡文誠。有《丁文誠公奏稿》26 卷、《十五弗齋詩存》一卷。

丁日昌（清 1823～1882），字持靜，小名雨生，別名禹生，廣東豐順人。是中國近代洋務運動的風雲人物和中國近代四大藏書家之一。雅好藏書，搜羅古刻善本，不遺餘力。藏書樓名實事求是齋，後改名為百蘭山館，又命名為持

靜齋、讀五千卷書室，藏書共十餘萬卷，其中宋刻本多達十餘種，以北宋本《儀禮鄭注》為其「經籍之冠」。當時與瞿氏鐵琴銅劍樓、楊氏海源閣並駕齊驅，編有《持靜齋書目》5 卷，收錄宋本 55 種，元刊 46 種。另有《百蘭山館藏書目錄》，著錄圖書 3 萬餘卷，善本書目《持靜齋藏書紀要》由莫友芝代編。著有《撫吳公牘》《保甲書輯要》《百蘭山館詩》《奏稿》《五洲政要通考》《百將圖傳》《巡滬政書》《丁禹生政書》《百蘭山館古今體詩》，重編《牧令書輯要》等。

丁彥臣（清 1829～1873），字筱農、攸農、少農、硯丞，別署雙劍閣主、赫奕澹士、澹蕩人、坦然先生，齋名為梅花草盦、小玲瓏山館、八千卷館等，浙江歸安人。少有才略，窮居讀書。善書畫，精鑒賞，工鐵筆，富收藏。輯有《斐岑記功碑西嶽華山廟碑鉤本》，著有《梅花草庵藏書目》《梅花草盦藏器目》《吳興丁廉訪印譜》存世。

丁丙（清 1832～1899），字嘉魚，一字松生，號松存，別署錢塘流民、八千卷樓主人、竹書堂主人、書庫報殘生、生老，錢塘人。藏書家，其八千卷樓與陸心源皕宋樓、瞿紹基鐵琴銅劍樓和楊以增海源閣並列合稱清末中國四大藏書樓。最為人稱道的是收集散失的文瀾閣《四庫全書》，加以鈔補復原。除藏書外，還刻書 200 餘種，輯書 20 餘種，著書 10 餘種。其所輯主要有《武林掌故叢編》、《武林往哲遺著》（前後編）、《西泠王布衣遺著》、《當歸草堂醫學叢書》、《當歸草堂叢書》等。所著之書主要有《善本書室藏書志》《禮經集解》《九思居經說》《說文篆韻譜集注》《三塘漁唱》等。

丁佩（清代人，生卒年不詳），女。字步姍，華亭人。清代刺繡名家、詩人、畫家。著有《繡譜》《十二梅花連理樓詩集》《女紅傳征略》《蘿窗小牘》《刺繡源流述略》等書。

丁紹基（清代人，生卒年不詳），字聽彝、汀鷺，室號求是齋等，江蘇武進人。書法家。曾任直隸（今河北）雞澤、元氏、邢臺縣知縣等，善於考訂金石，著有《求是齋碑跋》四卷等。

七十一（清代人，生卒年不詳），姓尼瑪查，號椿園，滿洲正藍旗人。乾隆年間，先任職河南武陟縣，後西出陽關，逾河源三千餘里，任職新疆庫車辦事十餘年。著《西域聞見錄》，成書於乾隆四十二年，詳細記錄了當時西域的人文地理、風土人情、物產習俗。

七十四（清代人，生卒年不詳），官江南織造臣。蔡守藏織金庫緞，機頭

織官名七十四。

　　七十五（清代人，生卒年不詳），瓜勒佳氏。乾隆時隨征金川廓爾喀有功，後以冤死。

　　七十九（清代人，生卒年不詳），新城王樹枏之少子。見《陶廬詩續集》。

　　八十六（清代人，生卒年不詳），那拉氏。江寧將軍。謚壯僖。

　　九十（清代人，生卒年不詳），張佳氏。乾隆間廣西提督。

三畫：于　大　山　六

　　于公甫（宋代人，生卒年不詳），著《于氏錢譜》。

　　于士元（現代人，生卒年不詳），字自玄，浙江餘杭人，善篆刻。

　　大汕（清 1633～1705），畫僧，字廠翁，號石濂，一作石蓮，原俗姓徐，江蘇吳縣人，著有《儂夢尋歡竹枝詞卷》《離六堂集》等。

　　山尊（清代人，生卒年不詳），畫家。

　　六十七（清代人，生卒年不詳），字居魯。滿洲人。官吏科給事中。著有《番社采風圖考》《遊外詩草》《臺陽離詠》，皆記述臺灣生番之事。

四畫：王　元　天　巨　支　尤　升　今　毛　方　卜　文　巴　　尹　孔

　　王粲（漢 177～217），字仲宣。山陽郡高平縣人。「建安七子」之一。自少即有才名，為學者蔡邕所賞識。司徒想徵辟他為黃門侍郎，王粲因為長安局勢混亂，沒有赴任，選擇南下依附荊州牧劉表，但未受到劉表重用。建安十三年（208），丞相曹操南征荊州，劉表之子劉琮舉州投降，王粲也歸於曹操，深得曹氏父子信賴，被賜爵關內侯。建安十八年（213），魏國建立，王粲任侍中。建安二十二年（216），隨曹操南征孫權，於北還途中病逝。王粲善屬文，其詩賦為建安七子之冠，又與曹植並稱「曹王」。著《英雄記》，《三國志》記王粲詩、賦、論、議近 60 篇，《隋書・經籍志》著錄有文集 11 卷。明人張溥輯有《王侍中集》。

　　王烈（漢代人，生卒年不詳），字彥方，太原人。東漢名士。青年時曾在陳寔門下學習，憑藉品德高尚稱譽鄉里。

　　王徽之（晉 338～386），字子猷，琅邪臨沂人。王羲之第五子。門蔭入仕，歷任徐州騎曹參軍、大司馬參軍、黃門侍郎。生性高傲，放誕不羈。對公務並不熱忱，時常東遊西逛。後來，索性辭官，住在山陰。書法有「徽之得其（王

羲之）勢」的評價。後世傳帖《承嫂十畫病不減帖》《新月帖》等。

王珣（東晉 349～400），字元琳，小字法護，琅琊臨沂人。出身琅琊王氏，初任大司馬主簿，深得桓溫敬重，累遷琅邪王友、中軍長史、給事黃門侍郎。太傅謝安當政，授秘書監。以才學文章受知於晉孝武帝司馬曜，成為心腹大臣，累遷左僕射、征虜將軍，領太子詹事。隆安元年（397）遷尚書令。司馬道子征討王恭時，擔任衛將軍、都督琅琊水陸軍事。平亂有功，加位散騎常侍。諡獻穆，累贈司徒。著有文集 11 卷。工書法，代表作《伯遠帖》是東晉時難得的法書真跡，且是東晉王氏家族存世的唯一真跡，一直被歷代書法家、收藏家、鑒賞家視為稀世瑰寶。

王隱（晉代人，生卒年不詳），字處叔，陳郡陳縣人。東晉大臣，史學家。以儒素自守，博學多聞，受父遺業，留心晉代史事。著有《王隱文集》10 卷、《晉書》93 卷。

王勃（唐約 650～676），字子安，絳州龍門（今山西河津）人，與楊炯、盧照鄰、駱賓王並稱為「初唐四傑」，王勃為四傑之首。自幼聰敏好學，六歲即能寫文章，文筆流暢，被贊為「神童」。9 歲時，讀顏師古注《漢書》，作《指瑕》10 卷以糾正其錯。16 歲時，麟德初應舉及第，授職朝散郎。因做《鬥雞檄》被趕出沛王府。之後，王勃歷時三年遊覽巴蜀山川景物，創作了大量詩文。返回長安後，求補得虢州參軍。在參軍任上，因私殺官奴二次被貶。上元三年（676）八月，自交趾探望父親返回時，不幸渡海溺水，驚悸而死。在詩歌體裁上擅長五律和五絕，代表作品有《送杜少府之任蜀州》，主要文學成就是駢文，無論是數量還是品質上，都是上乘之作，代表作品有《滕王閣序》等。

王維（唐 701～761，一作 608～759），字摩詰，河東人。玄宗開元五年（717）進士，與弟縉並以詞學知名。天寶十五年（755）安祿山軍陷長安，拘摩詰於洛陽普施寺，授以給事中。一日，安祿山召梨園弟子合樂，樂工雷海青擲樂器，西向大慟，被殺。摩詰悼之以詩：「萬戶傷心生野煙，百官何日再朝天？秋槐葉落空宮裏，凝碧池頭奏管弦。」亂平後，肅宗懲辦失節官員，摩詰下獄，因有此詩及弟縉除官援救，乃得釋出，復職。官至尚書右丞，世稱「王右丞」。晚年歸隱藍田輞川，購宋之問藍田別墅。嘗於清源寺壁上畫《輞川圖》，筆力雄壯。前期詩作以邊塞為題材，風格雄渾。主要成就在山水詩，追慕恬靜和禪理生活，藝術上達到「體物精微，狀貌傳神」的境界。

王璵（唐開元間人，生卒年不詳），少習禮學，博求祠祭儀注以干時。開

元末，玄宗方尊道術，靡神不宗。璵抗疏引古今祀典，請置春壇，祀青帝於國東郊，玄宗甚然之，因遷太常博士、侍御史，充祠祭使。璵專以祀事希幸，每行祠禱，或焚紙錢，禱祈福佑，近於巫覡，由是過承恩遇。肅宗即位，累遷太常卿，以祠禱每多賜賚。乾元三年七月，兼蒲州刺史，充蒲、同、絳等州節度使。中書令崔圓罷相，乃以璵為中書侍郎、同中書門下平章事。人物時望，素不為眾所稱，及當樞務，聲問頓減。璵又奏置太一神壇於南郊之東，請上躬行祀事。肅宗嘗不豫，太卜云：「崇在山川。」璵乃遣女巫分行天下，祈祭名山大川。巫皆盛服乘傳而行，上令中使監之，因緣為奸，所至干託長吏。肅宗南郊禮畢，以璵使持節都督越州諸軍事、越州刺史，充浙江東道節度觀察處置使，本官兼御史大夫，祠祭使如故。入為太子少保，轉少師。

王冰（唐約 710～805），號啟玄子，又作啟元子。里居籍貫不詳，寶應中（762～763）為太僕令，故自天寶九年（750）至寶應元年（762），歷時十二年之久，注成《素問》24 卷，合 81 篇。另有《玄珠》一書，宋代已佚。世傳還有《玄珠密語》十卷、《昭明隱旨》三卷、《天元玉冊》30 卷、《元和紀用經》一卷等，皆後人托名之作。

王麗真（唐代人，生卒年不詳），女，詞人。現存詞兩首。「與曾季衡冥會詩其一　麗真留別　五原分袂真吳越，燕拆鶯離芳草歇。年少煙花處處春，北邙空恨清秋月。與曾季衡冥會詩其二　季衡酬別　莎草青青雁欲歸，玉腮珠淚灑臨岐。雲鬟飄去香風盡，愁見鶯啼紅樹枝。」

王渙（唐代人，生卒年不詳），1954 年廣州越秀山發現王渙墓，墓長 3.6米、寬 1.72 米。出土一塊青石墓誌，餘無他物。志蓋高 75.5 釐米、寬 78 釐米、厚 10 釐米，四邊斜面，當中刻「太原王府君墓誌銘」兩行 8 字，篆體。周圍密佈線刻牡丹花紋。志石高 75.5 釐米、寬 78 釐米、厚 7 釐米，已斷成數塊，拼合尚完整。志文云：「爰屬我齊公（即齊國公徐彥若）往鎮番禺，君既認舊寮，願榮介從，不以滄溟為遠，不以扶養為難。捧記室之辟書，被全章之華寵，因授考功郎中，兼御史丞之職。」唐天復元年（901）十月三日因疾卒於金利鎮，年 43 歲。不知是此否。

王燾（唐代人，生卒年不詳），撰《外臺秘要》，又名《外臺秘要方》，是一部綜合性醫書。

王仁裕（五代 880～956），字德輦，人稱詩窯。著有《紫閣集》《乘招集》《王氏見聞錄》《玉堂閒話》《入洛記》《開元天寶遺事》等。並輯有《國風總

類》50 卷。

王衍（五代前蜀 899—926），字化源，初名王宗衍，許州舞陽（今屬河南舞鋼）人，前蜀高祖王建第十一子，前蜀最後一位皇帝。王衍很有文才，能作浮豔之詞，著有《甘州曲》《醉妝詞》等詩，流傳於世。《醉妝詞‧者邊走》：「者邊走，那邊走，只是尋花柳。那邊走，者邊走，莫厭金杯酒。」

王說（宋 1010～1085），字應求，慶元府鄞縣人。登慶曆進士第。隱居教授 30 餘年，建書院於桃源鄉。熙寧中特恩補州長史。家貧，怡然自得。有《五經發源》傳世。

王安石（宋 1021～1086），字介甫，號半山，臨川人。歷任揚州簽判、鄞縣知縣、舒州通判等職，政績顯著。熙寧二年（1069）任參知政事，次年拜相，主持變法。熙寧七年（1074）罷相。一年後，宋神宗再次起用，旋又罷相，退居江寧。元祐元年（1086）保守派得勢，新法皆廢，鬱然病逝於鍾山，贈太傅，謚文。

王辟之（宋 1031～？），字聖塗，臨淄人。宋英宗治平四年（1067）進士。宋哲宗元祐年間，任河東知縣，曾「廢撤淫祠之屋，作伯夷叔齊廟」，以「貴德尚賢」聞名。

王鞏（宋約 1048～1117），字定國，自號清虛先生，莘縣人，王旦之孫。晚年徙居高郵。有畫才，長於詩。蘇軾守徐州，鞏往訪之，與客遊泗水，登魋山，吹笛飲酒，乘月而歸。軾待之於黃樓上，對他道：「李太白死，世無此樂三百年矣！」軾得罪，鞏亦謫賓州。著有《甲申雜記》《聞見近錄》《隨手雜錄》。

王詵（宋 1057～？），字晉卿，山西太原人。幼好讀書，長有才譽，神宗趙頊選尚英宗女蜀國公主，官駙馬都尉、定州觀察使。嗜書畫，家有寶繪堂，廣藏法書名畫，蘇軾為之記。並與黃庭堅、米芾締交，相互「析奇賞異」。嘗邀請李公麟到家中畫《西園雅集圖》。因他「攘去膏粱，黜遠聲色，而從事於書畫」，召致蜀國公主和神宗的不滿。其山水，近規李成，遠紹王維，好寫江上雲山、幽谷寒林與平遠風景，筆意清潤挺秀。亦善用青綠重色，自成一家。兼善墨竹，學文同。能詩。坐蘇軾累，被謫貶到南州（今四川綦江），沿途飽覽千山萬水，搜集創作素材。

王應麟（宋 1223～1296），字伯厚，號深寧居士，又號厚齋，慶元府鄞縣人。學宗朱熹，涉獵經史百家、天文地理，熟悉掌故制度，長於考證。南宋滅亡以後，他隱居鄉里，閉門謝客，著書立說。著有《三字經》《困學紀聞》《小

學紺珠》《玉海》《通鑑答問》《深寧集》《詩地理考》等。

王公姚（宋代人，生卒年不詳），宋徽宗時官員。

王俅（南宋時人，生卒年不詳），字子弁，任城（今濟寧）人。金石學家。好學工文，精於古文字。著有《嘯堂集古錄》上下卷傳世。上卷收錄 345 器，下卷 28 器，所錄包括鐘鼎盤匜、權印帶鉤等各類銅器，摹寫文字並釋文，無圖像及考釋。有南宋刊本及據此翻刻的多種版本。

王子融（宋代人，生卒年不詳），本名皥，字子融。元昊反，請以字為名，青州益都人。為將作監主簿。祥符進士及第，累遷太常丞、同知禮院。獻所為文，召試，直集賢院。嘗論次國朝以來典禮因革，為《禮閣新編》上之。以其書藏太常。又集五代事為《唐餘錄》60 卷以獻。進直龍圖閣，累遷太常少卿、權判大理寺。乃取讞獄輕重可為准者，類次以為斷例。

王惲（元 1227～1304），字仲謀，號秋澗，衛州路汲縣人。官至翰林學士，知制誥，元好問弟子，所作散文，思想上崇拜宋儒理學，藝術形式方面學韓愈，也能詩詞。為文不蹈襲前人，獨步當時。其書法遒婉，與東魯王博文、渤海王旭齊名。著有《相鑑》50 卷、《汲郡志》15 卷、《秋澗先生大全集》100 卷。

王冕（元？～1359），字元章，號煮石山農、飯牛翁、梅花屋主、會稽外史，浙江諸暨人。農家子，少即好學，白天牧牛，晚至佛寺長明燈下讀書，後從韓性學。身長七尺餘，儀觀偉岸，鬚髯若神。嘗著高簷帽，被綠蓑衣，履長齒木屐，佩木劍，行歌會稽市。或騎黃牛，持《漢書》以讀。人或以為狂。試進士不第，即焚所為文，益讀古兵書，有當世大略。曾遊大都，縱觀居庸、古北關塞。泰不花薦以翰林院供職，不就。攜妻孥歸隱九里山，賣畫自給，工畫墨梅，學揚無咎，勁健有力，生意盎然。並善畫竹，名其齋為竹齋。兼能刻印，相傳始以花乳石（青田石一類）作印材。

王蒙（元 1306～1385），字叔明，號香光居士、黃鶴山樵，湖州人。趙孟頫甥。元末官理問，嗣棄官隱居臨平黃鶴山，自號黃鶴山樵。明初出任泰安知州廳事，嘗與郭傳、知聰觀畫於胡惟庸家，洪武十八年（1385）坐胡案累，死獄中。強記力學，善詩文、書法。工人物，尤擅山水，得外祖趙孟頫法，更參酌唐宋諸家，以董源、巨然為宗，縱逸多姿，逾越松雪規格，變古創法，自立門戶。生平罕用絹素，以紙抒寫，寫景多稠密，得意之筆，嘗用數家皴法，多至數十重，樹木不下數十種，徑路迂回，煙靄微茫，曲盡山林幽致，用解索皴和渴墨點苔，表現林巒鬱茂蒼茫的氣氛，尤為獨到。

　　王寧（明初人，生卒年不詳），明太祖朱元璋女婿，駙馬，明朝初期政治人物。王寧因為與懷慶公主婚事，升任後軍都督府事。建文年間因為其涉嫌洩露朝中事情給燕王朱棣，後下錦衣衛獄。明成祖即位後，稱王寧孝於明太祖、忠於國家，剛正不阿，封永春侯。擅長詩歌，喜歡佛教。後因事連坐下獄，被釋出獄後不久病死。其有兩子王貞亮和王貞慶，王貞慶為景泰十才子之一。

　　王清真（明初人，生卒年不詳），飲茶名家。

　　王守仁（明 1472～1529），幼名雲，字伯安，別號陽明，諡文成。浙江紹興府餘姚縣人，因曾築室於會稽山陽明洞，自號陽明子，學者稱為陽明先生，亦稱王陽明。弘治十二年（1499 年）進士，歷任刑部主事、貴州龍場驛丞、盧陵知縣、右僉都御史、南贛巡撫、兩廣總督等職，晚年官至南京兵部尚書、都察院左都御史。因平定宸濠之亂軍功而被封為新建伯，隆慶年間追贈新建侯。諡文成。王守仁（心學集大成者）與孔子（儒學創始人）、孟子（儒學集大成者）、朱熹（理學集大成者）並稱為孔、孟、朱、王。王守仁的學說思想王學（陽明學），是明代影響最大的哲學思想。其學術思想傳至中國、日本、朝鮮半島以及東南亞，立德、立言於一身，成就冠絕有明一代。弟子極眾，世稱姚江學派。其文章博大昌達，行墨間有俊爽之氣。有《王文成公全書》。

　　王寵（明 1494～1533），字履仁，後字履吉，號雅宜山人，長洲人。為邑諸生，貢入太學。少時學於蔡羽，後讀書石湖，與陸師道、王谷祥等同時，遊於文徵明之門，皆以詞翰名於世。善詩文，工書，行楷得晉法，人謂「文徵明後推第一」。本不以畫名，李日華說他「偶然興到，隨筆點染，深得大癡（黃公望）、雲林（倪瓚）墨外之趣」。

　　王世貞（明 1526～1590），字元美，號鳳洲，又號弇州山人，南直隸蘇州府太倉州人。嘉靖二十六年（1547 年）進士，先後任職大理寺左寺、刑部員外郎和郎中、山東按察副使青州兵備使、浙江左參政、山西按察使，萬曆時期歷任湖廣按察使、廣西右布政使、鄖陽巡撫，後因惡張居正被罷歸故里。張居正死後，王世貞起復為應天府尹、南京兵部侍郎，累官至南京刑部尚書，卒贈太子少保。王世貞與李攀龍、徐中行、梁有譽、宗臣、謝榛、吳國倫合稱「後七子」。李攀龍故後，王世貞獨領文壇 20 年，雖不精於書寫，但通曉書理，議論頗為精當。文學主張文必秦漢，詩必盛唐。對戲曲亦頗有研究。著有《王氏書苑》《彝州墨刻跋》《三吳楷法跋》《弇州山人四部稿》《弇山堂別集》《嘉靖以來首輔傳》《藝苑卮言》《觚不觚錄》等。

　　王肯堂（明 1549～1613），字宇泰，別號損庵，江蘇金壇人。明萬曆十七年（1589）進士，官至福建參政。書法家，書法深入晉人堂室。輯《鬱岡齋帖》數十卷，手自鉤拓，為一時石刻冠。著有《尚書要旨》《論語義府》等。亦肆力醫學，居家期間，邊療民疾，邊撰醫書，以十年時間編著成《六科準繩》。還輯有《古今醫統正脈全書》44 種，著有《針灸準繩》《醫學正宗》《念西筆塵》等。

　　王鐸（明 1592～1652），字覺斯，一字覺之，號十樵、嵩樵，又號癡庵、癡仙道人，別署煙潭漁叟，河南孟津人。天啟二年（1622）進士，翰林院庶吉士，累擢禮部尚書。崇禎十六年（1643）為東閣大學士。順治元年（1644）授予禮部尚書，官弘文院學士，加太子少保，諡文安。擅書法，有《擬山園帖》和《琅華館帖》等。

　　王仲房（明代人，生卒年不詳），詩人。

　　王太樸（明末人，生卒年不詳），浙江嘉興人，善治匏樽。

　　王伯士（明代人，生卒年不詳），有寄馬湘蘭書曰：「二十一日發秦淮，殘月在馬首，思君尚未離巫峽也。」

　　王懷（明末人，生卒年不詳），入清曾任協理軍務巡撫安徽寧池太廣兼轄光固蘄黃廣德湖口等處地方都察院右僉都御。

　　王令（明末清初時人，生卒年不詳），詩人，餘無考。

　　王說作（明遺民，生卒年不詳），詩人，餘無考。

　　王時敏（清 1592～1680），本名王贊虞，字遜之，號煙客，又號偶諧道人，晚號西廬老人，南直隸蘇州府太倉人，明末清初畫家，大學士王錫爵之孫，翰林編修王衡之子。系出高門，文采早著，以祖蔭，官至太常寺少卿。明清鼎革後，家居不出，獎掖後進，名德為時所重。明季畫學董其昌，少時親炙，得其真傳。於黃公望墨法，尤有深契，暮年益臻神化。愛才若渴，四方工畫者踵接於門，得其指授，無不知名於時，為一代畫苑領袖。主張摹古，筆墨含蓄，蒼潤松秀，渾厚清逸，構圖較少變化。其畫在清代影響極大，王翬、吳歷及其孫王原祁均得其親授。開創了山水畫的「婁東派」，與王鑑、王翬、王原祁並稱四王，外加惲壽平、吳歷合稱「清六家」。

　　王宏撰（清 1622～1702），字修文，亦字無異，號山史，陝西華陰縣人。無意仕途，潛心治學，顧炎武贊其勤學不倦。博學工書，精金石鑑別。著有《砥齋集》12 卷、《周易筮述》8 卷、《正學偶見勺述》1 卷、《山志》6 卷。

　　王武（清 1632～1690），字勤中，晚號忘庵，又號雪顛道人，江蘇吳縣人。王鑒六世孫，精鑒賞，富收藏，擅畫花鳥，風格工整秀麗。亦善詩文。

　　王士禛（清 1634～1711），字貽上，號阮亭，別號漁洋山人，山東新城人。清順治十四年（1657）進士，官至刑部尚書。工詩詞，論詩創神韻說。富藏書，作書樓「池北書庫」，有《池北書庫藏書目》，收錄宋元明本近 500 種，每書之下撰寫有題記。藏書印有「王阮亭藏書印」「御史大夫」「宮詹學士」「忠勤公之世孫」「經筵講官」「懷古田舍」「琅琊王氏藏書之印」「國子祭酒」「寶翰堂章」等圖章數十枚。著有《帶經堂集》《漁洋山人精華錄》《居易錄》《池北偶談》等。

　　王聞遠（清 1663～1741），字聲宏，又作聲弘。清初思想家唐甄的女婿，曾刻印唐甄《潛書》四卷。藏書家。

　　王昶（清 1725～1806），字德甫，號述庵，又號蘭泉。江蘇青浦人，清代著名學者。乾隆十九年（1754）進士，授內閣中書，入直軍機處。後來又擢刑部郎中。後去雲貴總督軍營參贊事務，奏檄多出其手，以功復職。四十一年（1776）平金川有功，擢鴻臚寺卿賞戴花翎，一生著作極多，最著名的有《金石萃編》《春融堂集》《天下書院志》《使楚叢譚》《征緬紀聞》等，還參與纂修《大清一統志》《續三通》，主修《西湖志》《太倉州志》《青浦縣志》，輯有《明詞綜》《國朝詞綜》《湖海詩傳》《湖海文傳》等。《西征日記》非王昶所撰，乃道光年間海寧徐瀛著。

　　王文治（清 1730～1802），字禹卿，號夢樓，江蘇丹徒人。乾隆二十五年（1760）進士，授編修，擢侍讀，官至雲南臨安知府。精於音律，買僮教之度曲。行無遠近，必以自隨，但客去樂散默然禪定。天才豪縱，有國士之稱。為文尚瑰麗，至老歸於平淡。詩雄傑宏亮，不愧唐音。工書法，以風韻勝，秀逸得董其昌神髓。有《夢樓詩集》《快雨堂題跋》。

　　王玖（清 1745～1798），字次峰，號二癡、二癡居士、海隅山樵、逸泉主人，江蘇常熟人。晚年移居蘇州，室名曰「逸泉山房」。王翬曾孫，山水遠承家學，少師黃鼎，經親授秘法，造詣精深。

　　王學浩（清 1754～1832），字孟養，號椒畦，江蘇昆山人。乾隆五十一年（1786）舉人。後屢試不第，遂絕仕進。山水得王原祁正傳，結構整密，筆力蒼勁。初受業於李豫德，中年兼涉寫生，敷色淡雅，自言能得元人逸趣。

　　王曇（1760～1817），字仲瞿，嘉興人，原居城外秋涇橋。晚年移居吳門。

乾隆舉人。有《煙霞萬古樓詩佚稿》，有徐金波、陸仲襄兩跋。徐跋題於同治三年甲子春：「此仲瞿先生未刻稿，余得之張君蘋衫。蘋衫得之北門嚴氏。嚴故仲瞿戚也。詩，才氣浩翰，洵足壓倒一世豪傑。余嘗論仲瞿詩文如黃河之水一瀉千里，然泥沙俱下。讀集中《定光佛歌》等作當不誣也。」吳香洲《秀州風懷》，有一篇《妻太聰明夫太怪——記王仲瞿、金禮嬴夫婦》，吳藕汀畫《煙霞萬古樓圖》作插圖。

王衍梅（清 1776～1830），字律芳，號笠舫，會稽人。自幼聰穎好學，背誦十三經不遺一字，為文信手揮寫，食頃即成。17 歲考得童子試第一。嘉慶十年（1805）中進士。喜文嗜酒愛畫，常以醉酒跌宕自喜。衣著隨己心意，不修邊幅。為人耿介自傲，不求權貴，頗有徐青藤之風。授粵西武宣縣令，未履任，因耽誤而去官，以幕友佐官，遍遊粵東西各地。善治文，才華橫溢。著有《蘭雪軒》《小楞嚴齋》《靜存齋文集》《紅杏村人吟稿》。現存著作《綠季堂遺集》《綠季堂詩文集》。

王秋言（清 1813～1879），名禮，號秋道人，別號蝸店生，江蘇吳江人。從沈石卿學花鳥，工花卉，以北宋為宗，師南田而不襲其貌，寓滬甚久。

王玉璋（清乾嘉時人，生卒年不詳），字鶴舟，別號松巢外史，晚號廠隱山人，天津人。嘉慶時由秋曹官雷州知府。晚年僑寓吳門，與湯貽汾詩酒倡酬，交誼甚厚。善書畫，嫺騎射，解音律，尤喜藏硯，因名所居曰凍雲館。山水渾厚古樸，雅近王原祁，得渾灝淵懋之氣。人以王雷州稱之。有《凍雲館詩集》。

王錫棨（清 1832～1870），字戟門，藕塘子。以諸生官至刑部主事。精鑒賞、博雅好古，書工篆隸，家藏鐘鼎彝器甚富，顏所居曰選青山房，治古泉學，尤為精通。著有《泉貨匯考》12 卷等。

王頌蔚（清 1848～1895），原名叔炳，字莆卿、黻卿，號蒿隱、咈欽、禮堂，室名寫禮廎，江蘇長洲人。光緒六年（1880）進士。吳門著名藏書家。官至三品銜軍機處行走戶部郎中。工詩古文，與葉昌熾、袁寶璜並稱蘇州三才子。著有《周禮義疏》《明史考證捃逸》《寫禮廎文集‧詩集‧讀碑記》《寫禮廎遺著四種》等。

王仁堪（清 1849～1893），字可莊，又字大久、忍庵，號忍龕、公定，福建閩縣人。光緒三年狀元，授殿撰。歷官山西學政、鎮江及蘇州知府。能畫，善設色花卉。書宗歐、褚，名稱一時。

王壽邁（清道咸間人，生卒年不詳），字佛雲，舉人。道光廿九年（1849）

在清江浦市上得眉子硯，因名所居曰硯緣盒。後任吳江知縣，重修小鸞之墓，並刻疏香閣遺稿，即傳世之硯緣盒刊本。集之末，附以同人題詞，曰硯緣集。

王楠昀（清代人，生卒年不詳），昀，今無此字。名似有誤。《室名別號索引》載「話雨樓 清吳江王楠」。王楠，吳江人。話雨樓位於盛澤敦仁里。王濂所創，收藏金石碑帖書畫古玩。其子王楠時，話雨樓走上巔峰。著《話雨樓碑帖目錄》，許漣、錢泳、張廷濟為之序。

王旭（清代人，生卒年不詳），字赤城。清康熙時錢塘人。工篆刻，善山水。書學董香光，得其神韻。善製銅爐。

王翁（清代人，生卒年不詳），字林澍，號虛舟，浙江金壇人。書法晉、唐，與古神合。尤工玉箸體，雖斂墨為之，不以渴筆取妍，故能骨肉停勻。鄭燮《行書揚州雜記》曰：「王翁林澍、金壽門農……鄭板橋燮、高西唐翔、高鳳翰西園，皆以筆租墨稅，歲獲千金，少亦數百金，以此知吾揚重士也。」

王剛（生卒年不詳），號天門子，古代房中家，姓據稱因其行房中修煉有成，「年二百八十歲，猶有童女之色」。其著作似屬男女雙修派之言。《抱樸子內篇·遐覽》中載有古代房中術著作數種，其中有《天門子經》，今不見傳。

王紳（生卒年不詳），字仲縉，無考。

元曉（隋617～686），朝鮮三國時代新羅僧人，華嚴宗思想家。俗姓薛，幼名誓幢，法名元曉。31歲受戒，先後住慶州皇龍、芬皇寺。認為「一心」即「真如」，是某種不生不滅的、永恆而不可破壞的絕對精神實體，是世界的本原。宇宙萬物，由於它的存在而產生和發展。創立了佛教的宗派海東宗，為在新羅建立一乘佛教，打下了理論基礎。著作宏富，有100餘部共240多卷佛經注疏，主要有《大乘起信論疏》二卷、《金剛三昧經論》二卷、《法華經宗要》、《十門和淨論》二卷、《無量壽經宗要》、《中邊分別論疏》三卷、《佛說阿彌陀經疏》等，在因明方面著有《瑜伽論中實》《掌珍論宗要》等。

元稹（唐779～831），字微之，別字威明，河南人。21歲中進士，25歲與白居易同時登科授職，結為摯友。官至左拾遺監察御史。因上疏論政，迕逆權幸，兩度被貶。作詩推崇杜甫，反對「沿襲古題」，主張「以刺美見事」，反映民生疾苦。有詩800餘首。樂府詩憤世嫉俗，針砭時弊，與白居易同是樂府運動的宣導者。豔詩與悼亡詩細膩生動，《遣悲懷》三首流傳甚廣。「唯將終夜長開眼，報答平生未展眉」成為悼亡名句。其《連昌宮詞》可與白居易《長恨歌》媲美。所作傳奇《鶯鶯歌》（《太平廣記》篇改名《鶯鶯傳》）不僅是唐人

小說傳播最廣的一篇，而且推動了唐人傳奇的發展。後世《西廂記》崔張故事素材即本於此。元稹詩與白居易齊名，世稱「元白」，有《元氏長慶集》100卷傳世。

元巍（唐代和尚，生卒年不詳），餘無考。

天然和尚（明末清初時人，生卒年不詳），名函是，字麗中，別字天然。俗姓曾，名起莘，字宅師，又號瞎堂，番禺人。世為邑中望族。33歲祝髮，嗣法長慶空隱道獨。道獨得法博山無異元來，故天然和尚乃曹洞宗第三十四傳。明末清初廣東佛門中的領袖人物，開法訶林，大振宗風；創立海雲、海幢、丹霞別傳諸名剎，禪教並重，使法席一派繁榮；整肅綱紀，森嚴規矩，使叢林為道德所屬；古道婆心，隨緣接引，文人學士、縉紳遺老雲集禮歸，得於亂世有所遮蔽。無論是在個人修為上還是在弘揚佛教的貢獻上，天然和尚都可稱得上是佛門一時之龍象，法門一方之砥柱。

巨然（五代時人，生卒年不詳），江寧（江蘇南京）人。五代畫家，僧人。早年在南京開元寺出家，南唐降宋後到汴京（河南開封），居於開寶寺。擅畫山水，師法董源，專畫江南山水，所畫峰巒，山頂多作礬頭，林麓間多卵石，並掩映以疏筠蔓草，置之細徑危橋茅屋，得野逸清靜之趣，深受文人喜愛。以長披麻皴畫山石，筆墨秀潤，為董源畫風之嫡傳，並稱董巨，對元明清以至近代的山水畫發展有極大影響。

支謙（漢末時入華，生卒年不詳），又名支越，字恭明。本西域本月氏人，其祖父法度於漢靈帝時率國人數百移居中國，後遷居吳地。支謙隨之俱來。三國時佛經翻譯家，受業於支讖門人支亮，深通梵典，有「天下博知，不出三支」之謂。因聰明超眾，時人稱為「智囊」。吳主孫權拜為博士，輔導太子孫亮。從吳孫權黃武二年到孫亮建興二年（223～253），約30年間，譯出佛經《大明度無極經》《大阿彌陀經》《佛說齋經》等88部、118卷，創作了《贊菩薩連句梵唄》三契，其翻譯以大乘「般若性空」為重點，為安世高、支讖以後譯經大師。

尤侗（清1618～1704），字展成，一字同人，早年自號三中子，又號悔庵，晚號艮齋、西堂老人、鶴棲老人、梅花道人等，蘇州人。順治拔貢，康熙十八年（1679）舉博學鴻詞，授翰林院檢討，累官至侍講。參與纂修《明史》三年，告歸鄉里。工詩文詞曲，好為詼諧遊戲文字。詩仿效溫、李，晚年學白居易。號稱才子。著有傳奇《鈞天樂》，雜劇《讀離騷》《桃花源》《黑白衛》《清平調》

等，合稱「西堂曲腋」。此外尚有《西堂雜俎》《艮齋雜記》《鶴棲堂文集》等。

尤蔭（清 1732～1812），自稱半灣詩老，後得痼疾，又稱半人，江蘇儀征人。名所居曰石銚山房。用濃墨作黑竹，琅玕百尺，頗有凌雲之勢，書法從畫竹中來，有金錯刀遺意。家藏蘇軾石銚一個，曾進內府，因廣寫石銚圖以贈人，得者珍之。乾隆時嘗客和碩禮親王邸，授汲修主人畫法。詩宗放翁，間有清新之句。弱冠入都，從先恭王之遼、沈，往返數千里。有《出塞詩》一卷，皆蒼涼弔古之作，袁簡齋太史曾序而行之。先生性放曠，不屑小節。晚年寄跡釋道，於內典頗精熟。

升泰（清 ？～1892），字竹珊，卓特氏，蒙古正黃旗人。曾任山西汾州知府，河東道道員，浙江按察使，雲南布政使等職。1890 年 3 月 17 日，駐藏大臣升泰與英軍簽訂《中英藏印條約》八款。諡恭勤。

今回僧（明末清初人，生卒年不詳），字更涉，姓王，初名桂，更名鴻暹，字方之。廣東東莞王應華次子。能詩，善畫蘭竹，不屑世事。明亡後住丹霞，一日過江遇暴漲，漂歿於巉石之下。

毛晉（清 1599～1659），原名鳳苞，字子久，後易名晉，改字子晉，號潛在，別號汲古主人，江蘇常熟。藏書家、出版家、刻書家、文學家、經學家。早年師從錢謙益。家藏圖書 84000 餘冊，多為宋、元刻本，建汲古閣、目耕樓藏之。曾校刻《十三經》《十七史》《津逮秘書》《六十種曲》等書，流布甚廣，居歷代私家刻書者之首。尤嗜好抄錄罕見秘笈，繕寫精良，後人稱為「毛鈔」。編著甚多，有《毛詩陸疏廣要》《蘇米志林》《海虞古今文苑》《毛詩名物考》《明詩紀事》《隱湖題跋》等。

毛奇齡（清 1623～1716），原名甡，又名初晴，字大可，號秋晴。浙江蕭山人。以郡望西河，學者稱「西河先生」。明末諸生，清初參與抗清軍事，流亡多年始出。康熙時薦舉博學鴻詞科，授檢討，充明史館纂修官。工詩文，善書法。治經史及音韻學，著述極富。著有《毛詩續傳》《古今通韻》《春秋毛氏傳》《經集》《竟山樂錄》《西河詩話》《詞話》《四書改錯》《河圖洛書原舛編》《太極圖說遺議》等數十種，詩賦雜著 230 餘卷，《四庫全書》收有其著述 40 餘種，是《四庫全書》收錄個人著述最多的人。

毛褒（清代人，生卒年不詳），字補仲，毛晉三子，庠生。

方岳（1199～1262），字巨山，又字元善，號秋崖，又號菊田。徽州祁門人，一說台州寧海人。紹定五年（1232）進士，授淮東安撫司幹官。淳祐中，

以工部郎官充任趙葵淮南幕中參議官。後調知南康軍。後因觸犯湖廣總領賈似道，被移治邵武軍。後知袁州，因得罪權貴丁大全，被彈劾罷官。後復被起用知撫州，又因與賈似道的舊嫌而取消任命。經明行修，隱居不仕，以詩、詞名世。有《深雪偶談》《秋崖集》存世。

方虛谷（宋代人，生卒年不詳），著《瀛奎律髓》49 卷，紀曉嵐批註。中國書店影印 1922 年掃葉山房刻本時，改名《唐宋詩三千首》出版。

方絜（清 1800～1839），字矩平，號治庵，黃岩人。自幼聰慧，喜詩善畫，後習郭河陽、趙千里筆法，擅長畫石，精刻竹。因家境貧寒，離母別妻，四處流落，途遇山水勝境，吟詩潑墨，技藝日精。後客居嘉興，與蘇杭名士交往，名聲漸振，以賣畫刻竹為生，道光十四年（1834）為張廷濟刻「清儀閣圖」，竹樹茂密，籬落參差。兩年後刻張的肖像，有「龐眉皓首，如鏡景澈」之稱。方的竹刻人像，線條簡煉，典雅古樸，鬚眉畢肖，栩栩如生。稱為「無上逸品」。

方朔（清同治間人，生卒年不詳），安徽懷寧人。著《枕經堂金石書畫題跋》、《枕經堂金石跋》三卷等。《枕經堂金石跋》，首有宋祖駿、潘祖蔭、宗稷辰、沈兆澐題識。尾有吳隱跋語，稱「懷寧方小東先生，歐趙專家，翁黃繼軌，稽核之下，當時與何蝯叟齊名。或訂以六書，或證諸史乘。如所論南宮中鼎諸篇，曲到旁通，折衷至當。初閱之令人咋舌驚奇，繼爾深歎其確鑿可信」云云。

方濬益（清？～1899），字子聰，一作子聽，亦字伯裕，室名綴遺齋，安徽定遠人。咸豐十一年（1861）進士。官江蘇金山知縣。善畫花卉，又工刻印，書法六朝。著有《吉金錄》《定遠方氏吉金彝器款識》《綴遺齋彝器疑識考例》等。

方可中（清代人，生卒年不詳），清代較著名之「碑估」，江陰人。「碑估」，售賣碑帖為業的商人。「估」通「賈」。他們既善拓碑，又精鑒別，甚有功於碑刻的流傳和研究。清葉昌熾《語石·碑估》中曾列舉清代碑估的著名者有郘陽車永昭、江陰方可中以及褚千峰、聶劍光、李從雲等。

方嵩年（清代人，生卒年不詳），著《方氏錢譜》。

卞和（春秋時人，生卒年不詳），嘗於荊山得璞玉，獻之，厲王以為詐，刖其左足。武王即位，復獻之。又以為詐，刖其右足。及文王即位，乃抱璞泣。王使人問之，曰：「臣非悲，寶玉而題之以石。真士而名之以詐，所以悲也。」王使玉人琢之，果得玉焉。封零陽侯。不就。

文徵明（明 1470～1559），初名壁，一作璧，以字行，更字徵仲，號衡山

居士，長洲人。少時學文於吳寬，學書法於李應禎，學畫於沈周。與祝允明、唐寅、徐禎卿相結交，人稱「吳中四才子」。工行草書，遒逸婉秀，得智永筆意，大字仿黃庭堅，略見奇崛，尤精小楷，亦能隸書。擅畫山水，遇古人妙跡，重觀覽其意，師心自詣，遠師郭熙、李唐，近學吳鎮。生平雅趙孟頫，每事多師之，論者謂詩、文、書、畫雖與趙同，而出處純正若或過之。多寫江南湖山庭園和文人生活，構圖平穩，筆墨蒼潤秀美，早年多用偏鋒，畫風細謹，中年較粗放，晚年漸趨醇正，粗細兼備，悟入吳鎮遺意，意之筆往往以工致勝。亦善花卉、蘭竹、人物。富貴者來求畫，多不與，貧交者則從優。

文彭（明 1498～1573），字壽承，號三橋，別號漁陽子、國子先生，長洲人。文徵明長子。授秀水訓導，官國子監博士。工書法，初學鍾、王，後法懷素，晚年全力傾於孫過庭，以篆、隸最見精粹。尤精篆刻，風格工穩，與何震並稱「文何」。原多作牙章，後得燈光石，乃多刻石章。為後世所宗，稱為流派印章的開山鼻祖。

文謙光（明代人，生卒年不詳），字去盈，吳縣人。為縣學生。善臨池，行楷仿晉人，神骨俱肖，有作品傳世。

文鼎（清 1766～1852），字學匡，號後山，一署後山鼎，別號後翁，因曾得漢元延三斗銅，名三斗銅齋；因藏有褉帖五字不損本，又名五字不損本室，浙江秀水人。篆刻家、畫家。顏所居曰停雲舊築。篆刻謹嚴，章法工穩，得文彭遺意。亦精刻竹，所刻扇骨或臂擱，皆自作書畫。善山水、松石，師法文徵明，亦秀麗絕俗。著有《五字不損本詩稿》。

文信（清代人，生卒年不詳），廣州檀度庵尼，談月色師太。民國時人趙藩記曰：「文信名芳，俗姓劉，為某方伯歌姬所生。姬固姑蘇名妓，聲色雙絕，故芳生而麗質，亦工度曲。年才十三，方伯逝世，母女輒被嫡室逐出，備極寒苦，相依為活。亡何姬亦愁病而歿，芳益孤零，遂祝髮於檀度庵。佛事之餘仍攻書史，稍長，略解詩詞書法，亦工穩；畫學荊洪谷筆，頗明秀。禪房雅潔，文玩多俊物，喜作文殊眉，與文人談藝，人傲以夢窗之於藕花洲尼。有名士某為法曲獻仙音十闋贈之，芳雖愛其才而守身如玉。三十後即閉關，不復為文字，猶時以畫自遣，更學石濤，極蒼莽之致，顧秘不示人，是以流傳絕尠云。右錄金粟香《海珠旁瓅》一則。石禪老人趙藩壬戌大雪節書於昆明九龍池上圖書館之樸學齋。」

巴慰祖（清 1744～1793），字雋堂，一作晉堂，號予籍，又號子安、蓮舫，

安徽歙縣人。富收藏，工書畫。篆刻初宗程邃，後於書體章法，有所改進，所作構思精密，用刀挺秀，自具面目。嘗摹刻《顧氏集古印譜》，將其中部分秦漢印輯成《四香堂摹印》二卷，精心細作，幾可亂真。復有《百壽圖印譜》一卷。

尹滋亭（清 1756～1835），原名世右，字啟宗，號青喬，又號滋亭老人，廣東順德布衣。郭樂郊居士之甥。善刻印，郭樂郊畫鈐尾之印多為其手製。現藏廣州美術館郭適《牡丹石》《花鳥蔬果冊》諸畫中所鈐「郭適」「樂郊」「就樹堂」等印，疏宕明淨，有如畫中意境。善花卉，亦有家法。有《五葉堂印存》。

尹濟源（1772～1838），字東沈，又字霽園，號竹農。山東歷城人，嘉慶十三年（1808）進士，選翰林院庶吉士，散館授禮部主事，尋遷員外郎，後充河南鄉試副考官，擢郎中，旋補江南道御史，又承命督學雲南，未行，留御史任，又授建寧府知府，累擢四川成綿龍茂道、湖北按察使、四川布政史，後授山西巡撫，又任湖北巡撫。

尹良（清代人，生卒年不詳），廣東人，善篆刻。

孔子（周，前 551～前 479），子姓，孔氏，名丘，字仲尼，祖籍宋國栗邑（今河南商丘市夏邑縣），生於春秋時期魯國陬邑（今山東曲阜市）。思想家、教育家、政治家，與弟子周遊列國 14 年，晚年修訂六經，即《詩》《書》《禮》《樂》《易》《春秋》。被聯合國教科文組織評為「世界十大文化名人」之首。相傳孔子有弟子三千，其中有賢人七十二。孔子去世後，其弟子及其再傳弟子把孔子及其所有弟子的言行語錄和思想記錄下來，整理編成儒家經典《論語》。孔子在古代被尊奉為「天縱之聖」「天之木鐸」，是當時社會上最博學者之一，被後世尊為孔聖人、至聖、至聖先師、大成至聖文宣王先師、萬世師表。其儒家思想對中國和世界都有深遠的影響。

孔齊（元代人，生卒年不詳），字行素，號靜齋，別號闕里外史，山東曲阜人。著《至正直記》四卷。是作者避兵四明時寫的一部見聞雜記，內容包括當時政治、經濟狀況、器物製作情況、文學、藝術成就和當時的人文社會習俗，是一部很有資料價值的筆記。又名《靜齋至正直記》《靜齋類稿》。

孔繁社（約明末清初人，生卒年無考），戲曲演員，高八隱岑之青衣也。高岑（1621～1691），清代，字蔚生，號榕園，杭州人，居金陵（今南京）。高阜弟，為金陵八家之一。為人清高，相貌俊美，淡於功名，性好佛門，「始從法門道昕臥伏臘寺，居茹蔬淡……」。善篆刻。

　　孔四貞（清 1635～1713），清初定南王孔有德之女。順治九年（1652）李定國奇襲廣西，攻破桂林，孔有德自盡，其家 120 餘口悉數被殺，只有孔四貞逃往北京，被孝莊太后收為養女，封和碩格格。孔四貞出身將門，隨父軍中，性情剛烈。嫁給孫延齡後，在丈夫面前趾高氣揚，孫延齡心機頗深，最初對孔四貞百般恭敬，孔四貞遂為他在宮廷遊說，使孫延齡得寵朝中。康熙四年（1665），孫延齡慫恿孔四貞請求朝廷准許他們「就食廣西」，康熙帝批准。後來孫延齡夫婦舉家南下，孫延齡便漸次排擠孔四貞，夫妻感情惡化。三藩之亂爆發後，孫延齡首鼠兩端，終被吳世琮所殺。後來吳三桂把孔四貞接到雲南，以為籠絡原定南王部屬，事實形同軟禁。孔四貞待在昆明八年，直到「三藩之亂」被平定後，才輾轉返回京師，晚景淒涼。

　　孔繼涵（清 1739～1783），字體生，一字埔孟，號葒谷，別號南州，自稱昌平山人，山東曲阜人。係六十七代衍聖公孔毓圻之孫，藏書家、金石學家、刻書家。精於三禮、天文、算術、地志、經學、字義。在京師任職七年，既藏書又校書，手校數千百帙。集漢唐以來金石刻千餘種。左圖右史，搜集遺文墜簡，藏書樓名微波榭、紅櫚書屋、青睞書屋等，藏書數十萬卷。

　　孔繼涑（清乾隆時人，生卒年不詳），字信夫，一字體字，號谷園，別號葭谷居士。曲阜人，六十八代衍聖公孔傳鐸第五子。自幼聰敏好學，才華超人。乾隆十三年，皇帝到曲阜祭祀孔廟，23 歲的孔繼涑在御前進講《周易》。乾隆三十三年（1768）鄉試中舉。此後屢試不第，遂納資為候補內閣中書，從未任職。

　　孔繼勳（清嘉道時人，生卒年不詳），原名繼光，字開文，號熾庭，廣東南海人，道光十三年（1833）進士，入翰林院庶吉士，散館授編修，歷充國史館協修官，道光十七年（1837）順天鄉試同考官，次年（1838）教習庶吉士。乞假南歸。鴉片戰爭爆發，與林則徐、鄧廷楨等留辦軍務，積勞而疾。善書法，有詩名，與番禺張維屏、黃喬松、林伯桐、段佩蘭、香山黃培芳、陽春譚敬昭，號稱「雲泉七子」。曾踏雪登南嶽，歸建嶽雪樓以藏書畫圖籍。卒贈榮祿大夫，欽加布政使銜。刻《嶽雪樓藏帖》。著《嶽雪樓詩存》《館課詩賦抄》《雲泉題唱》《嶽雪樓駢文集》《北遊日記》等。

五畫：甘　可　古　左　石　史　白　包　玄　司空　司馬　弘

　　甘忠可（漢？～約前 22），齊人。西漢黃老道代表人物之一，活躍於漢成

帝年間，成帝時，作《天官曆》、《包元太平經》12 卷，言漢家氣運已完，應重新受命於天，被認為罔上惑眾，入獄病死。現已亡佚。其基本資訊存於《漢書‧李尋傳》。

甘暘（明代人，生卒年不詳），字旭甫，號寅東，江寧人。精研篆刻，酷愛秦漢璽印。嘗見《印藪》木刻本，摹刻失真，乃以銅、玉摹刻，廢寢忘食，期在必得，終成《集古印譜》五卷，內附《甘氏印正》《印正附說》等。

可韻上人（生卒年不詳），釋家人。清王文治有《可韻上人墨蘭卷子》詩四首。「誰將淡墨染春痕，瘦葉疏花倚石根。一院古苔青不掃，重簾著地月黃昏。」「春眠初覺鳥聲忙，臨罷黃庭日漸長。待與高僧參鼻觀，絕無香處是真香。」「小池雨過看濡毫，更酌紅樓讀楚騷。為與幽蘭多夙契，建牙猶得近湘皋。」「南核春蕊發華滋，視膳萱庭日景遲。手擘倭箋如水碧，花前閑補廣微詩。」餘無考。

古淨（清代人，生卒年不詳），廣州檀度庵尼姑，餘無考。

左思（晉約 250～305），字泰沖，齊國臨淄人，文學家。《三都賦》頗得時頌，時人云「洛陽紙貴」。其詩文語言質樸凝練。後人輯有《左太沖集》。

左宗棠（清 1812～1885），字季離，一字樸存，早年自號湘上農人，湖南湘陰人。道光十二年（1832）中舉，後三試不第。太平天國軍起，歷贊張亮基、駱秉章幕，參與鎮壓太平軍。由曾國藩保舉，以四品京堂襄辦軍務。以鎮壓太平軍、撚軍、回民起義有功，累官至浙江巡撫，閩浙、陝甘、兩江總督，拜東閣大學士，封恪靖侯。先後在福州辦船政局，設馬尾造船廠，製造輪船，在蘭州舉辦機器織呢局，成為洋務派首領之一。在任欽差大臣督辦新疆軍務時，討伐阿古柏侵略軍，收復除伊犁以外之天山南北各地。新疆平定後，主張加強邊防，開發新疆。中法戰爭時，督辦福建軍務，力主抗擊法國侵略者。後病卒於福州。諡文襄，有《左文襄公全集》《左恪靖侯奏稿》，早歲曾著《廣區田制圖說》，為研究農村及地學之重要著作。

石濤（清 1642～約 1718），法名原濟，一作元濟，本姓朱，名若極，字石濤，又號苦瓜和尚、大滌子、清湘道人等。廣西全州人，晚年定居揚州。明靖江王後裔，幼年遭變後出家為僧，半世雲遊，以賣畫為業。早年山水師法宋元諸家，畫風疏秀明潔，晚年用筆縱肆，墨法淋漓，格法多變，尤精冊頁小品；花卉瀟灑雋朗，天真爛漫，清氣襲人；人物生拙古樸，別具一格。

石達開（清 1831～1863），小名亞達，綽號石敢當，廣西貴縣人，祖籍地

在今廣東和平縣。石達開是太平天國最具傳奇色彩的人物之一，16 歲受訪出山，19 歲統帥千軍萬馬，20 歲獲封翼王，32 歲就義於成都。

史達祖（宋 1163～1220？），字邦卿，號梅溪，汴（河南開封）人，南宋婉約派重要詞人，風格工巧，推動宋詞走向基本定型。一生未中第，早年任過幕僚。韓侂胄當國時，他是最親信的堂吏，負責撰擬文書。詞以詠物為長，其中不乏身世之感。他還在寧宗朝北行使金，這一部分的北行詞充滿了沉痛的家國之感。今傳有《梅溪詞》。存詞 112 首。代表作《雙雙燕·詠燕》，風格工巧綺麗，讓人看出在飽受折磨的外表之下是一個靈動輕盈的靈魂。

史際（明 1495～1571），字恭甫，號玉陽、燕峰，溧陽人。少時師事王守仁、湛若水。嘉靖十一年進士。官春坊，乞歸。置義莊義塾，修明倫堂，捐田資助貧士攻讀。

史夔（清康熙時人，生卒年不詳），溧陽人，翰林院編修。

白明達（隋代人，生卒年不詳），隋初宮廷樂正。樂正，古代樂官。或說，內職女官。南朝宋置，掌銓六宮，官品第三。

白居易（唐 772～846），字樂天，號香山居士，又號醉吟先生，祖籍太原，到其曾祖父時遷居下邽，生於河南新鄭。唐代偉大的現實主義詩人，唐代三大詩人之一。白居易與元稹共同宣導新樂府運動，世稱「元白」，與劉禹錫並稱「劉白」。白居易的詩歌題材廣泛，形式多樣，語言平易通俗，有「詩魔」和「詩王」之稱。官至翰林學士、左贊善大夫。有《白氏長慶集》傳世，代表詩作有《長恨歌》《賣炭翁》《琵琶行》等。

白行簡（唐代人，生卒年不詳），字知退，白居易之季弟。《舊唐書》稱其文筆有兄風。辭賦尤稱精密。敦煌遺書中有白行簡《天地陰陽交歡大樂賦》，知重於世。

白樸（宋 1226～約 1306 後），原名恒，字仁甫，後改名樸，字太素，號蘭谷，汴梁人。父白華仕金為樞密院判官、右司郎中，降宋為均州提督。蒙古軍破汴京，母罹難，樸隨父友元好問北渡黃河，先居聊城，後去冠縣，育於元好問家，從其學。元好問非常關心白樸的成長，曾贈詩說：「元白通家舊，諸郎獨汝賢。」白樸的學業造詣、世界觀的形成，以至後來走上文學創作的道路，成為著名的文學家，都與其父和元好問的教導與影響分不開。晚歲寓居金陵，終身未仕。白樸是以一位著名的雜劇作家而載入文學史的。據元鍾嗣成《錄鬼簿》和明清之際李玉《北詞廣正譜》記載，其一生創作雜劇 16 種，流傳下來

的有《唐明皇秋夜梧桐雨》《裴少俊牆頭馬上》《董秀英花月東牆記》三種和《韓翠顰御水流紅葉》《李克用箭射雙雕》兩種的殘曲。也是著名的散曲作家和詞人。他一生寫的詞曲很多，留傳下來的有105首，集為《天籟集》；散曲有小令36首，套數四套，由清初楊友敬掇拾，名為「摭遺」，附於《天籟集》後。

白陽翁（清代人，生卒年無考），為蘇六朋父之號。

包世臣（清1775～1855），字慎伯，號倦翁，小倦遊閣外史，安徽涇縣人。涇縣古名安吳，世稱「包安吳」。嘉慶舉人，官新喻（今新餘）知縣。工書，用筆逆入平出，以側取勢，肆力北碑，何紹基稱其書名重於江南，從學者相矜以「包派」。當時對書壇影響極大。著有《安吳四種》，其中《藝舟雙楫》下篇為書法理論，提倡北碑，主張轉指，對清代中、後期書風變革，北碑盛行，甚有影響。

玄奘（唐602～664），本姓陳，名禕，洛陽緱氏人。13歲出家，21歲受具足戒。我國漢傳佛教四大佛經翻譯家之一，中國漢傳佛教唯識宗創始人。貞觀三年（629）朝廷因饑荒允許百姓自行求生，他即從長安出發，經姑臧出敦煌，經今新疆及中亞等地，輾轉到達中印度摩揭陀國王舍城。進入當時印度佛教中心那爛陀寺，師從戒賢學習《瑜伽師地論》《顯揚聖教論》《對法論》《集量論》《中論》《百論》《俱舍論》《大毗婆沙論》《順正理論》《因明論》《聲明論》等論典，著重鑽研《瑜伽師地論》，兼學梵書《聲明記論》。不久，聲名大起。五年後，遊歷印度東部、南部、西部、北部數十國。回到那爛陀寺後，戒賢讓他主講《攝大乘論》《唯識決擇論》。著《會宗論》三千頌，融會了空有二宗，批駁了師子光反對《瑜伽師地論》的觀點，因而受到戒賢的讚賞。曾和「順世論」者辯論獲勝；還奉戒賢之命獨自同小乘論師辯論並獲勝。戒日王在曲女城為玄奘設無遮大會，玄奘宣講大乘教義，獲得更大聲譽。於貞觀十九年（645）返回長安。從貞觀十九年（645）開始，約20年間，主要從事譯經事業，先後譯出大小乘經論共75部1335卷，其中主要有《大般若經》《解深密經》《大菩薩藏經》《瑜伽師地論》《大毗婆沙論》《成唯識論》《俱舍論》等。他還曾把《老子》和《大乘起信論》譯為梵文，傳入印度；將入印路途見聞撰寫《大唐西域記》12卷。書中對西域各國、各民族生活方式、建築、婚姻、喪葬、宗教信仰、沐浴與治療疾病和音樂舞蹈方面的記載，從不同層面、不同角度、不同深度反映了西域的風土民俗。《大唐西域記》是研究印度、尼泊爾、巴基斯坦、孟加拉、斯里蘭卡等地古代歷史地理的重要文獻。明代小說家吳承恩將其事蹟

敷衍為長篇小說《西遊記》，盛譽數百年。

司空曙（唐約 720～790），字文初，《唐才子傳》作文明，河北廣平人。大曆年間進士。韋皋為劍南節度使，曾召致幕府。累官左拾遺，終水部郎中。家貧，性耿介，曾流寓長沙，遷謫江右。為人磊落有奇才，與李約為至交。他是大曆十才子之一，同時期作家有盧綸、錢起、韓翃等。其詩樸素真摯，情感細膩，多寫自然景色和鄉情旅思，長於五律。詩風閒雅疏淡。多幽淒情調，間寫亂後的心情。詩中常有好句，如後世傳誦的「乍見翻疑夢，相悲各問年」，像是不很著力，卻是常人心中所有。《唐音癸籤》卷七有《司空文明詩集》，《新唐書·藝文志》載《司空曙詩集》二卷。《唐詩百名家全集》所收《唐司空文明詩集》為三卷。《全唐詩》編錄其詩為二卷。

司空圖（唐 837～907），字表聖，自號知非子，又號耐辱居士。河中虞鄉人。唐懿宗咸通十年（869）擢進士上第，懿宗朝時曾被召為殿中侍御史。天復四年（904），朱全忠召為禮部尚書，司空圖佯裝老朽不任事，被放還。天祐四年（907），唐亡。司空圖飽經喪亂，絕食而死。司空圖成就主要在詩論，《二十四詩品》為不朽之作。《全唐詩》收詩三卷。

司馬相如（漢約前 179～前 118），字長卿，蜀郡成都人。景帝時為武騎常侍，因病免。工辭賦，代表作為《子虛賦》。作品詞藻富麗，結構宏大，成為漢賦的代表作家。

弘忍（唐代人，？～674），祖籍潯陽，後遷居湖北蘄州黃梅。東山法門開創者，被尊為禪宗五祖。《祖堂集》卷二稱他「幼而聰敏，事不再問」。中國的禪學，自達摩以來，以《楞伽》印心。至四祖道信，又增加了一行三昧的修持方法。弘忍是道信的弟子，他繼承了老師的禪學傳統，又增加了以《金剛經》印心的新內容。這反映禪學在不斷地發展。在生活作風上，弘忍也有創新。在他以前，禪者都是零星散居，一衣一鉢、修頭陀行，隨遇而安。到了道信、弘忍時代，禪者的生活為之一變，禪徒集中生活，自行勞動，寓禪於生活之中，把搬柴運水都當作佛事。又主張禪者應以山居為主，遠離囂塵。這種生活的變化，在中國佛教史上影響深遠。後來的馬祖道一和百丈懷海創叢林，立清規，道場選址在深山老林，稱道場為「叢林」，提倡農禪並重，主張一日不作，一日不食，都是受了道信、弘忍禪風的影響。

弘仁（清 1610～1664），本姓江，名韜，字六奇，一作名舫，字鷗盟，號漸江，歙縣人。明末諸生，清順治四年（1647）從古航法師為僧，居建陽報親

庵，法名弘仁，號漸江學人、漸江僧，又號無智。少孤貧，事母孝，傭書養母，一生未娶。工畫山水，兼工畫梅，曾學畫於蕭雲從，近黃公望，而受倪瓚影響最深，筆墨瘦勁簡潔，風格冷峭。常往來於黃山、雁蕩間，隱居於齊雲山，多寫黃山松石。兼工詩書。

六畫：吉 成 列 呂 自 伏 仲 伊 任 伍 朱 羊 祁 米 江 阮

吉安（清代人，生卒年不詳），漢軍正白旗人。舉人。嘉慶十八年（1813）任新會縣知縣。

成公綏（晉代人，生卒年不詳），文學家，見《晉書・文苑傳・成公綏》。

成鷲（清 1637～1722），清初肇慶鼎湖山慶雲寺僧。又名光鷲，字跡刪，號東樵山人。俗姓方，名覷愷，字麟趾，番禺人。出身書香仕宦世家。年四十一，從本師西來離幻即石洞和尚披剃。繼法於碩堂禪師，係憨山大師徒孫。與陶環、何絳等南明抗清志士為生死之交。與屈大均、梁佩蘭唱酬，粵中士人多從教遊。先後主持澳門普濟寺、肇慶慶雲寺、廣州大通寺，終於大通。其為人豪放倜儻，詩文亦卓犖痛快，盡去雕飾，頗有似莊子處。沈德潛譽為詩僧第一。作品有《楞嚴直說》十卷、《鼎湖山志》八卷、《咸陟堂集》43 卷、《金剛直說》一卷、《老子直說》二卷、《莊子內篇注》一卷等。

列子（春秋，約前 450～前 375），名禦寇，又名寇，字雲，亦作圄寇。鄭國圃田人，古帝王列山氏之後。約與鄭繻公同時。著《列子》。《列子》是中國古代先秦思想文化史上著名的典籍，按章節分為《天瑞》《黃帝》《周穆王》《仲尼》《湯問》《力命》《楊朱》《說符》等八篇，每篇均由多個寓言故事組成，寓道於事。

呂岩（唐 713～741），一名岩客，字洞賓，河中永樂（一云蒲阪）人。咸通初中第，兩調縣令。值黃巢之亂，遂攜家歸終南，放跡江湖間，世稱呂祖或純陽祖師。所作詩，《全唐詩》輯為四卷，行於世。民間傳說「八仙」之一。

呂公著（宋 1018～1089），字晦叔，壽州人。呂夷簡之子。舉進士。在仁宗、英宗兩朝歷任天章閣待制等職。神宗熙寧二年為御史中丞，反對王安石變法，稱呂惠卿奸邪不可用。旋屢任外職。哲宗即位後，高太皇太后臨朝，他和司馬光同被召用，任尚書右僕射兼中書侍郎，廢除新法。未幾，司馬光死，他獨當國政。位至司空，同平章軍國事。歿贈申國公。

　　呂本中（宋 1084～1145），字居仁，世稱東萊先生，壽州人。詩人、詞人、道學家。著有《春秋集解》《紫微詩話》《東萊先生詩集》等。

　　自渡（清康熙時人，生卒年不詳），畫僧。不知何許人。康熙間托缽於廣東順德西華庵。以左腕作畫，工花鳥，尤善牡丹。卒葬西峰下。傳南海黃裔劬學盦藏其設色花卉長卷，款署七十三廢髡前中翰自渡。卷首有謝蘭生題識。

　　伏勝（漢代人，生卒年不詳），著《尚書大傳》四卷、補遺一卷。

　　伏女（漢代人，生卒年不詳），西漢經學家伏勝的女兒。曾奉父命傳《尚書》於晁錯。《漢書·儒林傳·伏生》「使掌故朝錯（即晁錯）往受之。」顏師古注引漢衛宏《定古文尚書序》：「伏生老，不能正言，言不可曉也，使其女傳言教錯。」

　　仲長統（漢代人，生卒年不詳），著《昌言》34 篇，是仲長統創作的哲學政治著作。

　　伊秉綬（1754～1815），字組似，號墨卿、默庵，福建汀州人。乾隆進士，官揚州知府。善書法，行草書宗李東陽，從而上溯顏真卿，勁秀清絕。尤精於隸，墨沉筆實，醇古壯偉。蔣寶齡《墨林今話》稱其「以篆隸名當代，勁秀古媚，獨創一家」。著有《留春草堂集》。

　　任熊（清 1823～1857），字渭長，號湘浦，浙江蕭山人。道光二十二年（1848）交周閒於錢塘，留范湖草堂三年，臨撫古畫。後遊吳中，遇姚燮，姚亟器重之。凡人物、山水、花鳥、蟲魚、走獸，俱擅勝場，尤工神仙佛道。筆法圓勸，形象奇古誇張，衣褶銀鉤鐵畫，得陳洪綬神髓，而別開生面。嘗寄跡蘇州，往來上海賣畫。

　　任薰（清 1835～1893），字阜長，又字舜琴，浙江蕭山人，任熊弟。工人物、山水，尤擅花鳥。

　　任頤（清 1840～1896），初名潤，字小樓，後改字伯年，浙江山陰人，寄寓浙江蕭山。父鶴聲，字淞雲，工寫照，伯年幼時曾得父指授。少年時曾參加太平軍為旗手。早年在箋扇莊做徒工，後遇任熊，被收為弟子，繼從任薰學畫，中年起在上海賣畫。擅畫人物、花卉、翎毛、山水，尤工肖像，取法陳洪綬、華喦，重視寫生，鉤勒、點簇、潑墨交替互用，賦色鮮活明麗，形象生動活潑，別具清新格調，年未及壯，已名重江南北。後得朱耷畫冊，悟用筆之法，雖極細之筆，必懸腕中鋒，自稱「作畫如頤，差足當一寫字」。所畫肖像，細部處可清楚看到每一根鬚眉，曾為虛谷、吳昌碩、高邕之等摯友畫像。書法參用畫

意，亦奇警不凡。其畫在江南一帶影響甚大，為「海上畫派」之代表人物。

任貴震（清同光時人，生卒年不詳），湖南瀏陽人。同治十三年（1874）進士。

伍元華（清 1800～1833），字良儀，號春嵐，以受昌為商名，他接任怡和行商和十三行公行總商七年，雖為時不長，卻是個精明能幹、善於經營的人物。他與英商勾結，包庇鴉片貿易，同外商關係密切，是伍秉鑒的得力助手。

朱泚（唐 742～784），幽州昌平人。唐中期將領。建中四年（783）涇原兵變，被嘩變的士兵擁立為帝，國號秦。失敗後被部將殺死，時年 43 歲。

朱勔（宋 1075～1126），蘇州人。宋徽宗垂意於奇花異石，朱勔奉迎上意，搜求浙中珍奇花石進獻，並逐年增加。政和年間，在蘇州設應奉局，靡費官錢，百計求索，勒取花石，用船從淮河、汴河運入京城，號稱「花石綱」。宋欽宗繼位，將他削官放歸田里，後又流放到循州關押，復遣使將他斬首處死。

朱熹（宋 1130～1200），字元晦，一字仲晦，號晦庵，別稱紫陽，徽州婺源人。曾任秘閣修撰等職。廣注典籍，對經學、史學、文學、樂律以至自然科學有不同程度貢獻。在哲學上發展了二程（程顥、程頤）關於理氣關係的學說，集理學之大成，建立一個完整的理學體系，世稱「程朱」學派。認為理和氣不能相離，「天下未有無理之氣，亦未有無氣之理」。但又斷言：「理在先，氣在後」，「有是理便有是氣，但理是本」。強調「天理」和「人欲」的對立，要求人們放棄「私欲」，服從「天理」。他從事教育 50 餘年，認為「為學之道，莫先於窮理；窮理之要，必在於讀書，讀書之法，莫貴於循序而致精；而致精之本，則又在於居敬而持志」。吸收當時科學成果，提出了對自然界變化的某些見解，如關於陰陽二氣的宇宙演化說，如從高山上殘留的螺蚌殼論證地質變遷（原為海洋）說等。他的博覽和精密分析的學風對後世學者很有影響，日本在德川時代，「朱子學」也頗流行，著作有《四書章句集注》《周易本義》《詩集傳》《楚辭集注》及後人編纂的《晦庵先生朱文公文集》和《朱子語類》等多種。

朱淑真（宋約 1135～約 1180），號幽樓居士，浙江海寧路仲（海寧簡志）人，祖籍歙州。南宋著名女詞人，是唐宋以來留存作品最豐盛的女作家之一。與李清照齊名。生於仕宦之家。幼聰慧、善讀書，但一生愛情鬱鬱不得志。丈夫是文法小吏，因志趣不合，夫妻不和睦，最終因抑鬱早逝。現存《斷腸詩集》《斷腸詞》傳世，是劫後餘篇。

朱碧山（元代人，生卒年不詳），元代金銀器製作工匠。

朱芾（明初人，生卒年不詳），字孟辨，明初松江府華亭人。洪武初官編修，改中書舍人。才思飄逸，工詞章，兼善翰墨，真、草、篆、隸清潤遒勁，風度不凡。畫山水人物亦佳。

朱錦（明末人，生卒年不詳），崇禎間輯有《古今紆籌》。

朱鶴（明代人，生卒年不詳），字子鳴，號松鄰，一作松齡，嘉定人，先祖則是徽州人。工書法、篆刻，精雕鏤圖繪之技，亦擅竹刻，為正德嘉靖年間嘉定派竹刻的開山始祖，與子纓、孫稚徵合稱「嘉定三朱」。雕刻手法細膩、逼真，技法中運用了圓雕、透雕和高浮雕諸法，有作品存故宮博物院和南京博物院。

朱大韶（明嘉靖時人，生卒年不詳），字吉士，嘉靖二十六年（1547）進士，藏書家。以美妾易宋刻袁弘《後漢記》，該書有陸游、劉須溪、謝疊山三人手評者。交易成後，其妾留詩壁上「無端割愛出深閨，猶勝前人換馬時。他日相逢莫惆悵，春風吹盡道旁枝。」朱大韶讀後抑鬱而亡。

朱簡（明萬曆時人，生卒年不詳），字修能，號畸臣，後改名聞，安徽休寧人。精研六書。頗多收穫。篆刻著重筆意，以切刀刻石，自成面目。善詩，與李流芳、趙宧光、陳繼儒等互有唱和。著有《印品》《菌閣藏印》《修能印譜》等。

朱耷（清 1624 或 1626～1705），本名統鐢，明寧王朱權後裔，封藩南昌，遂為江西南昌人。明亡，深受刺激，由口吃而佯作啞子。並剃髮為僧，作品多署八大山人，筆形似「哭之」或「笑之」，別號有雪個、傳綮、驢屋。後通道教，居南昌南郊天寧觀（後人建為青雲譜），歷時 27 年，韜光養晦，改名道朗，字良月，號破雲樵者，但書畫作品仍署「八大山人」。62 歲後，花押有個相如吃、三月十九日、拾得、黃竹園等。擅畫山水、花鳥、竹木，筆墨簡括、冷峭、凝煉，形象變幻多端，有時誇張脫略，如所畫魚鳥，每以「白眼向人」。畫面著墨不多，均生動盡致，無景處亦成妙境，所創意境，別具靈奇。山水多寫殘山剩水，意境荒寂。山水曾學董其昌，書法得力於鍾繇、王羲之、王獻之、顏真卿，亦受董其昌影響，淳樸圓潤，脫去明人習氣。與原濟（石濤）、弘仁、髡殘合稱「清初四高僧」，對後來寫意畫派影響極大。亦善詩。

朱彝尊（清 1629～1709），字錫鬯，號竹垞，又號醧舫，晚號小長蘆釣魚師，別號金風亭長，浙江秀水人。康熙十八年（1679），舉博學鴻詞科，除翰林院檢討。康熙二十二年（1683）入直南書房。博通經史，參加纂修《明史》。

擅詩詞，精金石，購藏古籍圖書不遺餘力，為清初著名藏書家之一。著有《曝書亭集》80 卷、《日下舊聞》42 卷、《經義考》300 卷；選《明詩綜》100 卷、《詞綜》36 卷（汪森增補）。所輯成《詞綜》是中國詞學方面的重要選本。

朱履貞（清乾嘉慶間人，生卒年不詳），號閑雲、閑泉，浙江秀水人。嘉慶五年（1800）寫成書學論著《書學捷要》二卷。上卷摘錄前人法書評論，分用筆、執筆、學書攻苦、學書感會四則，間加疏說。下卷為朱氏自撰，主張作書必提腕，臨摹不尚形似，解擘窠為大指窠穴，拔鐙為若執鐙挑。趙魏作序，謂：「殫思古法，發揮意旨，於孫過庭《書譜》尤精研確核，辨析微芒，發前賢秘奧，為後學津梁。」傳世有《知不足齋叢書》本。

朱鶴年（清 1764～1844），字野雲，號野堂、野雲山人等，江蘇泰州人。善畫山水、人物、仕女、花卉和竹石，尤以山水、人物畫著稱。

朱為弼（1770～1840），字右甫，號椒堂，又號頤齋，浙江平湖人。幼喪父母，以孝敬祖母名聞鄉里。嘉慶十年進士，授兵部主事，遷員外郎。通經學，精研金石之學，尤嗜鐘鼎文。嘉慶二年（1797），阮元督學浙江，創辦詁經精舍，聘請參與修輯《經籍纂詁》，並為阮元所撰《積古齋鐘鼎彝器款識》稿審釋、作序、編定成書。

朱士端（清 1786～ ？），字銓甫，江蘇寶應人。精於許氏形聲之學，嘗以二徐本互校，多正後儒刪改之失。又以鐘鼎彝器諸文，考今許氏所載古籀各體，並精鑿不磨。著有《強識編》《說文校定本》《宜祿堂收藏金石記》《吉金樂石山房文集》《詩集》。

朱善旂（清 1800～1855），字大章，號建卿，浙江平湖人。官國子監助教，並署博士監丞，武英殿校理。有《敬吾心室彝器款識》一卷、《敬吾心室識篆圖卷》二冊。

朱緒曾（清 1805～1860），字述之，號北山。上元人。藏書甲於江浙。通經史訓詁，於《爾雅》用力尤深，咸豐間以研經博物，聞名東南。官秀水時，獲抄文瀾閣書，故所藏宋元秘笈，多外間所罕見。所居秦淮水榭，藏書十數萬卷，皆以精審稱。1853 年太平天國起義軍至江寧，戰火起，其收藏多為火所焚。後又日夕搜集，整理編校和綴其殘帙，所藏復以壯觀。著述甚豐，存世有《曹子建集考異》《梅里詩輯》《昌國典詠》《北山集》《開有益齋讀書志》《開有益齋金石文字記》等。曾歷時 30 年選周秦至清 1000 餘人之詩，輯成《金陵詩徵》92 卷（稿本）。

朱橚（清道光時人，生卒年不詳），又名朱堅，書齋名味無味齋，雲南石屏人。道光九年（1829）進士，道光二十八年（1848）由江西督糧道道員升陝西按察使，道光三十年（1850）升陝西布政使，同年病免。

朱一新（清 1846～1894），字鼎甫，又字蓉生，號鬻盦，室名約經堂、無邪堂、佩弦齋、拙盦、綠芸吟館，浙江義烏人。光緒二年進士，授編修，擢為監察御史。因論海軍用人不當，疏劾內侍李蓮英，降主事，乞歸。後應兩廣總督張之洞聘，掌教廣雅書院。有與康有為辨偽學之作《論學》《無邪堂答問》《佩弦齋文·詩存》《拙盦叢稿》及門人平遠所輯《義烏朱先生文鈔》等。

朱福詵（清？～1897 在世），字叔基，又字棱卿，室名復安堂，浙江海鹽人。光緒六年（1880）進士。後歷官河南、貴州學政。曾刻《疇人傳》。

朱楓（清代人，生卒年不詳），著《吉金待問錄》四卷、《補遺》一卷、《錄餘》一卷。

朱堅（清代人，生卒年不詳），字石梅，又號石眉，浙江紹興人。嘉道年間書畫家，擅長人物、花卉，且工鑒賞，多巧思，紫砂胎包錫壺是其創製。著有《壺史》一書，已佚。紫砂錫包壺，用白玉作蓋、柄、鈕，非常別致，曾風行一時。

朱伯姬（清代人，生卒年不詳），名美瑤，朱次琦之女。

朱維瀚（清代人，生卒年不詳），號少谷，廣東南海人，光緒十四年（1888）舉人。

朱象賢（清代人，生卒年不詳），著《印典》。

朱必信（清代人，生卒年不詳），四川清溪人，官大理。朱行先《印典》稱怡軒先生。工刻印。見《廣印人傳補遺》。

羊祜（三國魏晉間，221～278），字叔子，泰山郡南城縣人。博學能文，清廉正直。曹魏時期，接受公車徵辟，出任中書郎，遷給事黃門侍郎。姐姐嫁給大將軍司馬師，投靠司馬氏家族，仕途平步青雲。魏元帝曹奐即位，出任秘書監、相國從事中郎、中領軍，統領御林軍，兼管內外政事，冊封鉅平縣子。西晉建立後，遷中軍將軍、散騎常侍、郎中令，冊封鉅平侯。泰始五年（269），出任車騎將軍、荊州都督，加任開府儀同三司坐鎮襄陽，屯田興學，以德懷柔，深得軍民之心；擴充軍備，訓練士兵，全力準備滅亡孫吳，累遷征南大將軍，冊封南城侯。諡成。唐宋時配享武廟。

祁承爜（明 1562～1628），字爾光，號夷度，又號曠翁、密園老人。浙江

山陰人。藏書家、目錄學家。編成《澹生堂藏書目》，共著錄藏書 9125 種，95541 卷，並撰有《庚申整書小記》《庚申整書略例四則》《澹生堂集》《澹生堂雜著》《澹生堂餘苑》《牧津》《國朝徵信叢錄》《諸史藝文鈔》等多種。祁承爜從藏書實踐中，總結歸納出一套比較完整的有關圖書採購、典藏、整理、分類、編目、閱讀使用的理論和方法。

祁世長（清 1825～1892），字子禾，一字子和，號敏齋，室名思復堂，山西壽陽人。咸豐十年進士。數任鄉試、會試考官，督學直隸、安徽、浙江。歷官左都御史、侍講學士、禮部侍郎、吏部侍郎、工部尚書。諡文恪。

米芾（宋 1051～1107），初名黻，字元章，號鹿門居士、襄陽漫士、海嶽外史，自元祐起，改名芾，祖籍太原，遷襄陽，世稱米襄陽。徽宗召為書畫學博士，官至禮部員外郎，人稱「米南宮」。有潔癖，多畜奇石。嘗於無為州治，見巨石，狀奇醜，大喜，具衣冠拜揖，呼之為兄，因舉止狂放，世稱「米顛」。不能與世隨和，故從政數困。能詩文，擅書畫，精鑒別，好收藏名跡。行、草書博取前人所長，用筆俊邁豪放，有「風檣陣馬，沉著痛快」之評。晚年出入規矩，深得意外之旨，與蔡襄、蘇軾、黃庭堅合稱「宋四家」。畫山水出自董源，天真發露，不求工細，多用水墨點染，此種橫點積疊畫法，突破鉤廓添皴之傳統，開創了新風格。有時用紙筋、蔗滓、蓮房代筆。紙不上膠礬，不肯於絹上著一筆，平素不作大幅，其畫水墨淋漓，氣韻生動。子友仁繼承父法，有所發展，自稱「墨戲」。畫史上有「米家山」「米氏雲山」和「米派」之稱。芾亦作梅、松、蘭、菊等花卉畫，晚年作人物，自謂「取顧（愷之）高古，不入吳生（道子）一筆」。著有《書史》《畫史》《寶章待訪錄》等。

江總（南朝陳 519～594），南朝陳大臣、文學家。字總持，祖籍濟陽郡考城縣（今河南商丘民權縣）。18 歲時，初任宣惠武陵王府法曹參軍。又授職為何敬容府主簿，不久調任尚書殿中郎。平定侯景之亂後，詔命江總任明威將軍、始興內史。恰逢江陵陷落，遂不成行，從此寄居嶺南多年。天嘉四年（563），因任中書侍郎回朝廷，管轄侍中省。陳後主陳叔寶時，任宰相，他不理政務，只是每天和後主在後宮飲酒作樂，因此國家日益衰敗，君臣昏庸腐敗，以至於陳朝滅亡。有《江總雜曲》傳世。

江致和（宋代人，生卒年不詳），詞人，崇寧間太學生。名作《五福降中天》：「喜元宵三五，縱馬御柳溝東。斜日映珠簾，瞥見芳容。秋水嬌橫俊眼，膩雪輕鋪素胸。愛把菱花，笑勻粉面露春蔥。　　徘徊步懶，奈一點、靈犀未

通。悵望七香車去，慢輾春風。雲情雨態，願暫入陽臺夢中。路隔煙霞，甚時還許到蓬宮。」

江皜臣（明末清初人，生卒年不詳），字濯之，號漢臣，安徽歙縣人。臂力過人，善刻晶玉，行刀自然取勢，無凝滯之病，作品為時所重。嘗云「切玉後，恒覺石如宿腐，不屑為」。所以至今沒有發現其石章作品。程原稱其「貞不異俗，和不徇物，專精於所事，而無矜能爭勝之意」。其學生陶碧，追隨左右，能得其法。

江聽香（清代人，生卒年不詳），陳鴻壽幕客，參與陳鴻壽紫砂壺的創作與製作。

江秬香（清乾嘉時人，生卒年不詳），字秬江，一作秬香，錢塘人。嘉慶三年（1798）舉人。工隸書，與黃易皆能以漢法自命者。

江逢辰（清 1859～1910），字孝通，又字雨人，號密盦（庵），廣東歸善人。光緒十八年（1892）進士。官吏部主事。從梁鼎芬遊，學益精。充湖北經心書院院長。後掌教惠州豐湖書院。工詩文詞，擅書篆、隸，善山水、花卉。著有《密盦詩文集》《孤桐詞》《華鬘詞》《孝通遺集》等。

江德量（清代人，生卒年不詳），著《江氏錢譜》。

江樹畇（清末民初人，生卒年不詳），安徽人。魯迅當年喜歡光顧北京一家飯館廣和居，有一道菜叫「江豆腐」，就是江樹畇創作的。

江藩（清 1761～1831），字子屏，號鄭堂，晚號節甫，江蘇揚州人。博綜群經，尤深漢詁。為古文詞，豪邁雄俊。著《隸經文》四卷、《炳燭室雜文》一卷、《江湖載酒詞》二卷、《漢學師承記》八卷、《宋學淵源記》三卷等。

阮瑀（漢約 165～212），字元瑜，陳留尉氏人，東漢末年文學家，「建安七子」之一。所作章表書記很出色，當時軍國書檄文字，多為阮瑀與陳琳所擬。音樂修養頗高，兒子阮籍、孫子阮咸皆當時名人。明人輯有《阮元瑜集》。

阮孝緒（南朝 479～536），字士宗，陳留尉氏人。南朝齊梁時期處士、目錄學家。普通四年（523），開始動筆，得到劉杳的無私援助，撰成《七錄》12卷。

阮閱（宋代人，生卒年不詳），於徽宗宣和年間知郴州時編成《詩話總龜》十卷。與《苕溪漁隱叢話》《詩人玉屑》並稱為宋代三大詩話。《詩話總龜》分門別類，舉例最詳而多述小詩家。《苕溪漁隱叢話》主要敘述大詩人，不述小詩人。《詩人玉屑》則側重寫作詩之法。

阮慰民（明末清初人，生卒年不詳），與張風同時人，詩人。

阮葵生（清 1727～1789），字寶誠，號吾山，淮安府山陽縣人。乾隆壬申科舉人，辛巳會試以中正榜錄用，以內閣中書入值軍機處，歷任監察御史、通政司參議、刑部右侍郎。詩人、散文家和法學家。著有《七錄齋詩文集》及《茶餘客話》30 卷。

阮元（清 1764～1849），字伯元、良伯、梁伯，號芸臺、揅經老人、怡性老人、雷唐盦主，江蘇儀征人。乾隆五十四年（1789）進士，官至體仁閣大學士，加太傅。博學，精於經籍訓詁，曾主編《經籍籑詁》，校刻《十三經注疏》，匯刻《皇清經解》等，於天文、曆算、地理、文學諸學科，亦多有建樹。善書法，隸法《石門頌》《百石卒史碑》，鬱勃飛動，醇雅清古。能作擘窠大字。所撰《南北書派論》《北碑南帖論》，自謂「書法遷變，流派混淆，非溯其源，曷返於古？」提出「短箋長卷，意態揮灑，則帖擅其長，界格方嚴，書法深刻，則碑據其勝」。為清代提倡尊碑之有力者。亦能畫，花卉木石，筆致秀逸。著有《揅經室集》《積古齋鐘鼎彝器款識》《山左金石志》《兩浙金石志》《儀禮石刻經校勘記》《華山碑考》《經籍籑詁》《十三經注疏》《學海堂經解》《南北書派論》《石渠隨筆》《疇人傳》等。

七畫：李　武　求　車　杜　束　吾　吳　岑　貝　佛　何　伽　　　伯　邱　狄　余　佘　妙　辛　宋　完顏　汪　沈　改　　　邵

李耳（春秋，約前 580～前 500），字伯陽，一說即老聃，相傳為楚國苦縣人。春秋末年思想家，道家創始人。曾任周守藏室之史，後又為柱下史，熟悉各種典章制度。晚年隱居沛，講論道德。後西入關中，客死於秦。其著作《老子》又稱《道德經》。由《道經》與《德經》兩部分組成。《道經》主要講哲學，《德經》偏重於政治和軍事。「道」是老子哲學思想的核心，認為世間萬物都是從「道」派生出來的；它是唯一的精神性的本源。「德」是宇宙間一切具體事物所含有的特性。

李斯（秦前？～前 208），戰國楚上蔡人。荀子弟子。入秦，說秦王並六國，乃拜為客卿。20 餘年間，卒滅六國。始皇稱帝，李斯為丞相。主張廢封建，立郡縣，下禁書令，改籀文為小篆。始皇死，與趙高矯詔殺害扶蘇，另立胡亥為秦二世，後趙高誣譖李斯與子李由通盜，腰斬於咸陽。

　　李白（唐701～762），字太白，號青蓮居士。唐代偉大的浪漫主義詩人。其人爽朗大方，愛飲酒作詩，喜交友，人稱為「詩仙」。有《李太白集》。

　　李泌（唐722～789），字長源，唐京兆人。博涉經史，能文工詩，為唐代名臣。德宗時拜相。數為權幸忌嫉，常以智免，屢退屢進，封鄴縣侯，世稱「李鄴侯」。

　　李陽冰（唐代人，生卒年不詳），字少溫，趙郡人。乾元（758～759）時為縉雲縣令，官至將作監。精小篆，筆法出於秦《嶧山刻石》，圓淳瘦勁，結構婉暢靈動。為秦篆一大變革，對後世頗有影響。自稱：「斯翁（李斯）之後，直至小生。曹喜、蔡邕不足言也。」傳世刻帖有《三墳記》《城隍廟碑》《謙卦銘》《怡亭銘》《般若臺題名》等，均為後世翻刻本。

　　李德裕（唐787～850），字文饒，小字臺郎，趙郡贊皇人。唐代傑出政治家、文學家、戰略家，中書侍郎李吉甫次子。歷仕憲、穆、敬、文、武諸朝，率同黨徒與牛僧孺為首的一派激烈鬥爭，史稱「牛李黨爭」。武宗時拜相，當國六年，消弭藩鎮之亂，封衛國公。宣宗立，為牛黨所誣，貶死崖州司戶任所。著有《會昌一品集》《次柳舊聞》等。

　　李賀（唐790～816），字長吉，河南宜陽縣人。有《昌谷集》。

　　李石（唐元和年間人，生卒年不詳），字中玉，隴西人。元和十三年（818）進士，從涼國公李聽，歷四鎮從事，機辯有方略，尤精史術。

　　李商隱（唐812～858），字義山，號玉溪生、樊南生，河南懷州人。有《李義山集》。

　　李冗（唐代人，生卒年不詳），著《獨異志》，原本十卷，今傳三卷，雜錄古事和唐代軼事。成書於唐宣宗至唐僖宗年間（846～874）。

　　李存勗（五代885～926），小字亞子，代北沙陀人，生於晉陽，唐末五代軍事家，後唐開國皇帝，稱莊宗，晉王李克用之子。李存勗詞《如夢令·曾宴桃源深洞》：「曾宴桃源深洞，一曲舞鸞歌鳳。長記別伊時，和淚出門相送。如夢，如夢，殘月落花煙重。」

　　李煜（南唐937～978），初名從嘉，字重光，號鍾隱，徐州人。五代十國時南唐國君，又稱南唐後主。亦為五代時出色的詞人。開寶八年，國破降宋，後為宋太宗毒死。工書法，善繪畫，精音律，詩和文均有一定造詣，尤以詞的成就最高。現存詞32首，在中國詞史上佔有重要的地位，對後世影響亦大。他繼承了晚唐以來花間派詞人的傳統，但又通過具體可感的個性形象，反映現

實生活中具有一般意義的某種意境，由是將詞的創作向前推進了一大步，擴大了詞的表現領域。其詞主要收集在《南唐二主詞》中。

李順（宋代人，生卒年不詳），北宋初期川峽地區農民起義首領。茶販出身。淳化四年（993）王小波犧牲後，被推為領袖。他召鄉里富人大姓，令具報所有財粟，除留其足夠家用以外，一切調發，大賑貧乏，得到廣大人民擁護。所部號令嚴明，次年攻克成都，被推為大蜀王，建元應運。分軍攻佔州縣，北到綿州，東到巫峽。宋軍平成都後被殺。

李邦彥（宋？～1129），原名李彥，字士美，懷州人。北宋末年宰相、奸臣。外表俊爽，美風姿，自號「李浪子」，為文敏而工。大觀二年，賜進士出身，官至中書舍人。宣和五年，拜尚書左丞，遷少宰，人稱「浪子宰相」。宋欽宗即位，遷太宰，提舉龍德宮使。金兵逼近開封，力主割地議和，直接造成北宋滅亡。趙構即位後，貶為建武軍節度副使，安置潯州。建炎三年（1129），死於桂州。

李之儀（1048～約1117後），北宋詞人。字端叔，自號姑溪居士、姑溪老農。漢族，濱州無棣人。哲宗元祐初為樞密院編修官，通判原州。元祐末從蘇軾於定州幕府，朝夕倡酬。元符中監內香藥庫，御史石豫參劾他曾為蘇軾幕僚，不可以任京官，被停職。徽宗崇寧初提舉河東常平。後因得罪權貴蔡京，除名編管太平州（今安徽當塗），後遇赦復官，晚年卜居當塗。著有《姑溪詞》一卷、《姑溪居士前集》50卷和《姑溪題跋》二卷。

李唐（宋1066～1150，一作約1050～？），字晞古，河陽三城人。初以賣畫為生，徽宗時補入畫院。南渡後流亡至臨安，經太尉邵淵推薦，授成忠郎銜，任畫院待詔，時年近八十。擅畫山水，變荊浩、范寬之法，用峭勁筆墨，寫北方山川的雄峻氣勢。晚年受江南景色陶冶，筆闊、皴長、墨潤、勢暢，畫法去繁就簡，筆力益壯，粗大夾雜偏鋒，創製「大斧劈」法，所畫石質堅硬，立體感強。畫水不用魚鱗紋程式，而得盤渦動盪之狀。兼工人物，初似李公麟，後衣褶變為方折勁硬。與劉松年、馬遠、夏圭合稱「南宋四家」。

李清照（宋1084～1155），號易安居士，齊州章丘人。詞人，婉約詞派代表，有「千古第一才女」之稱。與其夫趙明誠在金石學方面有著同樣的志趣和修養。夫婦兩人窮年累月，悉心搜求，摹拓傳寫，不遺餘力。經過20多年的努力，積得三代以來古器物銘及漢、唐石刻凡2000卷，並為之考訂年月，辨偽糾謬，寫成跋尾502篇，成就《金石錄》一書，彪炳後世。另有《易安居士

文集》《易安詞》，已散佚。後人有《漱玉詞》輯本。今有《李清照集校注》。

李孝美（宋代人，生卒年不詳），著《李氏歷代泉譜》。

李好文（元代人，生卒年不詳），字惟中，元大名東明人。英宗至治元年進士。授浚州判官，入為國子助教。泰定間除太常博士。纂成《太常集禮》。後為監察御史。順帝復以「至元」紀元，好文言年號襲舊之非，並言時弊之甚。累官禮部尚書，與修遼、金、宋史。至正九年，皇太子入學，命以翰林學士兼諭德，乃摘諸經要略，取史傳及先儒論說，加以所見，為《端本堂經訓要義》，供太子學習。又集歷代帝王故事，成《大寶龜鑑》。官終翰林學士承旨。

李孔修（明 1462～1531），字子長，自號抱真子，廣東順德人，僑居廣州。張詡識之，薦於其師陳白沙，白沙亟稱之，深得白沙之學。初赴省試，以搜檢嚴擲硯而去。敝廬敗甕，疏食不贍，未嘗戚戚。觀眺山水歸而圖之，見者爭愛而酬之金，曰：「子長畫也。」尤善畫貓，毛骨如生，鼠見驚走。其山水翎毛亦精絕。陳白沙題李子長畫詩：「谷靜山深樹幾叢，溪邊白石可青筇。詩中此景多相似，只恐詩家是畫工。」尚書霍韜葬之西樵山下雲路村，題墓碑曰「明抱真先生李子長之墓」。

李廷機（明 1542～1616），字爾張，號九我，晉江人。萬曆十一年中進士，授編修，累遷國子祭酒，遷南京吏部右侍郎。皇帝雅重廷機，累官禮部尚書兼東閣大學士，入參機務。四十年致仕，加封太子太保。卒贈少保，諡文節。

李日華（明 1565～1635），字君實，號竹懶，浙江嘉興人。萬曆進士，官至太僕寺少卿。能書畫，且善鑒別，世稱博物君子。所作筆記多論書畫，文筆清雋，富小品意致，詩亦清逸。著作宏富，有《恬致堂集》等。

李流芳（明 1575～1629），字長蘅，一字茂宰，號泡庵、檀園、慎娛居士，歙縣人。擅畫山水，學吳鎮、黃公望，峻爽流暢，有「分雲裂石」之勢。亦工書法，學蘇軾。又精鑴印，與何雪漁齊名。

李成棟（明？～1649），字廷楨，號虎子，陝西人，一說遼東人，一說寧夏人。少時跟隨高傑為盜，號「李訶子」，後隨高傑歸附明朝，累官總兵，駐守徐州。順治二年（1645），豫親王多鐸征江南，李成棟率所部降清，並跟隨清軍攻打浙江、福建、廣東，製造揚州十日、嘉定三屠，擒殺南明紹武帝朱聿鐭，剿滅反清勢力陳子壯、張家玉（與陳邦彥合稱「嶺南三忠」）。順治四年（1647），授廣東提督，加左都督銜。順治五年（1647）正月，李成棟與兩廣總督佟養甲不合，聚眾反清歸明，封惠國公。順治六年（1649），李成棟出兵

江西省，兵敗墜水而死。

李煙客（明代人，生卒年不詳），與張喬友善之詩人。

李稔（明末清初人，生卒年不詳），字祈年，以字行，番禺人。遭亂奉母，隱於順德之龍山，與薛始亨、陳恭尹、釋成鷲詩歌往還。嘗語人曰：「吾棋不如琴，琴不如畫，畫不如書，書不如詩，詩不如文，文不如道。」

李光暎（清？～1736），一名光映，字子中，又字組江，號疊庵，自署觀妙主人，浙江嘉興人。金石學家。好藏書，尤喜金石，收藏甚富。曾得朱彝尊所藏金石刻，輯集諸家之論成《觀妙齋金石文考略》16卷。

李世瑞（清1659～1737），字非凡，號月庵。幼年喪父，家雖貧，卻勤奮好學，博通群書。康熙四十一年，獲歲貢，送國子監，選授廣西修仁縣訓導，請辭，未就職。一生好善義施，捐資建立書院、義學和社學。購置市內各處鋪屋20多間，每年將租金稅後所得，作為義學維修及教師、生員生活費用。購置珠璣巷民居鋪屋40多間，收取年租銀兩，修造渡船，請渡工二人擺渡，不收渡錢，名為南義渡；於南面山麓（今火山口）建亭名目南渡亭，作為商旅農人往返休息之所。置義田修復舊明備倉，積貯糧食，一遇荒年，即開倉廣為賑濟。著述有《世紀考略圖》一卷、《地輿圖記》五卷、《天文雜誌》四卷、《集驗醫案》一卷、《詩文》一卷、《李非凡文集》刊行於世。曾士揚的《蒼梧縣志》朽蝕殘損，李世瑞發憤搜集資料，旁稽遠考，續纂成《蒼梧縣志》四卷出版。

李鱓（清1686～1762），鱓，一作鱓，字宗揚，號復堂、懊道人，江蘇興化人。在揚州賣畫，為揚州八怪之一。擅畫花卉蟲鳥，畫法工致，又師高其佩，進而趨向粗筆寫意，並取法林良、徐渭、朱耷，落筆勁健，縱橫馳騁，不拘繩墨而有氣勢，有時使用重色或彩墨結合，頗得天趣。因見石濤作品，遂用破筆潑墨作畫，風格一變。書法古樸，有金石氣。

李方膺（清1696～1755），字虯仲，號晴江、秋池，江蘇南通人。以諸生受保舉，歷任樂安、蘭山、潛山、合肥等知縣，去官後寓揚州借園，自號借園主人，賣畫為生，傲岸不羈，為「揚州八怪」之一。善畫松竹蘭菊及諸小品，尤長寫梅，縱橫跌宕，不守矩矱，意在青藤（徐渭）、白陽（陳淳）之間。畫巨幅則蒼老渾古，墨氣淋漓，有亂頭粗服之致，惟梅花標格獨具靜逸氣，有專用的「梅花手段」印章。能詩，自題《盆菊》云：「莫笑田家老瓦盆，也分秋色到柴門，西風昨夜園林過，扶超霜花扣竹根。」抒發其懷才不遇之情。

李兆洛（清1769～1841），字紳琦，改字申耆，又號養一子，又署養一翁，

晚號養一老人，室名養一齋、輩學齋，江蘇陽湖人。文學家、地理學家。嘉慶九年（1804）以第一名舉於鄉。明年成進士，改庶吉士，授安徽鳳臺知縣，在縣七年，以父喪去官，遂主講江陰暨陽書院20年，成材頗眾。為學精考證，尤好輿地學，又工詩古文。著有《歷代紀元編》《皇朝文典》《大清一統輿地全圖》《鳳臺縣志》及《六朝文絜》《養一齋文集》等。

李南澗（清1730～1778），青州益都人，藏書家。

李文藻（清1730～1778），字素伯，一字茞畹，晚號南澗，山東益都人。藏書家、金石學家、文學家。乾隆二十六年（1761）進士，曾任廣東恩平、新安、潮陽縣知縣，官至廣西桂林府同知。撰著有《粵西金刻記》《山東元碑錄》《粵諺》《恩平》《潮陽》《桂林》等30餘種。刊刻《嶺南詩集》《南澗文集》《南北史考略》《國朝獻徵錄》《易簣記》《青社拾遺》等。

李調元（清1734～1803），字羹堂，號雨村，別署童山蠢翁，四川羅江人。戲曲理論家、詩人。與遂寧人張問陶（張船山）、眉山彭端淑合稱清代四川三大才子。乾隆二十八年（1763）進士，入翰林院，為庶吉士入庶常館，後歷任吏部考功司主事兼文選司、翰林院編修、文選司員外郎、廣東副考官。

李湖（清？～1781），字又川，一字又徐，號恕齋，南昌人。乾隆四年（1739）進士，初授山東武城知縣，調郯城。累遷直隸通永道，調清河道，直隸按察使，再遷江蘇布政使。三十六年（1771）擢貴州巡撫，三十七年（1772）調雲南。四十三年（1778）授湖南巡撫，四十五年（1780）調廣東巡撫。諡恭毅。

李明徹（清1751～1832），字大綱，又字飛雲，號青來，廣東番禺人。道士、學者。自幼聰慧，過目成誦，被人們視為日後的棟樑之才。阮元看過其著作《圜天圖說》後，認為李明徹是張寶、傅仁均之後唯一一位懂天文的出家人。他打破今人不入史的傳統，將《圜天圖說》破格收入《廣東通志·藝文略》，並請李明徹主持編纂了記敘全省地理形態的《廣東通志·輿地略》，親自為《寰天圖說》作序題簽，使之刊行於世。其著作還有《圜天圖說續編》。

李魁（清1788～約1879），原名魁業，一名奎，字鬥山，號青葵、岡州畫隱、綠屏山樵、厓門魚者，廣東新會人。畫山水，取法石濤，用筆濃厚，力創奇境。

李錫齡（清1794～1846以後），字孟熙，號星樓，室名惜陰軒、宜蘭室、紫榴吟舫、佩實書廬，陝西三原人。藏書家。博極群書，藏書逾九萬卷。得鄉先輩遺書20餘種，盡梓之。取所藏精品及稀世罕見之書，刊刻《惜陰軒叢書》，

收書 34 種，300 卷；續編一種，21 卷，采擇遍及四部，偏重於經學、金石、醫學方面。著有《宜蘭室文集》《紫榴吟舫詩鈔》《佩實書廬筆記》《關中石刻新編》等。

李鼎元（清乾嘉時人，生卒年不詳），號墨莊，四川羅江人。從兄調元。喜飲酒好放言，以故與世齟齬，功名蹉跎。自翰林侍讀，改中書舍人，賜一品服。奉使琉球，冊封其國王。竣事歸，著《琉球譯》。

李麟徵（清乾嘉間人，生卒年不詳），廣東順德人。

李秉禮（清 1748～1830），字敬之，號耕雲、松甫、韋廬，又號七松老人。祖籍江西臨川縣，寄籍廣西桂林。清代著名詩人。官刑部江蘇司郎中。誥授中憲大夫，馳封光祿大夫。有《韋廬詩》內集、外集。

李秉綬（清 1783～1842），字佩之、芸甫，號竹坪、信天翁、環碧主人。祖籍臨川，寄籍廣西桂林。畫家兼詩人。曾居官工部都水司郎中，人亦稱「李水部」。後辭官回桂林，專心畫事。以詩畫著稱於時，尤擅畫梅竹。所畫梅竹，興到落筆，脫棄凡近。其寫意雜卉，大約以沈周、陳淳為宗，旁及徐渭、石濤、華嵒諸大家。蘭石則專師錢載，縱逸秀挺。

李璋煜（清 1784～1857），字方赤，一字禮南，號月汀，山東諸城人。陳介祺之岳父。收藏家，工詩善書。有《洗冤錄辨證》一卷、《視己成事齋官書》六卷、《月汀詩文集》四卷、《律例撮要》十二卷、《愛吾鼎齋藏器目》一卷等傳世。

李佐賢（清 1807～1876），字仲敏，號竹朋，山東利津人。古錢幣學家、金石學家、收藏家、詩人，書畫鑒賞家。李佐賢夫人張衍蕙（1805～1860），號畹芳，賢慧善良，治家有道，在書畫方面也有很深的造詣。夫婦同窗切磋，賦詞唱和，為時所稱頌。著有《古泉匯》《書畫鑒影》《石泉書屋》《石泉書屋類稿詩抄》《武定詩抄》等。

李鴻藻（清 1820～1897），原名洪藻（中進士時見榜），字蘭生，後字蘭孫，亦作蘭蓀，又字寄雲，一作季雲，號石孫，又號硯齋，直隸（今河北）高陽人。咸豐二年進士，授編修。咸豐十一年詔為皇太子載淳師傅。同治間歷官內閣學士、軍機大臣、都察院左都御史、工部尚書。光緒間任總理各國事務衙門大臣，兵、戶、禮、吏各部尚書及軍機大臣，在任期間，以清流議政，名重京師。曾策動清流派大臣彈劾洋務派李鴻章，反對崇厚擅訂中俄《里瓦幾亞條約》。中法、中日戰爭時均主戰，反對求和。諡文正。

　　李瀚章（清 1821～1899），字筱泉，一作小泉，晚年自號鈍叟，合肥東鄉人，李鴻章之長兄。道光二十九年（1849），以拔貢朝考出曾國藩門下，簽分湖南。咸豐元年（1851）署永定縣知縣，咸豐二年（1852）署益陽縣知縣，因太平軍進犯長沙，所以沒有成行，湖南巡撫駱秉章命其駐守南門天心閣，李瀚章力戰得保。長沙解圍，獎六品銜。咸豐三年（1853）署善化縣知縣。及曾國藩建湘軍之初，即奏調瀚章至江西南昌綜理糧秣。咸豐四年（1853），因功任補湖南直隸州知州。咸豐五年（1854），總理湘軍後路糧草，攻克義寧州，保知府，賞戴花翎。咸豐七年（1857），曾國藩奔父喪回籍，李瀚章相繼回合肥守制。次年，曾國藩奉旨復出督師，仍召李瀚章回南昌總核糧臺報銷。瀚章遂偕其母、弟輩移家於南昌。咸豐九年（1859），因功補湖南道員。咸豐十年（1860），任江西吉南贛寧道道員，襄辦江西團練。同治元年（1862），曾國藩派其襄辦廣東稅務，調廣東督糧道。同治二年（1863）擢廣東按察使。同治三年（1864）擢廣東布政使。同治四年（1865）擢湖南巡撫。同治六年（1867）調江蘇巡撫，署湖廣總督。同年十二月，調浙江巡撫，賞一品頂戴。同治七年（1868）任湖廣總督，與長江水師提督黃翼升一起整頓長江水師。同治十三年（1874）兼任湖北巡撫。光緒元年（1875）調四川總督。光緒二年（1876）調湖廣總督。光緒十年（1884），任漕運總督，加兵部尚書銜，賜西苑乘船。光緒十五年（1889）調兩廣總督。光緒二十年（1894）賞太子少保銜。光緒二十一年（1895）告老還鄉。卒諡勤恪，有《合肥李勤恪公政書》等傳世。

　　李元度（清 1821～1887），字次青，又字笏庭，自號天岳山樵，晚年更號超然老人，湖南平江人。著有《國朝先正事略》60 卷、《天岳山館文鈔》40 卷、《天岳山館詩集》12 卷、《四書廣義》64 卷、《國朝彤史略》10 卷、《名賢遺事錄》二卷、《南嶽志》26 卷等。

　　李用清（清 1829～1898），字澄齋，號菊圃，山西平定人。同治四年進士。歷任廣東惠州知府，貴州布政使，署巡撫。以禁種罌粟過急，激成民變奪職。再起為陝西布政使。不久後復罷去。後主講晉陽書院，歷時十年。

　　李慈銘（清 1830～1895），初名模，字式侯，一作式甫、亦長，更名慈銘，字愛伯，亦字㤅伯（㤅，古「愛」字），號蓴客，亦作蓴克，又號柯山，晚署越縵老人，亦署越縵，別號花隱生、霞川花隱、荀學老人、黃葉院病頭陀，室名小東圃、白華絳跗閣、杏花香雪齋、軒翠舫、聽花榭、困學樓、孟學齋、受禮廬、荀學齋、息荼庵、祥琴室、桃華（花）聖解庵（盦）、越縵堂、蘿庵、

湖塘林館、碧交館、知服堂、旌柳簃、越縵山房、籀詩研（㪍）雅（疋）之室，浙江會稽人。光緒六年進士。官至山西道監察御史，數上封事，不避權要。學識淵博，對史學功力尤深。詩詞古文，名聞天下。又工書，善畫山水、花卉。日記 30 年不斷，朝廷政事及讀書心得皆記，後影印為《越縵堂日記》。所著經史有《十三經古今文義匯正》《說文舉要》《音字古今要略》《漢書·後漢書劄記》《後漢書集解》《北史補注》《唐代官制雜鈔》《明諡法考》《南渡事略》《越縵經說》《霞川花隱詞》《白華絳跗閣詩集》《越縵堂日記》《越縵堂駢體文·散體文》《筆記》《湖塘林館駢體文鈔》等。

李鴻裔（清 1831～1885），字眉生，號香嚴，又號蘇鄰，四川中江人。咸豐元年（1851）舉人，官至江蘇按察使加布政使銜，官兵部主事。罷官後，家蘇州。精書法，臨撫魏、晉碑銘，無不神形畢肖。工詩古文，晚年好佛。著《蘇鄰遺詩》《益州書畫錄》《昭代尺牘小傳續集》《甌缽羅室書畫過目考》等。

李文田（清 1834～1895），字仲約，號若農，一作芍農、藥農，別號佘光、雙溪醉跪、一癡道人，室名泰華樓、泰華山堂、五千卷室、賜書樓，廣東順德人。咸豐九年進士，授編修。放蘇、浙、川主考，提督江西、順天學政。官至禮部右侍郎。學問淵博，於金元故實、西北水地靡不精綜。諡文誠。著有《元秘史注》《元史地名考》《元聖武親征錄》《朔方備乘劄記》《黑韃事略劄記》《撼龍經注》《和林金石錄》及《宗伯詩文集》等。

李錦鴻（清末人，生卒年不詳），江蘇陽湖人。善椎拓金石，乃得之達受（清？～1854）者。曾為吳子宓（式芬）、劉燕庭（喜海）、吳平齋（雲）、吳荷屋（榮光）諸人所賞識。

李希喬（清代人，生卒年不詳），號石鹿山人，安徽歙州人。以善書，客四方。少時苦貧，嘗學賈不利。遂專學書，通六書大意。沉靜多藝能。嘗畫竹石，摹勒人物。工篆刻雙鉤法帖。又斫竹為臂閣及界尺，鏤刻燦然如寫生，捫之無毫髮跡。

李桂林（清末人，生卒年不詳），光緒十七年（1891）受吉林將軍長順聘總纂《吉林通志》，成書 122 卷。

李騰霄（清代人，生卒年不詳），女道士。

李宗蓮（生卒年不詳），烏程人。撰有《懷岷精舍詩集》二卷、《文集》二卷，《金石跋》四卷。

李朋亭（清末人，生卒年不詳），清代光緒年間潮州篆刻家。

武則天（唐 624～705），名武曌，并州文水縣人。中國歷史上唯一的女皇帝。14 歲入後宮為唐太宗的才人，唐太宗賜號「武媚」，唐高宗時初為昭儀，後為皇后，尊號為天后，與唐高宗李治並稱二聖。曾作為唐中宗、唐睿宗的皇太后臨朝稱制，後自立為武周皇帝。705 年 12 月 16 日病死，年八十二。與高宗合葬乾陵，留無字碑。

武億（清 1745～1799），字虛谷，一字小石，自號牛石山人，河南偃師人。少從大興朱筠遊。士大夫慕其學，與之交。然億性簡傲真率，非其志，掉臂不之屑意。乾隆四十五年（1780）進士，授博山知縣。大學士和珅遣番役捕盜，橫行州縣。億執而杖之，坐罷官。家貧，教授齊魯間以終。工考據，尤好金石。聞同縣農家掘井得晉劉韜墓誌，急往買之，自負以歸。石重數十斤，行二十餘里，抵家憊頓幾死。主朱筠家，除夕筠肴豚肩、蒙古酒，食盡大哭。筠疑其憶家，慰問之。億曰「無他，遠念古人，近傷洪亮吉、黃景仁不偶耳」，性迂僻如此。著作有《授經堂詩文集》《錢譜》《群經義證》《經讀考異》《三禮義證》等十餘種凡數百卷，為清代漢學名家。

求那毗地（南朝時入華，生卒年不詳），中天竺人。少出家，師事大乘法師僧伽斯。兼學外典，明陰陽，占時驗事。南朝齊建元初（479）至建康，住毗耶離寺。永明十年（492）譯出其師抄集的《百喻經》。又譯《十二因緣》《須達經》等共三部六卷。

求那跋摩（南朝宋時入華，生卒年不詳），古印度僧人、譯經師，剎帝利種姓，家族世代為王，管轄罽賓國。14 歲時，便才華出眾，聰慧大度，仁愛廣博，崇德務善。20 歲時出家、受戒，精通九部經，博曉四《阿含經》，誦經百萬餘言，對律部有深入的研究，妙入修禪的要道、禪法的要義，當時的人們都稱跋摩為「三藏法師」。南朝宋元嘉元年（424），宋文帝下令，請跋摩來宋境，傳佈佛教。在祇洹寺開講《法華經》和《十地經》，祇洹寺的慧義請跋摩翻譯《菩薩善戒》，跋摩翻譯了前 28 品，後二品由弟子代譯，共 30 品，還未來得及繕寫，就丟失了序品和戒品，所以現存有兩個版本，或稱為《菩薩戒地》。南朝宋元嘉三年（426），徐州刺史王德仲請伊葉波羅翻譯《雜心經》，譯到擇品，遇到一些無法解決的難題，只好中途停下。於是又請跋摩譯出後半部，共有 13 卷。另有先前所譯《四分羯磨》《優婆塞五戒論略》《優婆塞二十二戒》《佛說菩薩內戒經》等，共 26 卷。

車衰（明末清初人，生卒年不詳），字龍文，江西臨川人。洞簫改良家，

其製作的洞簫名重海內。

杜預（晉 222～284），字元凱，京兆杜陵人。晉泰始中為河南尹，經羊祜舉薦，拜鎮南大將軍，統理荊州軍事。伐吳有功，封當陽縣侯。鎮襄陽時，徵發民工，興修水利，灌田萬餘頃，被稱為「杜父」。杜預博學多聞，善用謀略，朝野號為「杜武庫」。酷嗜《左傳》，自稱有《左傳》癖，著有《春秋左氏經傳集解》。

杜甫（唐 712～770），字子美，自號少陵野老。河南鞏縣人。後人稱為「詩聖」，他的詩被稱為「詩史」。杜甫現存約 1500 首詩，大多集於《杜工部集》。

杜荀鶴（唐 846～907），字彥之，自號九華山人。池州石埭人。早年隱居九華山。曾為舉業 30 載，屢試不第，失意落魄，浪跡江湖。45 歲中進士，受梁王朱全忠賞識，官翰林學士，知制誥。有詩 300 餘首。

杜鎬（宋代人，生卒年不詳），著《鑄錢故事》。

束晳（西晉 264～303），字廣微，陽平元城人。祖姓疎，因避難涉居沙鹿山南，去疎字足旁，改姓為束。以博學多聞、善為文辭而知名。少時遊國學，作《玄居釋》，張華見而奇之，召為掾，升著作佐郎，撰《晉書·帝紀》，遷為博士。太康二年（281），汲郡人不准盜發魏襄王墓（或言安釐王墓），得竹書數十車，皆為科斗文，為魏國史書。因盜墓者燒簡照明，多燼簡斷剖，文既殘缺，不復詮次，武帝命他和荀勖等人校綴編目整理，他「隨疑分釋」，皆有義證。有《紀年》13 篇、《國語》3 篇、《瑣語》11 篇、《穆天子傳》5 篇、《師春》1 篇、《公孫段》2 篇、《易經》2 篇、《大曆》2 篇、《國詩》1 篇、《雜書》19 篇等，凡 75 篇。其中 7 篇簡書折壞，不能辨識名題。對每篇中所言之事，均加注釋。由此，汲塚書由他和荀勖編次後，方為後世所知。事畢，遷尚書郎。趙王倫為相國，請為記室，以疾辭不就，歸鄉教授門徒，年 40 而卒。其作品文筆幽默，為張華所賞識。撰有《五經通論》《七代通記》《晉書紀志》《三魏人士傳》《發蒙記》等，皆散佚。明人輯有《束廣微集》。

吾丘衍（元 1272～1311），字子行，號貞白，又號竹房、竹素，別署真白居士、布衣道士，世稱貞白先生，浙江龍遊人。元代金石學家，印學奠基人。精六書，工篆刻，與趙孟頫齊名。力矯唐宋文八體失真之弊，以玉箸篆入印，印學為之一變。著有《學古編》二卷、《印式》二卷、《周秦刻石釋音》等。

吳季札（春秋時人，生卒年不詳），吳國公子，吳王壽夢第四子，封於延陵（今江蘇常州），又稱延陵季子。成語「季札掛劍」，季札將要到西邊去訪問

晉國，佩帶寶劍拜訪了徐國國君。徐國國君觀賞季札的寶劍，嘴上沒有說什麼，但臉色透露出想要寶劍的意思。季札因為有出使上國的任務，就沒有把寶劍獻給徐國國君，但是他心裏已經答應給他了。季札出使晉國時，徐君已經死了。於是，季札解下寶劍送給繼位的徐國國君。繼位的徐國國君說：「先君沒有留下遺命，我不敢接受寶劍。」於是，季札就把寶劍掛在了徐國國君墳墓邊的樹上離開了。徐國人讚美延陵季子，歌唱他說：「延陵季子兮不忘故，脫千金之劍兮帶丘墓。」

吳道子（唐約 685～758，一作？～792），陽翟人。少時孤貧。初學書於張旭、賀知章，未成而罷。轉習繪畫，年未二十，嶄露頭角。曾在韋嗣立處當過小吏，做過兗州瑕丘縣尉。浪跡洛陽時，玄宗聞其名，任以內教博士，改名道玄。擅畫道釋人物，亦善畫鳥獸、草木、臺閣，遠師張僧繇，近學張孝師，筆跡磊落，勢狀雄峻。在長安、洛陽二地寺觀，作壁畫三百餘間，「奇跡異狀，無一同者」，落筆時，或自臂起，或從足先，咸不失尺度。佛像圓光、屋宇柱梁、彎弓挺刃，皆一筆揮就，不用規矩。早年行筆較細，風格稠密。中年雄放，變為遒勁，線條富有運動感，粗細互變，線型圓潤似「蓴菜條」，點劃之間，時見缺落，有筆不周而意周之妙。後人把他與張僧繇並稱「疏體」，以別於顧愷之、陸探微勁緊聯綿、較為古拙的「密體」。所寫衣裙，有飄舉之勢，與曹仲達所作外國佛像，衣紋緊窄，世謂「吳帶當風，曹衣出水」。喜用焦墨鉤線，略敷淡彩於墨痕中，足顯意態，又稱「吳裝」。吳是「畫塑兼工」，善於掌握「守其神，專其一」的藝術法則，千餘年來被奉為「畫聖」。

吳融（唐代人，生卒年不詳），越州山陰人。龍紀元年（889）中舉，時年四十。登第之後仕途並不順遂，其一生宦海浮沉，幾度受到重用，旋即被貶或流落他鄉，造就了矛盾憂鬱的個性，以及籠罩著淡淡哀愁的詩歌。吳融的藝術表現一如他的詩歌，呈現多元的寫作風貌。在體式上，吳融主要創作近體律絕，其中又以七律為最，同時兼擅各體，但數量不多；在聲律方面，吳融對於平仄、用韻的要求相當精細，著重聲律與詩歌內容的相輔相成，使得音節和諧雅正；在用典方面，吳融無論用事、用辭，經常援引經史，卻又無陳腔濫調之失，反而能收曲折達意之功，同時能以明用、暗用、活用、反用等方法，使詩歌雖用典而不板滯；在修辭表現上，能運用迭字、色彩、對仗等手法，配合視、聽等感官，使詩歌細膩而鮮活。現存詩作 301 首。

吳文英（宋約 1200～1260），字君特，號夢窗，晚年又號覺翁，四明（今

浙江寧波）人。一生未第，遊幕終身，於蘇、杭、越三地居留最久，並以蘇州
為中心。遊蹤所至，每有題詠。晚年一度客居越州，先後為浙東安撫使吳潛及
嗣榮王趙與芮門下客，後困躓而死。作為南宋詞壇大家，在詞壇流派的開創和
發展上，有比較高的地位，流傳下來的詞達 340 首，對後世詞壇有較大的影
響。

　　吳炳（宋代人，生卒年不詳），毗陵武陽人，南宋光宗紹熙年間畫院待詔。
所作謹守院體畫風格。簡易有生趣，精彩如生。傳世作品有《出水芙蓉圖》及
《嘉禾草蟲圖》，現藏故宮博物院；《竹雀圖》冊頁，絹本，設色，縱 25 釐米，
橫 25 釐米，畫下側署款「吳炳畫」三字，藏上海博物館。

　　吳寬（明 1435～1504），字原博，號匏庵、玉亭主，世稱匏庵先生，長洲
人。明代名臣、詩人、散文家、書法家。成化八年（1472）狀元，著有《匏庵
集》《匏翁家藏集》。

　　吳廷舉（明 1459～1528），字獻臣，號東湖，廣西梧州人。成化二十三年
（1487）進士，除順德知縣。忤中官，毀淫祠 250 餘所，以葺學宮、書院，執
下獄。後遷成都同知，擢廣東僉事。從總督潘蕃討平南海、清遠諸盜。正德初，
歷副使，發總鎮中官潘忠二十罪，潘忠亦訐廷舉他事，逮繫詔獄。劉瑾矯旨，
枷十餘日，幾死。戍雁門，旋赦免。擢江西右參政。世宗立，召為工部右侍郎，
改兵部、戶部，遷右都御史。嘉靖三年（1524），以「大禮議」未定，請如洪
武中修《孝慈錄》故事，令兩京部、寺、臺、省及天下督、撫各條所見，並詢
家居老臣，採而行之，匯為一書，以詔後世。尋改南京工部尚書，稱疾乞休。
家居三年卒。隆慶中追諡清惠。

　　吳應箕（明 1594～1645），字次尾，號樓山，安徽貴池人。《明史》本傳
記：「吳應箕，字次尾，貴池人。善今古文，意氣橫厲一世。阮大鋮以附璫削
籍，僑居南京，聯絡南北附璫失職諸人，劫持當道。應箕與無錫顧杲、桐城左
國材、蕪湖沈士柱、餘姚黃宗羲、長洲楊廷樞等為《留都防亂公揭》討之，列
名者百四十餘人，皆復社諸生也。後大鋮得志，謀殺周鑣，應箕獨入獄護視。
大鋮聞，急遣騎捕之，應箕夜亡去。南都不守，起兵應金聲，敗走山中，被獲，
慷慨就死。」著有《國朝記事本末》、《東林本末》、《熹朝忠節傳》、《留都見聞
錄》、《讀書鑒》二卷、《讀書種子》20 卷、《復社姓氏錄》、《友鑒錄》、《續觚不
觚錄》、《宋史》50 卷、《盛事集》30 卷、《讀書止觀錄》五卷等，今傳有《樓
山堂集》27 卷。

　　吳扣扣（明代人，生卒年不詳），冒襄妾。

　　吳妙明（明末人，生卒年不詳），女道士，餘無考。

　　吳偉業（清 1609～1672），字駿公，號梅村，江蘇太倉人。詩人、作家，精音律，擅填詞、繪畫等。為婁東詩派開創者。長於七言歌行，初學「長慶體」，後自成新吟，後人稱之為「梅村體」。與錢謙益、龔鼎孳並稱「江左三大家」。崇禎四年（1631）進士，曾任翰林院編修、左庶子等職。清順治十年（1653）被迫應詔北上，次年被授予秘書院侍講，後升國子監祭酒。順治十三年底，以奉嗣母之喪為由乞假南歸，此後不復出仕。著有《吳梅村先生詩文集》40 卷、《吳梅村詞》、《吳詩集覽》20 卷、《談藪》一卷。

　　吳三桂（清 1612～1678），又名三貴，字長伯，一字月所，明朝遼東人，明末清初著名政治軍事人物。1644 年降清，引清軍入關，被封為平西王。康熙十七年（1678），吳三桂在湖南衡州稱帝，國號大周，建元昭武。同年秋在長沙病死。

　　吳履（清 1740～1801），字旋吉，一字竹盧，號公之坦或公之它。又有瓦山野老、苦茶和尚、苦茶僧（一作苦榛和尚、苦榛僧），浙江嘉興人。工詩畫。嘗自寫其五言律詩，鋟板名「苦茶僧二十五首詩」。曾賓谷贈詩有「百味如嚼蠟，但以茶療饑。枯腸日灌澆，清氣融肝脾。有時出芒角，寫畫兼賦詩」之句。善書法篆刻，行書脫逸，隸書渾樸，卓然成家。刻章直追秦漢，款識絕似何震。善繪事，學古不泥，人物、花草氣韻生動。尤長山水，造景幽異，筆墨疏淡簡遠，可與黃易、奚岡相上下，藝林稱其有元人冷雋之趣。客曲阜孔谷園家最久。

　　吳蘭修（清嘉道間人，生卒年不詳），字石華，廣東嘉應州人。就讀於粵秀書院，嘉慶十三年（1808）舉人，官信宜訓導。有詩文名。構書巢於粵秀書院，藏書數萬卷，顏其室曰守經堂，四十三任粵秀書院院監。自稱經學博士。著有《荔村吟》《草桐華閣詞》，及《南漢紀》五卷，《端溪硯史》三卷等。

　　吳梅鼎（清 1631～1700），原名雯，字天篆，江蘇宜興人。著《陽羨茗壺賦》，對明代的紫砂名家及其壺藝風格的讚美文采飛揚，是迄今為止以詩賦形式讚美紫砂茗壺的最早最佳的古典文獻。有《醉墨詞》。

　　吳兆騫（清 1631～1684），字漢槎，號季子，吳江松陵鎮人。少有才名，與華亭彭師度、宜興陳維崧有「江左三鳳凰」之號。順治十四年科場案，無辜遭累，遣戍寧古塔 23 年，友人顧貞觀懇求於納蘭性德，後經性德父明珠營救，得以贖還。歸後三年而卒。詩作慷慨悲涼，獨奏邊音，因有「邊塞詩人」之譽，

著有《秋筇集》。

吳歷（清 1632～1718），字漁山，號墨井道人、桃溪居士，江蘇常熟人。少時受經學於陳瑚，學詩於錢謙益，學琴於陳岷，學畫於王鑒、王時敏。初近佛教，與興福寺僧默容相契，康熙十一年（1672）默容死，改信天主教，教名西滿。二十年隨西教士柏應理去澳門，學拉丁文，二十七年升司鐸，在嘉定、上海傳教 30 年。擅畫山水，得王時敏正傳。自澳門歸，畫風一變，多用乾筆焦墨，邃密鬱蒼，而略帶西畫技法。畫山石時，用「陽面皴」（即受光部分也有皴筆），此法為諸家所無。後人把他與王時敏、王鑒、王翬、王原祁、惲壽平合稱「清六家」。亦能詩，著有《墨井詩鈔》《三巴集》《墨井畫跋》。

吳觀均（清 1662～1722），字立峰，長沙人。有《稽古齋印譜》十冊，以十千分集，盡古銅印章三千有奇，用硃砂印色，拓原文於譜，章樵功序。傳世尚有《吳氏稽古齋印譜》輯錄其自藏漢唐古璽印四冊。前有吳觀均康熙廿三年自序，共收錄古璽印 2276 枚。

吳焯（清 1676～1733），字尺鳧，號繡谷，晚號繡谷老人，錢塘人。以家有古藤，花開時垂如瓔珞，遂構亭名「繡谷」。有藏書樓，名「瓶花齋」，多宋雕元槧與舊家善本，著有《徑山遊草》《繡谷亭薰習錄》《藥園詩稿》《繡谷雜抄》《陸渚飛鴻集》《玲瓏簾詞》等。《繡谷亭薰習錄》專記所藏秘冊、敘述原委、購書、讀書記，篇幅較小，僅經部一卷，集部二卷。又有《瓶花齋書目》，今已不傳。

吳翌鳳（清 1714～1819），初名鳳鳴，字伊仲，號枚庵，又號漫士，長洲人。藏書家、學者。博學多能，熟知經史，雅好詩書，又精楷法，擅丹青，書畫俱有名當時。由於家貧無力買書，枚庵每得友人借書，恒自露鈔雪纂，矻矻不息，閱三十年而簪至萬餘卷。鈔書之習，至暮年猶不衰，人稱「老見異書，雖病必強起，殫力鈔寫，夜盡一燭為率。精緻完整，冠諸收藏家」。著《遜志堂雜鈔》十集。

吳騫（清 1733～1813），字葵里，一字槎客，號兔床山人，又號月樹，海寧人。藏書家、文學家。曾得宋版乾道、咸淳、淳祐三朝《臨安志》近百卷，乃刻一印「臨安志百卷人家」。時黃丕烈擁有宋版珍本書百種，自題其藏書室為「百宋一廛」。吳騫多宋元珍本，便自題其居曰「千元十駕」，以相匹敵，學林傳為佳話。少負異稟，讀書過目成誦而才智卓越，書法二王，兼善八分，工繪事，其於名人書畫賞鑒尤精，購藏悉屬銘心絕品，無一下駟。刻有《拜經樓

叢書》，收書 30 種，多珍秘之書，校勘精審，著名於世。所著有《拜經樓詩集》12 卷，續編四卷，《拜經樓書目》二卷，著錄千餘種，《兔床山人藏書目錄》一卷，還有《愚谷文序》《拜經樓詩集》《詩話》《國山碑考》《論印絕句》《桃溪客語》《小桐溪吳氏家乘》《蘇祠從祀儀》等。

吳升（清代人，生卒年不詳），字瀛日，號壺山，一號秋漁。錢塘人。乾隆四十八年（1783）舉人，歷官四川資州知州、夔州知府，贈光祿大夫，雲貴總督。有《小羅浮山館詩鈔》。

吳省蘭（清 1738～1810），字泉之，南匯人。吳省欽之弟。清藏書家。乾隆二十八年，由舉人考取咸安宮官學教習，曾是和珅的老師。四十三年賜同進士出身，官至工部左侍郎，降補侍講，升侍讀學士。曾任編修、學政、侍讀等職。和珅事件後罷黜，於嘉慶十四年開始潛心刻書，成《藝海珠塵》叢書凡八集，163 種。所收包括經學、小學、輿地、掌故、筆記、小說、天文、曆法、詩文等著作。

吳廷瑞（清乾隆時人，生卒年不詳），河南固始人。進士。乾隆四十九年（1894）任廣東督糧道。

吳嵩梁（清 1766～1834），字子山，號蘭雪，晚號澈翁，別號蓮花博士、石溪老漁。江西東鄉新田人。少孤貧，有異才，以鬻文養母。15 歲以文名於鄉，為金溪楊護所識，結為忘年交。乾隆四十九年（1784），高宗南巡時，吳嵩梁應召赴金陵應試，時年不到 20 歲，詩稿已有數百首。嘉慶五年（1800）舉人，授國子監博士，旋改內閣中書。道光十年（1830）擢貴州黔西知州，時年已 65 歲，上任次年在黔西東山開元寺修建陽明書院，有惠政。後曾兩任鄉試同考官。

吳德旋（清 1767～1840），字仲倫，一字半康，江蘇宜興人。少時篤好韓愈詩文，於書法絕不措意，30 歲後，有所激發，於書亦甚嗜之。包世臣謂其行書能品下。著《初月樓聞見錄》十卷、《續聞見錄》十卷，錄吳越江淮間事，意在闡揚幽隱。尚有《初月樓論書隨筆》、《初月樓文鈔》十卷、《初月樓續鈔》八卷、《初月樓詩抄》四卷。

吳榮光（清 1773～1843），原名燎光，字殿垣、伯榮，號荷屋，自稱石雲山人，室名筠清館，廣東南海人。嘉慶三年舉人，明年成進士。由編修累至湖南巡撫、總督。精金石之學，工書能畫。著有《吳荷屋自訂年譜》《石雲山人集》《筠清館金石文字》《綠伽楠館詩稿》《歷代名人年譜》《吾學錄》及《辛丑

消夏記》等。

吳世宜（清 1784～1855），又名大，字可合，號西村，又號種花道人、頑皮漢子、瓢道人、百花瓢主、鐵生，晚稱髯可、不翁，福建廈門人。博學多聞，精考據、工書法。旅居臺灣，對臺灣學術有較大影響，被譽為「臺灣金石學之父」。有《愛吾廬題跋》一卷、《愛吾廬筆記》、《愛吾廬文鈔》傳世。

吳式芬（清 1796～1856），字子苾，號誦孫，山東海豐縣人。道光進士，官至內閣學士，生平專攻訓詁之學，長於音韻，精於考訂，凡鼎彝、碑碣、漢磚、唐鏡之文，皆拓本收錄。懂古代繪畫和書法，善鼓琴，愛作詩。還是封泥的最早發現者和研究者。著《金石匯目分編》《陶嘉書屋鐘鼎彝器款識》《雙虞壺齋日記八種》《海豐吳氏雙虞壺齋印存》《〈寰宇訪碑錄〉校本》《唐宋元明人摘句》《綴錦集》《陶嘉書屋詩賦》《攈古目錄》等。

吳藻（清 1799～1862），字蘋香，號玉岑子，又號謝絮才、晚學居士，室名香南雪北廬（晚年移家南湖，與古城野水為伍，地多梅花，因顏名）、花簾書屋，浙江仁和人。幼而好學，長則肆力於詞，為陳文述女弟子。又精繪畫，兼善鼓琴。其詞以豪放著稱，時人譽與納蘭容若稱作清代二大詞人，嘗自製樂府，曰《喬影》（一名《飲酒讀離圖》），傳唱大江南北。嫁於同邑黃姓商人，鬱鬱不得志。晚年移居南湖，絕筆文字，皈依禪悅以終。著有《花簾詞》《香南雪北詞》《花簾書屋詩》等。

吳廷康（清 1799～1873），字元生，號康甫、贊甫，晚號茹芝，安徽桐城人。精金石考據，篆、隸、鐵筆，直窺漢人。亦工刻竹。有磚癖，輯有《慕陶軒古磚錄》。

吳熙載（清 1799～1870），原名廷颺，字讓之，號晚學居士、方竹丈人，江蘇儀征人。工四體書，尤精篆、隸，溫婉圓健，展促有姿。為包世臣弟子。篆刻學鄧石如，並參漢印，於遒勁凝練中見流暢，用刀如筆，發展了鄧派。也擅花卉等。著有《師慎軒印譜》《吳讓之印譜》。

吳昭良（清嘉道間人，生卒年不詳），順德人。撰有《易學理數纂要》，光緒八年賴灼華刻本。

吳平齋（清 1811～1883），字少甫，一作少青，號平齋，晚號退樓，別署愉庭、醉石、松叟，室名二百蘭亭齋，安徽歙縣人。曾官居蘇州知府。好古，精鑒賞，性喜金石彝鼎、法書名畫、漢印晉磚、宋元書籍，一一羅致。工書畫篆刻，書學顏真卿，善畫山水、花鳥。篆刻宗秦漢，功力深厚。著有《兩罍軒

彝器圖釋》《二百蘭亭齋金石三種》。

　　吳咨（清 1813～1858），字聖俞，又字哂予，江蘇武進人。曾學於李兆洛，工篆、隸書。能畫花卉、魚鳥，得惲壽平神趣。尤精篆刻，所見金石文字、秦漢碑版極多，故所作多字印與筆劃繁複之字，處理妥貼舒暢。曾寄居江陰陳式金家，為其刻印頗多。著有《續三十五舉》、《適園印存》二卷、《適園印印》四卷。《適園印印》四卷，係吳咨為陳式金所刻並輯。輯者自題扉頁並序。道光三十年（1850）成書，每頁一至四印。開本高 22.3 釐米，寬 12 釐米。

　　吳之璠（清代人，生卒年不詳），字魯珍，號東海道人，嘉定人。工畫人物花鳥，書法秀媚猶勁，尤以竹刻擅名。早年在故鄉刻竹，師法「三朱」，王世襄譽為三朱之後嘉定竹刻第一名手。多用深浮雕或透雕。所製筆筒可分兩類，繼承明代三朱鏤雕法，自創出「薄地陽文」，即去地浮雕法。金元鈺《竹人錄》云吳之璠「所製薄地陽文，最為工絕」。其作品在康熙朝時已被選貢入宮廷收藏，乾隆四十年（1775），高宗皇帝在內府中獲觀「東山報捷圖黃楊筆筒」，大為激賞，題詩三首。魯珍的聲名從此傳遍大江南北。中年後，天津馬姓縣令仰慕其才，延為上賓，遂遷居天津，後從馬令而去，不知所終。

　　吳思忠（生卒年不詳），光緒二十二年（1896）參與編纂河北省《容城縣志》，其餘不詳。

　　吳逸香（生卒年不詳），女詞人，能做散曲。

　　吳天松（清代人，生卒年不詳），畫家。

　　岑梵則，明遺民，詩人，餘無考。

　　岑毓英（清 1829～1889），字彥卿，號匡國，廣西西林人。秀才出身，在籍辦團練。率團去雲南助攻、鎮壓回民起義。歷官雲南布政使、巡撫，貴州巡撫，雲貴總督。後曾參加中法戰爭，諡襄勤。著有《岑襄勤奏稿》，編有《西林岑氏族譜》，參與編撰《雲南通志》。

　　貝守一（元 1200～1280），號月溪，餘杭（今屬浙江）人。道士，主洞晨觀。通醫術。元世祖至元十五年（1278）授凝真抱素大師。有《洞霄詩集》《月溪稿》，已佚。《洞霄圖志》卷五有傳。

　　佛陀跋陀羅（晉代人，生卒年不詳），東天竺人，464 年入華，少林寺首位住持，曾為北魏孝文帝講經。孝文帝為他設禪林，開鑿雲岡石窟，建少林，供其傳法。譯《佛說觀佛三昧海經》十卷，以觀佛之相好及其功德為教者。海者譬三昧之功德深廣也。

何遜（南朝梁國人，生卒年不詳），字仲言，東海郯人。八歲能詩，弱冠州舉秀才，官至尚書水部郎。詩與陰鏗齊名，杜甫將二人合稱「陰何」。文與劉孝綽齊名，世稱「何劉」。其詩善於寫景，工於煉字。為杜甫所推許，有集八卷，今失傳，明人輯有何水部集一卷。

何延之（唐代人，生卒年不詳），著《蘭亭記》一篇，是編記《蘭亭序》真跡授受源流及太宗李世民計賺殉葬始末甚悉，惟未必可信。

何震（明？～約1604），字主臣、長卿，號雪漁，婺源人。精六書，認為「六書不精遂入神，而能驅刀如筆，我不信也」。提倡在加強書法藝術的基礎上提高印章藝術。篆刻吸取秦漢印，尤取漢鑄印之長，篆法簡潔，章法平正，創用以往牙章無法採用的切刀法，刀痕顯露，痛快生辣中有蒼勁之氣。程原曾謂其「白文如晴霞散綺，玉樹臨風；朱文如荷花映水，文鴛戲波」。風格端重，名盛一時，為皖派（亦稱「徽派」）的開創者。著有《續學古編》二卷。

何吾騶（明1581～1651），字龍友，號象岡，初字瑞虎，晚號閑足道人。廣東香山人。明萬曆三十四年（1606）丙午科舉人，崇禎年間官至禮部尚書，任大學士兼代理首輔（宰相），至清兵入閩棄官返鄉。善詩文，風格篤實淵雅，為時人所重。兼善書法，取法鍾繇、王羲之、蘇軾等名家，兼習章草，融會貫通。與其詩文同受推崇。當時書壇四大名家邢侗、董其昌、米萬鍾、張瑞圖等推服其為「樹一幟於嶺外」。著有《元氣常詩集》三卷、《元氣堂文集》30卷、《雲芨軒稿》二卷、《經筵日講拜稽集》四卷、《周易補注》四卷、《中麓閣集》等。

何騰蛟（明1592～1649），字雲從，貴州黎平府人。南明重臣，1645年任湖廣總督，與李自成舊部農民軍合作，共同抵禦清軍。1647年清軍攻陷湖南，他退至廣西，守全州，擊退了清軍。1648年反攻，收復湖南大部。後在湘潭兵敗被俘，遇害於長沙。有《明中湘王何騰蛟集》一卷。

何石閭（明代人，生卒年不詳），與張二喬交往之名士，餘不詳。

何春巢（清代人，生卒年不詳），與袁枚同時人。

何夢華（清1766～1829），字緩齋。金石古泉收藏家。博學精思，善於考據且甚有見地，並勤搜各藏家所得古泉異品資料，不斷為翁樹培提供可靠的錢幣訊息，故翁書引用何氏提供的資料甚多。例如夢華在28歲時已為翁氏提供丁龍泓所藏錢譜，並考得元代至正錢文是江浙參知政事周伯琦奉所書，其後諸家譜錄均引用此說。

何太青（清乾嘉時人，生卒年不詳），字樂俞，又字藜閣，廣東順德人。嘉慶十四年（1809）進士。選翰林院庶吉士，散館改知縣，歷官于潛、德清、仁和縣令，嘉興海邊同知。後歸鄉主講郡邑。能詩文，著有《潛川集》《錢江集》《海上吟》《孤雲集》等。工書法，瀟灑俊逸。

何文綺（清 1779～1855），號樸園，順德人。嘉慶二十五年（1820）進士，授兵部主事。因修築桑園圍出力，加員外郎銜。假歸授徒為業，門生甚眾。居省城，很少與地方官員來往，遇有民間疾苦，便向官衙直陳。為文以清真雅正為尚，教人善於誘掖獎勵。道光二十四年（1844）受聘主講粵秀書院，數年間人才迭出。著有《課餘匯鈔》《四書講義》和《周易從善錄補注》。

何紹基（清 1799—1873），字子貞，號東洲，晚號蝯叟，湖南道州人。書宗顏真卿，以北魏《張玄墓誌》等碑版意趣，峻拔奇宕，自成一格。執筆用回腕法，為書林別調。著有《東洲草堂金石跋》《東洲草堂詩集·文鈔》等。

何蘭士（清乾嘉時人，生卒年不詳），畫家，詩人。

何璟（清 1816～1888），字伯玉，又字小宋，室名筆餘軒。香山縣人，清末大臣。道光二十七年（1847）進士。授編修。後任監察御史。1860 年出任安徽廬鳳道。次年入曾國藩軍總辦營務處。1863 年任安徽按察使，鎮壓撚軍。後任湖北布政使、福建巡撫、閩浙總督。1883 年中法戰爭爆發後，與巡撫張朝棟佈置沿海及臺灣防務。翌年馬尾之戰後去職。與雷以諴合編《咸寧縣志》。

何昆玉（清 1828～1896？），字伯瑜，室名百舉齋、吉金齋、樂石齋，廣東高要人。精篆刻，擅模拓彝器，收藏古銅印甚富，曾以所得潘正煒藏印輯成《吉金齋古銅印譜》六卷，做客山東濰縣陳介祺萬印樓，助其編拓《十鐘山房印舉》，又手拓陳介祺所藏印成《簠齋藏古玉印》。輯自作印印譜《樂石齋印譜》《百舉齋印譜》《端州何昆玉印譜》。

何子彬（清代人，生卒年不詳），廣東南海人。

伽羅叉，前秦建元二十年（384）入華，罽賓沙門伽羅叉攜至長安，因武威太守趙文業之請，與竺佛念共譯出《伽提婆中阿含經》60 卷。

伯夷、叔齊（春秋時人，生卒年不詳），《史記》：「孔子曰：『伯夷、叔齊，不念舊惡，怨是用希。』求仁得仁，又何怨乎？」余悲伯夷之意，睹軼詩可異焉。其傳曰：伯夷、叔齊，孤竹君之二子也。父欲立叔齊，及父卒，叔齊讓伯夷。伯夷曰：『父命也。』遂逃去。叔齊亦不肯立而逃之。國人立其中子。於是伯夷、叔齊聞西伯昌善養老，盍往歸焉。及至，西伯卒，武王載木主，號為

文王，東伐紂。伯夷、叔齊叩馬而諫曰：『父死不葬，爰及干戈，可謂孝乎？以臣弒君，可謂仁乎？』左右欲兵之。太公曰：『此義人也。』扶而去之。武王已平殷亂，天下宗周，而伯夷、叔齊恥之，義不食周粟，隱於首陽山，采薇而食之。及餓且死，作歌。其辭曰：『登彼西山兮，采其薇矣。以暴易暴兮，不知其非矣。神農、虞、夏忽焉沒兮，我安適歸矣？於嗟徂兮，命之衰矣！』遂餓死於首陽山。」

伯圜尹（清末人，生卒年不詳），山東諸城人，清末著名拓工，全形拓大家，係金石學家吳大澂手下。傳世《愙齋吉金圖》即為尹伯圜所作。吳氏輯《十六金符齋印存》由寓居嶺南的篆刻家黃士陵和著名拓工尹伯圜等審編、鈐拓，堪稱精妙。還有留世之作《漢雁足鐙全形拓》《吉金圖》等。

邱光庭（五代時人，生卒年不詳），烏程人。官太學博士。陳振孫《書錄解題》稱光庭為唐人，《續百川學海》及《匯秘笈》則題曰宋人。考書中世字皆作代，當為唐人。然《羅隱集》有贈光庭詩，則當已入五代。其為唐諱，猶孟昶石經世民等字猶沿舊制闕筆耳。

邱濬（明 1421～1495），字仲深、瓊山，號深庵、玉峰，別號海山老人，瓊山人。景泰五年（1454）進士，授翰林院編修，奉詔修《寰宇通志》，後累官至禮部右侍郎，加太子太保，兼文淵閣大學士。謚文莊。曾參與修《英宗實錄》《憲宗實錄》《續通鑒綱目》等書。學問淵博，熟悉當代掌故，著《大學衍義補》，內容涉及政治、經濟、文化、教育、司法、軍事等方面。博采前人議論，加按語抒發己見。善為南曲，作傳奇《五倫全備》《投筆記》《舉鼎記》《羅囊記》等，劇作《五倫全備記》，當時頗有影響。詩法度嚴謹，風格典雅。著有《邱文莊集》。

邱峻（清代人，生卒年不詳），著《泉刀匯纂》。

狄青（宋 1008～1057），字漢臣，汾州西河縣人。出身寒門，年少入伍，因面有刺字，善於騎射，人稱「面涅將軍」。宋仁宗時，憑藉戰功，累遷延州指揮使。皇祐五年（1053），領兵夜襲昆侖關，平定儂智高之亂。此後歷任樞密副使、護國軍節度使、河中尹，遷升樞密使。後受到文官集團排擠，於嘉祐元年（1056），被免去樞密使之職，加同中書門下平章事之銜，出知陳州。謚武襄。

余懷（清 1616～1696），字澹心，一字無懷，號曼翁、廣霞，又號壺山外史、寒鐵道人，晚年自號鬘持老人，稱江寧余懷、白下余懷，福建莆田人，僑

居南京。是明末清初鼎革之際，活躍在江南的著名文士。晚年退隱吳門，漫遊支硎、靈岩之間，徵歌選曲，與杜濬、白夢鼐齊名。

余集(清 1738～1823)，字蓉裳，號秋室，浙江仁和人。乾隆三十一年(1766)進士，候選知縣，官至侍講學士。三十八年（1773），與邵晉涵、周永年、戴震、楊昌霖同薦修《四庫全書》，授翰林院編修。累遷至侍讀學士。告歸後，主大梁書院八載，日以文藝自娛。道光二年（1822）重赴鹿鳴，惟集與潘奕雋兩人，時稱「吳越二老先生」。

余栙（清代人，生卒年不詳），字嘯松，休寧人，寓居浙江嘉興。著《白嶽庵詩話》二卷。

余錫純（清代人，生卒年不詳），順德詩人，號為「鳳城五子」之一。

佘啟祥（清 1789～？），字春帆，廣東順德人。嘉慶二十四年（1819）舉人。性簡默，能文章，馳騁縱橫，無不如志。少時即通繪畫六法，一生以繪畫為業。畫山水意趣天然，有沈石田風貌。

妙湛（宋代人，生卒年不詳），宋僧人有稱「妙湛」者，孫道絢有《醉思仙·寓居妙湛悼亡作》：「晚霞紅。看山迷暮靄，煙暗孤松。動翩翩風袂，輕若驚鴻。心似鑒，鬢如雲，弄清影，月明中。謾悲涼，歲冉冉，蕣華潛改衰容。前事銷凝久，十年光景匆匆。念雲軒一夢，回首春空。彩鳳遠，玉簫寒，夜悄悄，恨無窮。歎黃塵久埋玉，斷腸揮淚東風。」孫道絢號沖虛居士，南宋紹興時建安人。善詩詞，筆力甚高。餘不詳。

妙慧（明代人，生卒年不詳），比丘尼。俗姓張，藝名馬如玉，字楚嶼、楚崎，金陵人。初流落為曲院藝妓，後入棲霞寺剃度為比丘尼，受具足戒於蒼霞法師。歷遊太和、九華、天竺諸山。返歸南京，結茅於莫愁湖上。通經教，重戒行。寂年 30 餘歲。

辛仲湘（清代人，生卒年不詳），字叔雲，詩人。

宋璟（唐 663～737），邢州南和人，唐代政治家，經武曌、中宗、睿宗、殤帝、玄宗五朝，為官 52 年。曾數次因犯顏直諫而遭貶，又數次因才堪大用而擢升。累封爵廣平郡開國公。

宋雪岩（宋代人，生卒年不詳），繪刻《梅花喜神譜》著名於世。

宋大樽（清 1746～1804），字左彝，號茗香、名香。浙江仁和人。乾隆三十九年（1774）舉人。官國子監助教，後以母老引疾歸，弱歲，嘗刮股愈母疾。終生不治生產，鄉里有所急需，必盡力脅之。晚年，歸老西湖。一日晨起，忽

端坐而逝。文學家、藏書家。唯以書籍為友，讀書、聚書、著書為事，藏書於「牧牛村舍」中，精本甚多，如焦竑精抄《洞天清錄集》、丁龍泓手抄本《雲煙過眼錄》等書。馮定枬贈有「辛苦風塵兩載餘，攤書盡日對窗噓」之句。所藏之書，允許他人借閱，曾說：「秘不示人，為蟲所蠹，何不借人一閱？」晚年遊東南名勝，工於詩文，善治古琴。詩學太白，有逸氣，晚更追漢、魏而上之，頗為王旭所稱。亦做壺，茗香好梅，故茗壺亦刻梅花也。陸素生贈詩云：「我言君豈是梅精，雙眉瘦通梅根節。清詞妙緒出無窮，何以霏霏落香雪。」又言：「君返超山麓，自採梅花煮香粥。我家芋魁養徑尺，煨火旋煨腴勝肉。小隔百里便往來，如共山腮聽風行。」著有《茗香詩論》《學古集》《牧牛村舍詩抄》。

宋世犖（清 1765～1821），字卣勛，號確山，浙江臨海人。乾隆五十三年（1788）舉人，補咸寧宮教習，曾任福建大田、陝西扶風縣知縣，以廉潔著稱。撰《確山駢體文》《諱川詩徵》《臺郡識小錄》《紅杏軒詩抄》等。研求經訓，熟於諧聲、假借之例，纂修《扶風縣志》十八卷首一卷，著《周禮故書疏證》六卷，《儀禮古今文疏證》二卷。

宋玉（戰國時人，生卒年不詳），字子淵，宋國公族後裔，楚國文人，辭賦作家，楚國士大夫。曾事楚頃襄王。與唐勒、景差齊名。流傳作品有《九辯》《風賦》《高唐賦》《登徒子好色賦》等。

宋咸熙（清 1766～？），字德恢，號小茗。浙江仁和人。嘉慶十二年（1807）舉人，官桐鄉教諭。家藏圖書富，父大鐏有藏書之名，並樂於借閱。他繼承父志，復益聚書。因父號茗香，遂建書樓為「思茗齋」。輯注有《夏小正》，考據精博。官桐鄉時，輯有《桐溪詩述》。著有《思茗齋集》《耐冷譚》《耐冷續譚》等。

宋振譽（清代人，生卒年不詳），著《續泉志》。

宋慶凝（清代人，生卒年不詳），著《續泉志續補》。

完顏崇厚（清 1826～1893），字地山，號子謙，別號鶴槎，滿洲鑲黃旗人。道光二十九年（1849）舉人。咸豐十一年（1861）充兵部左侍郎、三口通商大臣，辦理洋務。同治年間，署直隸總督。同治九年（1870）天津教案後，出使法國謝罪。光緒四年（1878）出使俄國，擅自與俄簽訂《里瓦幾亞條約》，彈劾入獄，後降職獲釋。

汪伯彥（宋 1069～1141），字廷俊，徽州祁門縣（今安徽祁門縣）人。南

宋初年宰相、著名奸臣，奸相秦檜的老師，主和派重要人物。崇寧二年（1103）進士，先後受到宋徽宗、宋欽宗召見。向宋欽宗趙桓進獻《河北邊防十策》，切合帝意，出任龍圖閣直學士、知相州。金兵攻陷真定後，推行割地、納貢、稱臣等屈辱條件。率兵保護康王趙構在河北，擔任副元帥、集英殿修撰。金兵迫近京城時，阻攔宗澤抗擊。靖康之恥後，出任顯謨閣直學士。宋高宗趙構繼位，升任同知樞密院事、知樞密院事、右僕射。極力反對宗澤、李綱的抗金主張，促請宋高宗南逃。聯合黃潛善同居相位，專權自恃，主謀南遷揚州，不作戰守之計。建炎三年（1129），揚州失守後，坐罪罷職，外放池州、宣州。進獻《中興日曆》，升任檢校少傅。

汪元量（宋末人，生卒年不詳），字大有，號水雲，錢塘人。詞人。以善琴事謝后、王昭儀。宋亡，隨三宮留燕，後為黃冠師南歸。有《水雲集》《湖山類稿》傳世，《全宋詞》收其詞作 33 首。

汪琬（清 1624～1691），字苕文，號鈍庵，初號玉遮山樵，晚號堯峰，小字液仙，長洲人。與侯方域、魏禧合稱明末清初散文「三大家」。順治十二年（1655）進士，曾任戶部主事、刑部郎中等。康熙九年（1670）辭官歸里。康熙十八年（1679），召試博學鴻詞科，授翰林院編修，預修《明史》，在館 60 餘日，撰史稿 175 篇，後乞病歸，晚年隱居太湖堯峰山，閉戶撰述。著有《堯峰詩文鈔》《鈍翁前後類稿、續稿》。

汪懋麟（清 1640～1688），字季角，號蛟門，江蘇江都人。有詩名，才氣橫逸。有《百尺梧桐閣集》。

汪森（清 1653～1726），字晉賢，號碧巢，浙江桐鄉人。康熙間拔貢生，歷官廣西臨桂、永福、陽朔知縣，桂林府通判，調太平知府，遷知河南鄭州事。官終戶部江西司郎中。工於音韻學，後與黃宗羲、朱彝尊諸師相商榷。精於文學，營碧巢書屋為著述吟詠之室，築華及堂為宴賓客之所；取《韓詩外傳》中「君子之居也，綏若安裘，晏若覆杅」之句，將藏書樓名為裘杅樓，以藏典籍，聚書萬卷，校勘不輟，以藏書、詩、詞負名，所藏書為浙西之首。編有《裘杅樓藏書目》行世，著錄刻本 530 種，5565 冊，抄本 155 種，720 冊，多文集、筆記之類。另有書樓名小方壺、擁書樓。藏書印有「休陽汪氏裘杅樓藏書」「擁書樓收藏」「桐鄉汪氏擁書樓所藏圖記」等。乾隆中，四庫館開，曾孫汪汝藻獻家藏圖書 271 種。清代康熙年間，汪森任廣西桂林府和太平府的通判。在履職之餘，他發現整個廣西地區，竟然沒有一部完整的本地文學總集，於是百方

搜羅郡邑志乘及文獻載籍。晚年辭官歸田後，借朱彝尊家藏秘笈，參以己書，薈萃訂補，終於編成了《粵西詩載》《粵西文載》《粵西叢載》三部地方文學總集，稱《粵西三載》。輯有《蟲天志》《名家詞話》等。刊刻圖書數十種，所刻的圖書在版心刻有「裘杼樓」三字。著有《小方壺叢稿》《桐扣詞》等。

汪文柏（清康乾時人，生卒年不詳），字季青，號柯庭，安徽休寧人。曾官居北城兵馬指揮使。家有藏書樓古香樓、橋藻堂、擁書樓。性好習靜，工詩、畫，墨蘭雅秀絕俗，點綴坡石，落落大方。山水蕭疏簡澹。精鑒賞，晚年手定詩稿《柯亭餘習》，朱彝尊序之，又有《古香樓吟稿》。

汪士慎（清 1686～約 1762），字近人，號巢林、溪東外史、左盲生、天都寄客，安徽歙縣人，一作安徽休寧人，流寓江蘇揚州。精篆刻、隸書，善畫花卉，尤擅畫梅，千花萬蕊，管領冷香，以繁枝見勝。筆墨疏落清勁，氣清而神腴，疆淡而趣足，具有秀潤恬靜之致，與李方膺「鐵幹銅皮」形成鮮明對比。與金農、華嵒等友善，為「揚州八怪」之一。

汪憲（清 1721～1771），字千陂，號魚亭，浙江錢塘（一作仁和）人。乾隆十年（1745）進士，官至刑部尚書。其藏書之所稱振綺堂，是杭州著名的藏書樓，創建於清乾隆年間。著有《振綺堂稿》及《苔譜》六卷、《易說存悔》二卷、《說文繫傳考異》四卷傳於世。

汪梅鼎（清？～1815），字映雪，一作映琴，號畹雲。安徽休寧人。乾隆五十八年（1793）進士，官御史。為人恬澹真率，好飲酒，善鼓琴，詩、書、畫無一不工。書法兼蘇、米。以時人畫山水多規橅婁東，乃獨開生面，高簡得宋、元人神髓；亦工蘭石及花卉，嘗為林遠峰寫雙樹圖，老幹交纏，離奇夭嬌，筆意縱逸。

汪雲任（清 1784～1850），字孟棠，號繭園，盱眙人。嘉慶二十二年（1817）進士，歷任廣東三水、番禺知縣、贛州知府、蘇州知府、海關監督、陝西按察使及布政使等職。有《繭園詩文稿》《汪孟棠太守詩鈔》。

汪心農（清代人，生卒年不詳），清乾嘉年間製墨名手。

汪肇龍（清 1721～1780），字松麓，一字稚川，原名肇澧，安徽歙縣人。少家貧。資篆刻以活，遂通六書。後遊婺源江永之門，專力治經。為徽派樸學陣營的重要學者。嘗觀太學石鼓文。著《石鼓文考》，定為史籀所篆。而於尊彝鐘鼎諸古篆、雲鳥蝌蚪之文，暗中可手捫而識之。論者尤推絕舉。

汪啟淑（清 1728～1800），字慎儀，號秀峰，又號切莽，安徽歙縣人。酷

愛印章，自稱印癖先生。僑寓杭州，家有開萬樓，藏善本書數千種，搜有周秦至元明印章數萬鈕。與同里丁敬、黃易、金農等極為友善。輯有《飛鴻堂印譜》五集、《訏荄集古印存》32 卷、《漢銅印叢》12 卷等多至 20 餘種。另有《續印人傳》八卷、《水曹清暇錄》、《小粉場日記》等。

汪學金（清 1748～1840），字敬箴，號杏江，晚號靜匲，江蘇鎮洋人。乾隆四十六年（1781）探花，授翰林院編修。嘉慶四年（1799）召修《純廟實錄》，擢中允。明年，升侍讀，充文淵閣校理、日講起居注官，再薦升左庶子。著有《井福堂文集稿》10 卷、《靜匲詩初稿》12 卷、《後稿》12 卷、《續稿》6 卷，又輯《婁東詩派》28 卷。

汪士鍾（清 1786～？），字春霆，號閬源，江蘇長洲人。藏書家，取所藏宋元之本編寫《藝芸書舍宋元本書目》。又喜刻書，所摹刻宋本《孝經義疏》《儀禮單疏》《劉氏時說》《郡齋讀書志》諸書，校對精審，舉世珍若拱璧。藝芸書舍藏宋版書 300 餘部，為清代已知藏書家藏宋版書最多者，超過黃丕烈的士禮居和陸心源的皕宋樓。

汪鋆（清 1816～1883），字研山，號汪度，別署寄心庵主、虛過庵主。江蘇儀征人。精研金石，擅山水花卉。著有《揚州畫苑錄》《十二硯齋金石過眼錄》《春草堂隨筆》等。

汪正元（清末人，生卒年不詳），號少霞，婺源縣人。同治元年進士，改庶吉士。官至刑部郎中。

沈約（南朝 441～513），字休文，吳興郡武康縣人。南朝梁開國功臣，政治家、文學家、史學家。學問淵博，精通音律，與周顒等創四聲八病之說，要求以平、上、去、入四聲相互調節的方法應用於詩文，避免八病，為當時韻文創作開闢了新境界。其詩與王融諸人的詩皆注重聲律、對仗，時號「永明體」，是從比較自由的古體詩走向格律嚴整的近體詩的一個重要過渡階段。著有《晉書》《宋書》《齊紀》《梁武帝本紀》等史書，其中《宋書》入二十四史。

沈懷遠（南朝劉宋時人，生卒年不詳），吳興郡武康縣人。祖父沈寂，是晉朝的光祿勳。父親沈宣，擔任新安太守。他擔任始興王劉濬的參軍，並得到禮遇和親愛。後來因為他的姜室王鸚鵡參與巫蠱事件，受到株連被宋孝武帝遣往廣州，宋孝武帝秘密下令廣州刺史宗慤將其處決。宗慤起事時，因沈嫻於文筆，命其撰寫檄文，並且攜帶詔命到始興，與始興相沈法系論及這些事情。事件平息後，宗慤向孝武帝求情使他得到赦免。撰有《南越志》及《懷

文文集》。

沈與求（宋 1086～1137），字必先，號龜溪，浙江湖州德清人。政和五年（1115）進士。歷官明州通判、監察御史、殿中侍御史、吏部尚書兼權翰林學士兼侍讀、荊湖南路安撫使、鎮江知府兼兩浙西路安撫使、吏部尚書、參知政事、明州知府、知樞密院事。著有《龜溪集》。

沈周（明 1427～1509），字啟南，號石田，晚號白石翁，長洲人。擅畫山水，得家法於父恒吉、伯父貞吉，兼師杜瓊、趙同魯，後上溯取法董源、巨然、李成，以己意發之，中年以黃公望為宗，晚年則醉心吳鎮。40 歲前，多盈尺小景，之後始拓為大幅，筆墨堅實豪放，雖草草點綴，而意已足，形成沉著醞肆的風貌。亦作細筆，於謹密中仍具渾淪的氣勢，人稱「細沈」。取景多江南川和園林景物。兼工花卉、鳥獸，善用重墨淺色，別饒韻致，也偶作人物。書法遒勁奇崛，學黃庭堅，詩學白居易、蘇軾、陸游。名重於明代中葉畫壇，一時名士如唐寅、文徵明等，咸出其門。

沈與文（明嘉靖間人，生卒年不詳），字辨之，自號姑餘山人，以字行。吳縣人。藏書家、刻書家。所收藏、刻印之書，印有「野竹齋藏書」「野竹齋沈辨之印」「野竹齋」「吳郡沈辨之野竹齋校雕記」，或版心有「吳郡沈辨之野竹齋校錄」「吳郡沈氏繁露堂雕」，其翻刻葛洪《西京雜記》有「吳郡沈與文野竹齋校勘翻雕」等字樣。

沈璟（明 1553～1610），字伯英，晚字聃和，號寧庵，別號詞隱。吳江人。明代戲曲家、曲論家。與當時名曲家王驥德、呂天成、顧大典等探究、切磋曲學，對音律研究有建樹。

沈存周（明代人，生卒年不詳），字鷺雛，號竹居主人，浙江嘉興人，居嘉興之春波橋。從盛處士遠學詩書亦有致。其所自見則在於鍛。以錫製壺多雅馴。

沈瑩中（明代人，生卒年不詳），名瓊蓮，字瑩中，浙江烏程人，傳為沈萬三之後。以父兄皆仕於朝，被召入宮，應詔作文，孝宗擢第一，任為女學士，湖州人傳為女閣老。能詩。嘗試《守宮論》，其發端云：「甚矣。秦之無道也，宮豈必守哉。」孝宗悅，擢居第一。給事禁中，為女學士。其宮體諸詩，不遜婕好、花蕊。

沈德符（明 1578～1642），字景倩，又字虎臣、景伯，浙江秀水人。自幼生長於北京，曾在國子監讀書。據說他聰敏好學，每天都要讀一寸厚的書籍。

他精通音律，熟諳掌故。撰《萬曆野獲編》20 卷，內容包括明代典章制度、人物事件、典故遺聞、政權內部紛爭、民族關係、對外關係、山川風物、經史子集、工藝技術、釋道宗教、神仙鬼怪等諸多方面。還有《清權堂集》、《敝帚軒剩語》三卷、《顧曲雜言》一卷、《飛鳧語略》一卷、《秦璽始末》一卷。

沈兼（清 1617～1675），又名參，字兩之，號無諍道人，居嘉城東。叔父沈禹川，工朱氏雕鏤法；父漢川，亦從朱三松學竹刻。因此得以盡心摹擬，獲其真傳。弟弟名爾望，亦解奏刀，時稱伯仲。兩之竹刻傳世極稀，其淺刻蘇髯赤壁圖筆斗一件，扁舟一葉，泛煙水間；雲間明月赤壁竣崖不可攀，石間葦荻叢生，清風披拂，若有聲響。石壁之際有「兩之」二字隸書款。此器樸雅可愛，頗耐人尋味。由此可見「練水派」亦有淺刻一法。

沈初（清 1729～1799），字景初，號萃岩，又號雲椒，浙江平湖人，乾隆二十七年（1762）南巡召試，賜舉人，授內閣中書。明年成榜眼，授編修。以文學受知，歷乾隆、嘉慶兩朝，主鄉試一次，任學政五次，先後歷充四庫全書館、實錄館、三通館副總裁，續編《石渠寶笈》《秘殿珠林》，校勘《太學石經》。工詩文，善書法。著有《西清筆記》《蘭韻堂詩文集》等。

沈彩（清乾隆時人，生卒年不詳），字虹屏，號胥山蠶妾、掃花女史。為平湖陸烜妾。喜藏書，並匯輯有《春雨樓書畫目》，於乾隆中手寫成書，為陸烜手抄《尚書義》《晏公類要》《鄱陽集》《斜川集》等，字跡娟秀。著有《春雨樓集》，分賦一卷、詩七卷、詞二卷、文二卷、跋三卷。

沈石薌（清 1794～1856），名榮，字石薌、石香，號歐史，又號耦梅、耦梅居士，室名飲水讀書齋，江蘇蘇州人。工仕女、人物、蟲蝶，改琦寓吳門時，與之結交，畫牡丹極豔冶，改琦嘗以「牡丹沈郎」稱之，時有沈牡丹之目。

沈秉成（清 1823～1895），原名秉輝，字仲復，號耦園，室名蝶研廬、聽櫨樓，浙江歸安人。咸豐六年（1856）進士，授編修，遷侍講，充武英殿總纂，文淵閣校理等，升蘇淞太道，河南、四川按察使，廣西、安徽巡撫，兩江總督等要職。工詩文書法，精鑒賞，收藏金石鼎彝、法書名畫美稱一時。

沈樹鏞（1832～1873），字均初，一字韻初，號鄭齋，室名靈壽華館、漢石經室等，江蘇南匯人。咸豐九年（1859）舉人，官內閣中書。工書法，精鑒別，富收藏，與趙之謙合纂《續寰宇訪碑錄》，著有《書畫心賞日錄》《養花館書畫目》《漢石經室金石跋尾》等。

沈源深（清 1843～1893），字叔眉，一字惺甫，浙江紹興人。咸豐十年（1860）進士，授吏部主事，歷充會試同考官、鄉試正考官及會試總裁，累官至都察院副都御史、福建學政及兵部左侍郎。在福建學政任上，刻《朱子小學》分頒士子，整頓全省書院，親定章程，命各學校官員疏報諸生學行，並檄調高材生入省垣會城書院，課以義理之學，自捐廉俸助膏火，並至書舍講論。著有《使閩雜誌》。

沈育佳（清代人，生卒年不詳），浙江嘉興人。

改琦（清 1773～1828），字伯韞，號香白、七薌、玉壺山人、玉壺外史等。松江人。宗法華喦，工人物、佛像、仕女，筆意秀逸瀟灑。其花鳥、山水、蘭竹等，吸取前人之長，亦有一定造詣。喜用蘭葉描，仕女衣紋細秀，樹石背景簡逸，造型纖細，敷色清雅，創立了仕女畫新的體格，時人稱為「改派」。

邵旭茂（清康雍間人，生卒年不詳），宜興上袁村人，紫砂壺藝人、陶瓷藝人。製壺似陳用卿，造工精細，質堅如玉。1937 年出版的《陽羨砂壺圖考》記曰：「傳器紫砂大壺底有二印，上『荊溪』篆書橢圓印，下『邵旭茂製』篆書方印，精湛絕倫。」

邵亨貞（元代人，生卒年不詳），字復孺，元末詞人。著有《蟻術詞選》四卷，存詞 143 首。在戰亂流離中終生不輟吟詠。其人博學多能，雅愛山水，恪守傳統，追慕古風，其詞題材廣泛，感懷心聲。

邵二泉（明 1460～1527），名寶，字國賢，江蘇無錫人。成化二十年（1484）進士，歷官郎中，遷江西提學副使，主修白鹿洞書院學舍，以迎四方學者。後遷浙江按察使、右布政使，進湖廣布政使，正德四年擢右副都御史，總督漕運。因忤權臣劉謹，被勒令致仕。劉謹被誅後，升任戶部左侍郎，兼左僉都御史，處理糧運事宜，後拜南京禮部尚書，嘉靖六年卒。著有《定性書說》《漕政舉要》《慧山記》《容春堂集》等。

邵積誠（清末人，生卒年不詳），福州人。同治七年進士，曾任貴州巡撫。

八畫：長 林 杭 范 郁 尚 依 岳 季 竺 金 周 法 初 郎 宗 屈 居 孟

長萃（清末人，生卒年不詳），清末曾任倉場侍郎，支持義和團行動。上言：「此義民也，臣自通州來，通州無義民，不保矣。」載漪、載濂均言長萃言善，人心不可失。光緒帝曰：「人心何足恃，徒滋亂耳。士夫喜談兵，朝鮮

一役，朝議爭主戰，卒至大挫。今諸國之強，十倍日本，若遍啟釁，必無幸全。」

林逋（宋 967～1028），字君復，浙江錢塘人。出身於儒學世家，早年曾遊歷於江淮等地，中年之後回到家鄉杭州。他恬淡好古的性格，使其厭倦了漂流生活，所以「結廬西湖之孤山，二十年足不及城市」，終身不仕，不娶，與梅花、仙鶴作伴，稱為「梅妻鶴子」。宋仁宗天聖六年（1028）去世，享壽 62歲，仁宗賜諡和靖先生。有《林和靖詩集》。宋代桑世昌著有《林逋傳》。

林待用（明成化時人，生卒年不詳），曾任都察院都御史。

林俊（明代人，生卒年不詳），字待用，福建莆田人。成化十四年（1478）進士，官至刑部尚書，卒年 76。《明史》有傳。

林侗（清 1627～1714），字同人，福建侯官人。林佶之兄。金石學家，貢生。康熙中，署尤溪教諭。著有《荔水莊詩草》《來齋金石考》《昭陵石跡考略》《李忠定年譜》及《井野識塗》傳於世等。

林皋（清約 1657～1726），字鶴田，又字鶴顛，福建莆田人。精篆刻，稱「莆田派」。文人治印以細朱文入印的開創者之一，為浙派興起之前，清代印壇之風雲人物。其篆刻深受明代汪關影響。全用漢篆入印，篆體筆力能合古法，繁簡相參，疏密互見，靈動逸處，刀法遒勁剛潔，作品工穩，清秀典雅，得前人之精髓，為印家所共器。所刻極工穩，精整中見流麗，書卷氣較重。當時大畫家如惲壽平、王翬、馬元馭、楊晉，以及徐乾學、王鴻緒、高士奇等之印，均出其手。著有《寶硯齋印譜》。

林召棠（清 1786～1872），字愛封，號芾南，廣東吳川人。道光三年（1823）狀元，諡文恭。著《心亭亭居詩存》《心亭亭居文存》《心亭亭居筆記》等。

杭世駿（清 1695～1773），字大宗，又字堇浦，別號智光居士、秦亭老民、阿駿，室名道古堂，仁和人。經學家、史學家、文學家、藏書家。雍正二年（1724）舉人，乾隆元年（1736）舉鴻博，授編修，官御史。晚年主講廣東粵秀、江蘇揚州兩書院。尤深於詩，風格超逸不群，為時人所稱。結南屏詩社，會聚杭州詩人、詩僧。亦工書，善寫梅竹、山水小品，疏澹有逸致。著有《道古堂集》《榕桂堂集》等。

范仲淹（宋 989～1052），字希文。祖籍邠州，後移居蘇州。幼年喪父，母親改嫁長山朱氏，遂更名朱說。大中祥符八年（1015）進士，授廣德軍司理參軍。後歷任興化縣令、秘閣校理、陳州通判、蘇州知州等職。康定元年

（1040），與韓琦共任陝西經略安撫招討副使，採取「屯田久守」方針，鞏固西北邊防。慶曆三年（1043）出任參知政事，發起「慶曆新政」。不久後，新政受挫，自請出京，歷知邠州、鄧州、杭州、青州。皇祐四年（1052）改知潁州。累贈太師、中書令兼尚書令、楚國公，諡文正。文學成就突出。宣導「先天下之憂而憂，後天下之樂而樂」思想和仁人志士節操，對後世影響深遠。有《范文正公文集》。

范咸（清康雍間人，生卒年不詳），字貞吉，號九池，浙江錢塘人。雍正元年進士。官至御史，曾巡視臺灣。有《周易原始》《讀經小識》《碧山樓古今文稿》《柱下奏議》《臺灣府志》《浣浦詩鈔》等。

范恩章（清代人，生卒年不詳），同治至光緒年間宜興蜀山西望圩村人。在紫砂壺藝界頗有聲譽，以家庭作坊式生產傳藝於後輩。別號范莊農家，稱其范家壺。范氏承其家學，壺藝精巧，所製茗壺皆鞠流、平蓋，骨肉亭勻，風格嫻雅。

郁松年（清 1800～1866），字萬枝，號泰峰。恩貢生。好讀書，藏書甚富。為道咸間江南著名藏書家。購藏圖書達數十萬卷，並親自點校。江南藏書家善本，多歸其宜稼堂。其中以宋魏了翁《毛詩要義》，為插架之冠。道光間刊《宜稼堂叢書》，校勘極精，歷來被推為叢書的精品。

尚均（清初人，生卒年不詳），原名周彬，字尚均，福建漳州人。傳曾被招至宮廷做御工，擅長人物雕刻，尤精印鈕製作，所作獸鈕、博古印鈕，渾古樸茂，精細工巧得鬼工之譽，是清初製鈕第一高手。

依克唐阿（清 1834～1899），字堯山，紮拉里氏，滿洲鑲黃旗人，祖籍吉林伊通。依克唐阿在抗擊日、俄侵略，維護中國主權和領土完整的鬥爭中，立下了卓著的功績，受到朝廷器重，被授為頭品頂戴、鎮守盛京等處將軍，管理兵刑兩部，兼管奉天府尹事務，任兵部尚書、都察院右都御史等。諡誠勇。

岳飛（宋 1103～1141），字鵬舉。相州湯陰人。高宗朝以戰功累遷湖北路荊、襄、潭州制置使，進封武昌郡開國公，加檢校少保，樞密副使，參知政事。紹興十一年（1141）為奸相秦檜等構陷入獄，旋被害。淳熙六年（1179）諡武穆，嘉定四年（1277）追封鄂王。飛善書，學顏真卿，雄渾峻拔，為世所重。有《岳武穆集》傳世。

季彤（清道光時人，生卒年不詳），收藏家，餘不詳。

　　竺佛念（十六國秦人，生卒年不詳），武威郡姑臧人，弱年出家，志業清堅，外和內朗，有通敏之鑒，諷習眾經，粗涉外典。其蒼雅詁訓，尤所明達。前秦建元中，印度僧人伽跋澄、曇摩難提等入長安，帶來各種梵文經書，竺佛念一一譯出，有《增壹阿含》《中阿含》，以及《菩薩瓔珞》《十住》《斷結》《出曜》《胎經》《中陰經》等。《出曜經》30 卷，《印度法救菩薩造》，又稱《出曜論》，收在《大正藏》第四冊。

　　竺法護（晉 231～308），又稱曇摩羅剎，月氏國人，世居敦煌郡，八歲出家，禮印度高僧為師，隨師姓竺，具有過目不忘的能力，讀經能日誦萬言。當時中原地區雖然禮拜寺廟、佛像，然而大乘經典未備，法護立志西行，萬里尋師，遍通西域三十六國語文。泰始元年，攜帶大批經典返回東土，居於長安、洛陽，專事譯經，精勤行道，廣布德化，時稱月支菩薩、敦煌菩薩。於泰始至建興間譯出，名《光世音大勢至受決經》一卷，簡名《觀世音受記經》。

　　金德淑（宋代人，生卒年不詳），宋宮人。沈雄《古今詞話》卷上引樂府紀聞云：適章邱李生。現存《望江南》一首。「春睡起，積雪滿燕山。萬里長城橫玉帶，六街燈火已闌珊，人立薊樓間。　　空懊惱，獨客此時還。轡壓馬頭金錯落，鞍籠駝背錦斕班。腸斷唱門關。」「門」字疑誤，似應是「陽」字。見《舊宮人贈汪水雲南還詞》（又名《宋宮人贈水雲詞集》），案此首亦見宋舊宮人詩詞，作單調（無下半首）。

　　金光襄（宋代人，生卒年不詳），著《金氏錢寶錄》。

　　金沙僧（明代人，生卒年不詳），即靜智和尚，浙江宜興湖沱金沙寺和尚，以作紫砂壺而聞名。

　　金農（清 1687～1763），字壽門，又字司農、吉金，號冬心先生、稽留山民、曲江外史、昔耶居士、粥飯僧等，浙江仁和人。乾隆元年（1736）薦舉博學鴻詞科，入京未就而返。好遊歷，客揚州最久，賣畫自給，居三祝庵、西方寺，至衰老窮困而死。善詩，借鑒李商隱、陸龜蒙，能自出機杼，傾瀉胸臆，而又深於比興，格調奇逸。書法工隸、楷，隸以樸厚見長，楷多隸意，自創一格，號稱「漆書」。50 歲後始作畫，學問淵博，修養高深，不同凡俗。自題仿作，實具新意。寫竹、梅、鞍馬、佛像、人物、山水等，筆墨拙厚淳樸，佈局構圖，別出心裁。居當時畫壇首席。為揚州八怪之一。著有《冬心先生集》《冬心雜畫題記》《冬心齋硯銘》等。

金學蓮（清 1779～？），字子青、青儕，號手山，江蘇蘇州府吳縣人。監生。工詩善書，書法董其昌。詩慕李白、李賀、李義山，故以三李名堂。有《環中集》、《三李堂集》十卷、《竹西客隱草堂集》十卷等。

金和（清 1818～1885），字弓叔，號亞匏，江蘇上元人。諸生，詩人。詩多長篇，具有散文化的特點。梁啟超《清代學術概論》以金和與黃遵憲、康有為並舉，譽為「元氣淋漓，卓然稱大家」。著有《秋蟪吟館詩鈔》等。

金錫鬯（1767～1838），字藕谷，號暗韻館主人。浙江桐鄉人，遷居江蘇太倉，金檀兄，錢大昭婿。嘉慶十三年（1808）舉順天鄉試，任會典館校錄。家有暗韻館，為藏書之所，又收藏金石甚富。與金石學家、藏書家劉喜海為姻親，劉氏著金石學名著《金石苑》，多由他援筆資助而成。著有《南北史摘豔》、《暗韻館詩文集》、《古泉述記》、《自省錄》、《錢志新編》20 卷等。

金鍾秀（清代人，生卒年不詳），字升之，詩人。

金忠淳（清代人，生卒年不詳），著《古錢考》。

周厲王（周？～前 828），西周君王。穆王四世孫。名胡。好利，暴虐百姓，捕殺謗己者，國人叛亂，出奔於彘，在位 34 年。出奔後，國內由周、召二公執政，號稱共和，達 14 年。王崩，得惡諡「厲」。

周文子（春秋時人，生卒年不詳），諸子百家之一。撰《文子·上德篇》上下卷，《漢書·藝文志》道家類著錄《文子》九篇，原注謂：「老子弟子，與孔子並時，而稱周平王問，似依託者也。」

周煇（宋 1127～？），字昭禮，淮海人，《四庫總目》云周邦彥之子。時人劉永祥云：「周邦，字德友，號松轡，一生在各地任幕職。」會試宏詞奏名。又曾出使金國。晚年隱居杭州清波門。嗜學工文，當世名公卿多折節下之。藏書萬卷，父子自相師友。著有《清波雜誌》12 卷、《別志》三卷、《北轅錄》一卷。書中記載了宋代的一些名人軼事，保留了不少宋人的佚文、佚詩和佚詞以及一些典章制度、風俗、物產等。

周密（宋 1232～1298），字公謹，號草窗、蘋洲、四水潛夫等。原籍濟南，後為吳興人。宋末曾任義烏令等職。宋亡不仕。工詩詞，其詞格律謹嚴，清麗工巧。勤於輯錄宋代文獻。著有《草窗韻語》《草窗詞》《武林舊事》《癸辛雜識》《齊東野語》，編有《絕妙好詞》等。《癸辛雜識》，前集一卷、後集一卷、續集二卷、別集二卷，共四集六卷，凡 481 條，是宋代同類筆記中卷帙較多的一種。多載當朝史事傳聞、杏林軼事、民俗風情，是研究宋代文化

史的珍貴索引。

周砥（元末人，生卒年不詳），字履道，無錫人。《明史・文苑傳》有載，並附載《陶宗儀傳》末。至正癸巳、甲午、乙未三年，客馬治同家，於宜興荆溪之南，隨事倡和，積詩一卷，錄成二帙，各懷其一。同時遂昌鄭元祐為之序，二人亦自有序。

周之冕（明 1521～？），字服卿，號少谷，長洲人。書工古隸，擅畫花鳥，常觀察所養飛禽動態，故動筆具有生意，花卉多用鉤花點葉法，設色鮮妍。采陳道復、陸治之長，實為神宗萬曆間花鳥畫之高手。

周戀光（明代人，生卒年不詳），嘉靖時為溧陽丞。

周北山（明末人，生卒年不詳），浙江嘉興人，善治匏樽。

周亮工（清 1612～1672），字元亮，號櫟園，又號陶庵、減齋、緘齋、櫟下先生，河南祥符人。富收藏，收藏書畫、銅器等古物頗富，尤愛藏印。交往皆一時篆刻名手，遍請鐫刻印章達千餘方。興到亦能奏刀，古意盎然。著有《印人傳》《賴古堂印譜》《賴古堂集》，筆記《因樹屋書影》等。

周高起（清 ？～1654），字伯高，江陰人。康熙《江陰縣志》載，周高起「穎敏，尤好積書……工為故辭，早歲補諸生，列名第一」。著有《陽羨茗壺系》。

周顥（清 1685～1773），字晉瞻，號雪樵，又號芷岩，嘉定人。周芷岩在朱氏畫法刻竹的基礎上，更出新意，一變前法，通常以淺浮雕及平刻為主，不借畫稿，以刀代筆直接在竹筒或竹片上刻山水、樹石、叢竹，創造出凹凸皴法。採用的陰刻法，功力很深，所刻紋飾、輪廓、皴擦大多是以刀剜出。無論竹葉、竹節，還是雕刻中的寬窄深淺、長短斜正、勾勒烘染等都是「神明於規矩之中，變化於規矩之外」。其中畫筆不能到之處，他都能以寸刀寫之。因此他刻的山水樹石、茂林叢竹，刀法變化多端，極富筆情墨趣。後世稱為「平地花紋刻法」，後來仿刻者極少。《竹人錄》中以漢唐詩派比喻清代竹刻，又把周芷岩比作盛唐的杜甫，認為他是清代竹刻開創新法的第一人。

周笠（清約 1700～1760），字牧山，號韻蘭外史。嘉定人，流寓揚州。周顥侄。山水出王翬、王原祁一脈，兼畫花卉。得惲壽平法，與周顥並稱「槎南二周」。後遊揚州，寄寓馬氏玲瓏山館幾十年，晚歲家居。從周顥學刻竹，悉中規矩。與周顥齊名。同刻竹，但各得其意，各不相襲。清人評其作品「生意遠出，神氣內涵，萬點當虛，千層疊起，渾厚中自露秀色」。

周日炳（清嘉慶年間人，生卒年不詳），字笙帆。嘉慶年間進士二甲 16 名，浙江山陰人，寄籍順天府宛平縣，官興泉永兵備道。

周初溶（清嘉道時人，生卒年不詳），字湛然，浙江山陰人。書畫家。

周栻（清 1783～1861），字敬之，號小蓮，又號未庵，浙江諸暨人。道光六年（1826）進士。歷任天津、南宮、玉田等縣知縣，兼治理冀州直隸州知州。為官有政聲。工書法，善畫蘆雁。好讀書，長於詩文。著有《未庵詩稿》。

周德馨（清代人，生卒年不詳），字仲芬，善畫蘭。喜藏古泉、古鏡，顏所居曰千鏡萬泉樓。著《小話雨樓筆記》。

周世錦（清代人，生卒年不詳），字素夫，廣東番禺人，以鹽務致富，其家名叫素園，《番禺縣志》有載。名列廣東當時五大富商潘盧伍葉周。

周農（清代人，生卒年不詳），字稻孫，號七橋，江西烏程人。性孤介，終身不娶，隨身一鐵瓢、一鐵笛。自署鐵瓢道人。能詩，善篆隸飛白。工畫，初學介舟作山水兼寫真。後悉棄去，專畫梅，神似金冬心。嘗客邗上潘朗齋家數年，歸以所積畫潤筆葬其親，時人謂之梅花壙。說者謂其畫梅得天真，筆力不如童二樹、羅兩峰，而水邊籬落間意擬為過之云。

周普潤（清代人，生卒年不詳），字叔雲，詩人。

周有經（清代人，生卒年不詳），字文甫，秀才，畫家，廣東順德人。

周作礪（清代人，生卒年不詳），號砥廉，秀才，廣東順德人。

周斌（清代人，生卒年不詳），廣東肇慶人。

法立共（西晉時入華，生卒年不詳），譯《樓炭經忉利天品》六卷。

法炬（西晉時人，生卒年不詳），譯經師，譯有多種佛經，《佛說求欲經》一卷、《佛說伏淫經》、《佛說灌佛經》、《法句譬喻經》等。

法式善（清 1753～1813），原名運昌，字開文，又字梧門，號時帆，蒙古烏爾濟氏，隸內務府正黃旗。乾隆四十五年（1780）進士，授檢討，官至侍讀。乾隆帝盛讚其才，賜名法式善，滿語「奮勉有為」之意。法式善曾參與編纂《皇朝文穎》和《全唐文》。著有《存素堂詩集》、《陶廬雜錄》、《槐廳載筆》、《清秘述聞》三種等。母親韓氏（清代人，生卒年不詳），自署端靜閒人，漢軍旗人。著《帶綠草堂遺詩》。

初尚齡（清代人，生卒年不詳），著《吉金所見錄》18 卷。

郎廷極（清 1663～1715），字紫衡、紫垣，號北軒，漢軍鑲黃旗，奉天廣寧人。19 歲以門蔭授江寧府同知，遷雲南順寧知府，後擢江西巡撫，督造官

窯瓷器，世稱「郎窯」。

宗養（三國時魏國人，生卒年不詳），陳永正教授補曰：「《三國志・裴松之注》卷九《諸夏侯曹列傳》：『印法原出陳長文，長文以語韋仲將，印工楊利從仲將受發，以語許士宗……印工宗養以法語程申伯也。』」

屈大均（清 1630～1696），初名邵龍，又名邵隆，號非池，字騷餘，又字翁山、介子，號菜圃，廣東番禺人。明末清初著名學者、詩人，與陳恭尹、梁佩蘭合稱「嶺南三大家」，曾與魏耕等進行反清活動。後避禍為僧，中年仍改儒服。詩有李白、屈原的遺風，著作多毀於雍正、乾隆兩朝，後人輯有《翁山詩外》《翁山文外》《翁山易外》《廣東新語》及《四朝成仁錄》，新編《屈大均全集》。

居巢（清 1811～1889），原名易，字士傑，號梅生、梅巢、今夕庵主等，室名有昔耶室、今夕庵等，番禺隔山鄉人。與其弟居廉一同對景寫生，所繪山水、花卉多秀雅，草蟲則活靈活現。開嶺南畫派之先河。工詩詞，有詩集。

孟郊（唐 751～814），字東野，湖州人。貞元十二年（796）進士。一生潦倒耿介。反對大曆以來平腐浮豔文風，標舉「風骨」等傳統。史稱「險怪詩派」。有《孟東野詩集》。

孟佐舜（清代人，生卒年不詳），字華墀，廣州人。道光初副貢生。工山水，與湯貽汾友好。

孟琇（清代人，生卒年不詳），字湛文，又字樾籟，號樂閑叟，浙江長州人。雍正七年北闈舉人，官內閣中書。著有《豐暇筆談》一卷。是書記明末以來怪異奇聞。

孟容（清代僧人，生卒年不詳），字深度。

九畫：柳 查 胡 封 荀 南 冒 侯 信 段 俞 紀 姚 施 洪 姜 胥 韋

柳宗元（唐 773～819），字子厚，河東人，人稱柳河東。晚年貶任柳州刺史，又稱柳柳州。他是唐代著名的思想家、文學家。柳宗元逝世後，劉禹錫將他留下來的著作編成《柳河東集》，共 30 卷。宋代世彩堂刻本《河東先生集》則分為 45 卷、外集二卷。

柳永（宋約 984～約 1053），原名三變，字景莊，後改名柳永，字耆卿，因排行第七，又稱柳七，福建崇安人，北宋著名詞人，婉約派代表人物。出身

官宦世家,少時學習詩詞,有功名用世之志。咸平五年（1002）離開家鄉,流寓杭州、蘇州,沉醉於聽歌買笑的浪漫生活之中。大中祥符元年（1008）進京參加科舉,屢試不中,遂一心填詞。景祐元年（1034）暮年及第,歷任睦州團練推官、餘杭縣令、曉峰鹽鹼、泗州判官等職,以屯田員外郎致仕,故世稱柳屯田。柳永是第一位對宋詞進行全面革新的詞人,也是兩宋詞壇上創用詞調最多的詞人。大力創作慢詞,將敷陳其事的賦法移植於詞,同時充分運用俚詞俗語,以適俗的意象、淋漓盡致的鋪敘、平淡無華的白描等獨特的藝術個性,對宋詞的發展產生了深遠影響。以樂章擅名,有《樂章集》。

柳公窿（清代人,生卒年不詳）,詩人,臨清人。

查伊璜（明末清初人,生卒年不詳）,浙江海寧人。查氏名人。

查梅史（清代人,生卒年不詳）,陳鴻壽幕客,參與陳鴻壽紫砂壺的創作與製作。

查繼佐（清 1601～1676）,字伊璜,一字敬修,號興齋,浙江海寧人。人稱東山先生或樸園先生。明末舉人。明亡後更名省,又隱姓名為左尹非人,堅持反清立場,謂必明室再興之後,始恢復原姓名。曾參加南潯莊廷鑨纂修《明史》。崇禎十六年（1644）起作《明史》,到清康熙十一年（1672）易稿數十次,畢一生之力成書。原名《明書》,後因遭莊氏史獄牽連,以「獲罪惟錄書」而署書名,故名《罪惟錄》（一說取孔子「罪我者其惟春秋」之意）。原書分帝紀 22 卷,志 32 卷,列傳 36 卷,次序紛亂,後由張宗祥、姜佐禹等人整理,分別部居,編次前後,寫成目錄,定為 102 卷。與《明史》相比,該書多南明諸帝紀;志的部分也較細,設有《土田志》《貢賦志》《屯田志》等;傳的部分為以事立傳,不以人立傳,與傳統寫法不同。另外還列有臺灣專目。該書所記,始於洪武迄於南明弘光、隆武、永曆、魯王朱以海、韓本鉉各代,記農民起義之事尤較他書為詳。是研究明代,包括南明歷史的比較有系統的資料。《罪惟錄》純屬私修,修成後更不敢公開,一直在夾壁牆裏,辛亥革命後始公之於世。

查禮（清 1716～1783）,原名為禮,又名學禮,字恂叔,號儉堂、榕巢、鐵橋,北京人。舉博學鴻詞,由戶部主事官至湖南巡撫。嗜古印章、金石、書畫,收藏甚富,書法學黃庭堅,山水、花鳥俱極精緻,尤善畫梅。

胡仔（宋 1110～1170）,字元任,自號苕溪漁隱,績溪人。胡舜陟次子,以父蔭補將仕郎,授迪功郎,監潭州南嶽廟,升從仕郎。著有《苕溪漁隱叢話》

前集 60 卷、後集 40 卷，合為 100 卷。另有《孔子編年》五卷。

胡正言（明 1582～1673），字曰從，別號十竹主人，休寧人，久居金陵。篆刻取法何霞平實一路，運以己意，以工穩見勝。其風格曾風行一時，為世所重。善繪畫，從明萬曆四十七年至清順治二年（1619～1645），前後歷時 26 年才印製完成《十竹齋書畫譜》和《十竹齋箋譜》。木版浮水印的「餖版」與「拱花技法」雖已在 18 年前的《夢軒箋譜》中出現，但經胡正言與刻工的努力研討，使雕版與套印技藝得到顯著提高。影響深遠。還著有《十竹齋印存》四卷、《胡氏篆草》二卷。

胡我琨（明代人，生卒年不詳），著《錢通》。

胡亦常（清 1743～1773），字同謙，一字豸甫，廣東順德人。乾隆三十六年（1771）舉人。詩人，《廣東通志》稱其「詩妙悟天成，能於南園諸子外，自成一家」，著有《槐園集》《賜書樓集》。

胡唐（清 1759～？），又名長庚，號子西，又號睥翁，別號城東居士，安徽歙縣人。巴慰祖外甥。工書法，篆刻一如其舅，風格婉約清麗，小行書側款尤精絕。

胡騤（清 1696～1758），榜名方天游，字稚威，號雲持。浙江山陰人。善作駢體文。代表作有《大夫文種廟銘》《遜國名臣贊序》《柯西石宕記》等。詩學韓愈、孟郊，奇情逸藻，才學相濟。

胡瑃（清嘉道時人，生卒年不詳）。曾修《陽江縣志》《龍川縣志》。

胡林翼（清 1812～1861），字貺生，號潤芝，湖南益陽縣泉交河人。道光六年（1836）進士。授編修，先後充會試同考官、江南鄉試副考官，歷任安順、鎮遠、黎平知府及貴東道，咸豐四年遷四川按察使，次年調湖北按察使，升湖北布政使、署巡撫。撫鄂期間，注意整飭吏治，引薦人才，協調各方關係，曾多次推薦左宗棠、李鴻章、閻敬銘等，為時人所稱道，與曾國藩、李鴻章、左宗棠合稱為「中興四大名臣」。有《胡文忠公遺書》等。

胡震（清 1817～1862），字伯恐、不恐，號鼻山，別號胡鼻山人、富春山人、富春大嶺長，浙江富陽人。對篆、隸之學，造詣均深，尤工隸書。所作有亂頭粗服，天真自然之致。與錢松往還甚密。

胡公壽（清 1823～1886），初名遠，號瘦鶴、小樵，別號橫雲山民，華亭人，書畫家。書法出入於平原、北海間，獨具體勢。詩宗少陵，清健遒練。為海上畫派代表畫家之一。

胡義贊（清 1831～?），字叔襄，號石槎（一作石查），晚號煙視翁，河南光山人。同治十二年（1873）舉人，曾任海寧州知州，晚任浙江同知。長金石考證之學，所藏泉幣皆稀品。工書畫，行楷、山水皆學董其昌，清潤淹雅。刻印宗秦漢。收藏書畫金石甚富。

胡勳裕（清代人，生卒年不詳），字成之，號鹿亭，又號苕原、問盦，青浦人。道光時官始興知縣，候補學正。善山水，不事奇異，有類徐枋。工詩，善行、楷，著《墨香居畫識》。

胡雄飛（清代人，生卒年不詳），浙江嘉興人。

胡金竹（清代人，生卒年不詳），廣東新會人，舉人。

胡退處（清末人，生卒年不詳），號退廬，江西人，光宣間為御史，有直聲。

胡熊鍔（清末人，生卒年不詳），字伯孝，廣東順德人。詩人，南社社員。

封演（唐代人，生卒年不詳），渤海蓚人。天寶中為太學諸生，十五年（756）進士。至德後為相衛節度使薛嵩從事，檢校屯田郎中。大曆七八年間（772～773）曾權邢州刺史。八年薛嵩卒，復佐其弟崿。十年隨崿投魏博節度使田承嗣為從事。承嗣卒，繼佐其子悅。建中三年（782）悅稱王，偽署司刑侍郎。貞元中仍在魏博佐田氏，檢校吏部郎中兼御史中丞。撰《封氏見聞記》10卷，古代中國筆記小說集。前6卷多陳掌故，7、8兩卷多記古跡及雜論，均足以資考證，末2卷則全載當時士大夫軼事，嘉言善行居多，惟末附諧語數條而已。《新唐書·藝文志》另著錄封演著《古今年號錄》1卷、《續錢譜》1卷，皆佚。

封寧（宋代人，生卒年不詳），宋徽宗時官員。

荀子（戰國約前313～前238），名況，字卿，戰國末期趙國人。曾三次出任齊國稷下學宮的祭酒，後為楚蘭陵令。對儒家思想有所發展，在人性問題上，提倡性惡論，主張人性有惡，否認天賦的道德觀念，強調後天環境和教育對人的影響。著《荀子》。

南洲和尚（明初人，生卒年不詳），飲茶名家。

冒襄（清 1611～1693），字辟疆，號巢民，江蘇如皋人。幼有俊才。與方以智、陳貞慧、侯朝宗矜名節，持正論。品核執政，裁量公卿，時稱「四公子」，襄尤才高氣盛。史可法薦監軍。後又特用司李，皆不就。所居有樸巢水繪園、深翠山房諸勝。入清後著書自娛，賓從宴遊，極一時之盛。有《影

梅庵憶語》《樸巢詩文集》《水繪詩文集》，又編其師友投贈詩文為《同人集》
12 卷。

冒俊（清 1828～1884），字碧纕，冒襄家族後人，亦是才女。著有《福祿
鴛鴦閣遺稿》《林下雅音集》等。清同光年間，隨丈夫入粵當官而居廣州。

侯白（隋代人，生卒年不詳），字君素，魏郡臨漳人。學者。好學有捷才，
個性滑稽，尤其擅長辯論。舉秀才，為儒林郎。隋文帝聞名，令於秘書監修國
史，給五品俸祿。著有《旌異記》15 卷行於世。

侯學詩（清代人，生卒年不詳），江蘇江寧人。進士。乾隆四十八年（1783）
知新會縣事。

信修（清代僧人，生卒年不詳），無考。

段熲（漢？～179），字紀明，武威姑臧人。東漢名將，西域都護段會宗從
曾孫，與皇甫規（字威明）、張奐（字然明）合稱「涼州三明」。少時習騎射，
有文武智略，舉孝廉，為憲陵園丞、陽陵令，有治理之才。漢桓帝時入軍旅，
先破鮮卑，後討平東郭竇、公孫舉起事，以功封列侯。戍邊征戰十餘年，與羌
人作戰先後達 180 次，斬殺近四萬人，最終平定西羌，擊滅東羌。累功封新豐
縣侯。

俞琰（宋末人，生卒年不詳），字玉吾，號全陽子、林屋山人、石澗道人，
宋末元初吳郡人。幼好博覽，聞友人有奇書異傳，必求借抄錄，以致廢寢忘食
而成疾。後專業科舉之學。業成而時異事殊，自歎「平時刻苦竟為畫餅」「時
不我逢，奈之何哉？」入元，隱居不仕，著書立說。以詞賦見稱，尤好鼓琴、
作譜。一生熟讀經、史、子、集，以詞賦聞名，雅好鼓琴，尤精於易學。他自
幼承其家學，刻苦研《易》30 餘年。有《周易集說》40 卷等。

俞正燮（清 1775～1840），字理初，安徽黟縣人。家貧，性介，讀書過目
不忘。年二十餘，負其所業北謁孫星衍。時孫星衍正上書朝廷請求為伏生建立
博士，復求左氏後裔。俞乃作《左丘明子孫姓氏論》《左山考》《申雜難篇》，
孫多採其文，故其議論學術，由此而名著。道光元年（1821）舉人。越年會試
不第。十二年，館新城陳用光家，為校顧氏《方輿紀要》。曾設館於陳用光所，
又曾入張井、林則徐等人幕府，協助或參與編著《大清會典》《黟縣志》《欽定
春秋左傳讀本》等，又協助陳用光校勘《讀史方輿紀要》。後應邀主講南京惜
陰書院。治經以漢儒為主，曾謂秦漢去古不遠，可信者多。

俞樾（清 1821～1907），字蔭甫，號曲園、春在堂，晚號曲園居士、曲園

老人，又署曲園叟、曲園波、茶香室說經老人，室名右臺仙館，自號右臺仙館主人，又有達齋、樂知堂、好學為福齋、春在堂、俞樓、認春軒、茶香室、第一樓、湖樓、鶴園，別稱德清太史，自稱海內翰林第二，浙江德清人。道光三十年進士。歷任編修、河南學政。以事罷官，僑居蘇州。終身從事著述和講學。先後主講蘇州紫陽書院、上海求志書院。同治七年（1868）起，主講杭州詁經精舍，達30餘年，至79歲辭去。從學者人才輩出，如章太炎、吳昌碩等。講學期間一度總辦浙江書局，精刻子書20餘種，海內稱為善本。為學訓詁主漢，義理主宋，為一代經學宗師，所著極富，有《曲園雜纂》《右臺仙館筆記》《達齋詩說》《俞樓雜纂》《茶香室叢鈔・經說》《第一樓叢書》《湖樓筆談》，編入《春在堂全書》計160餘種，另有《薈蕞編》《俞曲園先生日記殘稿》以及編《東瀛詩選》、《上海求志書院課集》、《詁經精舍》三至八集等。

俞熊（清代人，生卒年不詳），字吉盦，道光時浙江嘉興諸生。工書、畫，山水純用中鋒，雅近奚岡。

紀昀（清 1724～1805），字曉嵐，別字春帆，號石雲，道號觀弈道人、孤石老人，直隸獻縣人。乾隆十九年（1754）進士，官至禮部尚書、協辦大學士，太子少保。曾任《四庫全書》總纂官。諡「文達」。著有《紀文達公遺集》。

姚文式（漢代人，生卒年不詳），合浦人。史稱其「雅好誦讀，博通古今」。東漢末建安中因才學出眾被舉薦為茂才，隨東吳首任交州刺史步騭到南海巡視。初到南海時，步騭登上山岡，遍覽地形後，感歎地說，南海土地豐腴，無怪乎南越王趙佗選擇在這裏作都城了。又問同行的屬員，有誰知道當年趙佗的都城在什麼地方。沒有人能回答，只有姚文式從容答道：「秦二世時，南海尉任囂病危，召龍川縣令趙佗委以兵權，任囂病卒後，趙佗自認南海尉，起兵佔據嶺南三郡，建南越國，並在番禺建都城，方向即在今州城東北三十里處，那裏還建有一個朝臺，表示歸漢後朝拜漢帝的意思。」步騭聽了姚文式的回答後，派人去搜尋，果如姚文式所言，於是就在趙佗南越古都原址「遂直城郭，以建州治，綏和百越」。這就是廣州城初建時的一段佳話。史書因此譽稱為「文式之功也」。

姚合（唐代人，生卒年不詳），陝州硤石人。約唐文宗太和中前後在世。以詩名。登元和十一年（816）進士。初授武功主簿，寶曆中歷監察御史、戶部員外郎。出任荊、杭二州刺史。後為給事中，陝、虢觀察使。詩與賈島齊名，合著有詩集十卷。

姚元澤（宋代人，生卒年不詳），著有《姚氏錢譜》。

姚獨庵（明初人，生卒年不詳），飲茶名家。

姚咨（明1494～？），字順咨，一字潛坤，號茶夢主人、茶夢散人，一號皇象山人、皇山樗老，江蘇無錫人。藏書家，家有書樓茶夢齋。遇有善本，不及購藏者，手自繕寫，古雅可愛。所抄圖書均印有「茶夢齋抄」。因抄本錯誤極少，紙墨精良，字體皆工，被藏書家所重，世稱「姚抄」。其藏書印有「顏氏家訓，借人典籍，皆須愛護。先有缺壞，就為補治，此亦士大夫百行之一也。皇山人述」「茶夢主人收藏」「勾吳布衣」「潛坤子」「姚伯子手校書」等。著有《潛坤集》《春秋名臣列傳》等。

姚谷符（明代人，生卒年不詳），張喬詩友。

姚成烈（清1716～1786），字申甫，號雲岫，浙江錢塘人，乾隆十年（1745）進士，官至禮部尚書。曾任廣東藩臺，大修白雲山寺。並訪梅坳百花塚，重修墓道。立碣表記，復樹百花於山。雅人韻事，流傳至今。

姚根雲（清代人，生卒年不詳），與袁枚同時人，福州畫師。

姚筠（清末人，生卒年不詳），號俊卿，番禺人。同治六年（1867）優貢生，十二年（1873）舉人，補饒平縣學訓導，學海堂學長。工詩，山水仿吳鎮、倪瓚，尤善畫松。年八十七卒。

姚詩雅（清同光間人，生卒年不詳），字仲魚，號致堂，廣東番禺人。著有《景石齋詞略》，陳澧作序。

施護（宋？～1017），北印度烏填曩人，太平興國五年（980）二月，與北印度迦濕彌羅國的天息災三藏同抵汴梁，蒙太宗召見並賜紫衣。詔令從事譯經，並賜施護「顯教大師」之號，同年七月譯出《如來莊嚴經》。施護所譯經論，共有115部、255卷，計有《大乘莊嚴寶王經》四卷、《給孤長者女得度因緣經》三卷、《一切如來真實攝大乘現證三昧大教王經》三十卷、《一切如來金剛三業最上秘密大教王經》七卷、《守護大千國土經》三卷、《遍照般若波羅蜜經》一卷、《廣釋菩提心論》四卷、《大乘二十頌論》一卷、《六十頌如理論》一卷、《佛說如幻三摩地無量印法門經》二卷等。

施閏章（清1618～1683），字尚白，一字屺雲，號愚山，江南宣城人，順治六年（1649）進士，授刑部主事。康熙十八年（1679）舉博學鴻詞科，參與纂修《明史》。官至侍讀。詩文溫醇，文宗歐陽修、曾鞏，詩與宋琬齊名，有「南施北宋」之譽。性孝友，事叔父如親父，凡親朋故舊求助者，輒賑恤不遺

餘力，赴人難如己難，又置義田以贍同族貧困之家。著述有《學餘堂文集》《詩集》《矩齋雜記》《蟲齋詩話》等十餘種。《矩齋雜記》二卷，多記自己的見聞雜事及讀經研史之文，並加以考證，書中還涉及神怪之事。

施世驃（清 1667～1721），字文秉，一字文南，號怡園，晉江縣人。靖海侯施琅第六子。漕運總督施世綸之弟，清初名將，諡勇果。

洪芻（宋代人，生卒年不詳），字駒父，南昌人。與兄朋，弟炎、羽合稱「四洪」。宋哲宗紹聖元年（1094）進士。徽宗崇寧三年（1104）入黨籍，貶謫閩南。五年，復宣德郎。欽宗靖康元年（1126）官諫議大夫。高宗建炎元年（1127），坐事長流沙門島（《玉照雜誌》卷四），卒於貶所。有《老圃集》一卷及《豫章職方乘》《後乘》等，已佚。清四庫館臣據《永樂大典》輯為《老圃集》二卷。《香譜》二卷，舊本不著撰人名氏。左圭《百川學海》云為宋洪芻撰。

洪遵（宋代人，生卒年不詳），著《洪氏泉志》15 卷。

洪文惠（宋代人，生卒年不詳），傳世有宋抄本《洪文惠集》。

洪良品（清 1827～1897），字右臣、右丞，號龍岡山人，室名櫟莊、古榆閣、半畝園、驚鶴巢、龍岡山房、紫藤花室，湖北黃岡人。同治七年進士。歷任編修、山西考官、戶科給事中。中日戰爭為主戰京官之一，數次上疏彈劾李鴻章，反對議和。工詩古文辭。著有《北征日記》《東歸錄》《西山遊記》《巴船紀程》《遊五腦山記》和《遊麻姑洞記》（均收入《小方壺輿地叢鈔》）。另著有《古文孝經薈解》《古文尚書辯惑》《紫藤花室駢文》《半畝園筆記》等。

洪亮（清代人，生卒年不詳），畫家洪梅之父，餘無考。

洪思亮（清末人，生卒年不詳），初名鈞，字景存，久居安慶城中。光緒三年（1877）進士，改庶常散館，授翰林院編修，歷充鄉試、會試同考官。中年以後，被朝廷派赴浙江，始任衢州知府，後調任湖州知府。

姜夔（宋約 1155～1221），字堯章，號白石道人，世稱姜白石。饒州鄱陽人。屢試不第，與當時詩人詞客楊萬里、范成大、張鑒、辛棄疾等交遊，終身不仕。工詩詞，並能作曲，在樂理上自成一家。有《白石道人歌曲》六卷，《揚州慢》《鬲溪梅令》《暗香》《疏影》《長亭怨慢》等詞曲 17 首，多為白石自度。作品內容多為寫景詠物及記述客遊之況，情調傷感。有《白石道人詩集》等。

姜紹書（明？～約 1680），字二酉，號晏如居士。江蘇丹陽人。崇禎三年

（1630）曾參中府軍事，崇禎十五年（1642）曾為南京工部郎。工繪畫，善鑒別，尤喜考究畫家原委，擅長畫藝，精通史學，著《韻石齋筆談》，仿元代周密《雲煙過眼錄》而作，記所見所聞藏書、字畫、古器、奇玩，並記敘諸家得失經過及古器形模色澤。其中多藏書故實。著《無聲詩史》7 卷，所錄皆明畫家小傳，前 4 卷收 201 人，第 5 卷專門收錄女畫家 22 人，第 6、7 兩卷所收，則係著者認為「丹青別調、畫苑附庸」，存姓名、字型大小以備考。散列明代畫家 470 餘人傳記，大體依時代為序。很多材料是作者自己採擇，對研究明代繪畫有重要的史料價值。如「西域畫」一則寫中國人初見西洋油畫時的感受，驚歎「中國畫師無由措手」。另著有《瑤琨譜》《二筆》等。

姜千里（明代人，生卒年不詳），製壺高手，清王世貞《池北偶談》記曰：「明，不知何許人。工製螺鈿，知名海內。」

姜埰（明末清初人，生卒年不詳），字如農，萊陽人。崇禎進士，出知縣，累遷禮科給事中。所至有聲績。旋以直言下獄。遣戍宣州。明亡，削髮為僧。自號敬亭山人。又號宣州老兵。及卒，同人私諡貞毅先生，有《敬亭集》。

胥燕亭（清代人，生卒年不詳），乾隆時詩人。

韋誕（三國魏 179～253），字仲將，京兆杜陵人，三國時期魏國大臣、書法家、製墨家。東漢建安年間，舉孝廉出身，起家郎中。曹魏建立後，歷任武都太守、侍中、中書監，以光祿大夫致仕。工於草書，伏膺於張芝，兼學邯鄲淳之法，有「草聖」之稱，著有《筆經》。

韋陟（唐 697～761），字殷卿，京兆萬年人。善文辭，書有楷法。常以五彩箋為書記，使侍妾主之，其裁答受意而已，陟只是署名，自謂所書「陟」字若五朵雲，時人慕之，號「郇公五雲」體。

韋昌輝（清 1823～1856），原名志正，又名正。廣西桂平金田村人，客家人，祖籍廣東南海縣。少曾讀書，知文義，有才華，遇事能見機應變。道光二十八年（1848）入拜上帝會，不久成為中堅，與洪秀全、馮雲山結為兄弟，稱天父第五子。金田起義後任後護又副軍師，領右軍主將，官封北王，稱六千歲，地位次於天王洪秀全、東王楊秀清、西王蕭朝貴、南王馮雲山。

十畫：秦　華　袁　班　馬　桂　莫　莊　耿　晉　真　夏　時　畢　恩　晏　晁　郭　唐　高　席　祝　海　倪　徐　殷　般　翁　奚　陶　孫　陸　陳　納

秦韜玉（唐代人，生卒年不詳），字中明，京兆長安人。出生於尚武世家，

父為左軍軍將。少有詞藻，工歌吟，卻累舉不第，後諂附當時有權勢的宦官田令孜，充當幕僚，官丞郎，判鹽鐵。黃巢起義軍攻佔長安後，韜玉從僖宗入蜀，中和二年（882）特賜進士及第，編入春榜。田令孜又擢其為工部侍郎、神策軍判官。時人戲為「巧宦」，後不知所終。其詩皆是七言，構思奇巧，語言清雅，意境渾然，多有佳句。

秦鎬（生卒年不詳，明萬曆至崇禎間人），字周京，河南汝南人。屢試不第，遂絕意仕進，工古文。崇禎間徵辟，不就。農民軍克汝南，絕食死，年八十二。有《髩園消夏錄》存詩 12 首。

秦恩復（清 1760～1848），字近光，一字敦夫，號澹生。江都人。乾隆五十二年（1787）進士，官至太史。藏書家、文學家、校勘家。精於鑒藏。其玉笥仙館、石研齋藏書數萬卷。手校陶弘景《鬼谷子注》、盧重元《列子》及《隸韻》《揚子法官》《三唐人集》《詞林韻釋》諸書，世稱善本。刊刻有《全唐文》《樂府雅詞》《詞源》《元草堂詩餘》《陽春白雪》《詞林》《享帚精舍詞學叢書》等，因選良工雕刻，校勘精良，海內藏書家搶購，時號「秦版」。藏書印有「臣恩覆」「小淮海」「三朝侍從之臣」「秦伯敦父」「秦伯敦甫」「石研齋秦氏印」等。撰有《石研齋書目》《石研齋集》，著有詞集《享帚詞》。

秦敏樹（1828～？），字林屋，一字散之，又字雅梅，晚號冬木老人，吳縣人。顏所居曰小睡足寮。能詩，兼工山水。五十後專用水墨。鐫一印曰「五十戒色」。曾為惠樹滋作西湖載酒圖，為周夢坡作《靈峰補梅圖》等畫卷。年至 80 餘。有詩稿《小睡足寮詩錄四卷》《小睡足寮詩存》兩種，另蘇州圖書館尚藏有《小睡足寮詩存》稿本七卷。有光緒十三年刻本，共收錄古今體詩 261 首。前有光緒十三年作者自序、咸豐十年馮桂芬序、光緒十三年俞樾序。

秦炳直（清末人，生卒年不詳），字子質，號習冠，湖南湘潭人。清光緒元年（1875）舉人，官京曹十餘年，後署福州知府、廣東提督。

華瑞璜（清代人，生卒年不詳），字涇陽，號秋槎，江蘇金匱人，清乾隆末葉歷知瑞安、象山、天台、臨海諸縣，擢同知，署臺州知府。與袁枚、錢大昕、吳騫、阮元等皆有來往。郭麟作《齊天樂‧北山旅館圖用谷人先生韻為華秋槎司馬作》：「十年載酒江湖遍，不歸如此湖水。小艇鳴榔，低簷結網，穩住一家深翠。畫圖寫意。問選個江鄉，西湖有幾。鴨腳黃邊，幾人同此夕陽醉。當歸故鄉應寄。笑薛宣東閣，真欲相吏。笛裏伊涼，胸中雲夢，暗老英雄身世。壯心不已。道種菜閉門，漸諳斯味。何況鱸鄉，秋風斜日裏。」

華師道（清代人，生卒年不詳），著《歷代錢譜》。

袁大舍（南朝陳人，生卒年不詳），陳後主宮人。《陳書》載：「後主自居臨春閣，……以宮人有文學者袁大舍等為女學士。」

袁滋（唐 749～818），字德深，陳郡汝南人。官員，書法家。

袁正真（宋代人，生卒年不詳），本為南宋宮女，詞人。1276 年，元軍破臨安，謝太后乞降。不久帝后三宮三千多人遷往元都。當時身為琴師的詞人汪元真三次上書，求為道士而返回江南。在其辭別元都將要南行之際，南宋舊宮人為之餞行，並賦詩相送。《宋舊宮人詩詞》載袁正真《長相思》詞即作於此時：「南高峰。北高峰。南北高峰雲淡濃。湖山圖畫中。　　採芙蓉。賞芙蓉。小小紅船西復東。相思無路通。」

袁容（明？～1428），壽州（今安徽壽縣）人，明朝駙馬、勳臣。其早年選為宗人府儀賓，配燕王朱棣長女永安郡主。朱棣即位後，永安郡主進公主，袁容為駙馬都尉，封廣平侯。永樂十五年（1417），永安公主去世，停侯爵俸祿，明宣宗即位後恢復。贈沂國公，諡忠穆。

袁中道（明 1570～1623），字小修，一字少修，湖北公安人。「公安派」領袖之一，與兄長袁宗道、袁宏道稱「三袁」。明神宗萬曆四十四年（1616）進士，授徽州府教授、國子監博士，官至南京吏部郎中。反對復古擬古，認為文學隨時代的變化而變化。提倡真率，抒寫性靈。創作以散文為佳，遊記、日記、尺牘各有特色。遊記文描摹入微、情景交融，日記寫得精粹。有《珂雪齋集》20 卷、《遊居柿錄》、《袁小修日記》20 卷。

袁特丘（明代人，生卒年不詳），袁宏道侄，天啟四年中舉，崇禎七年進士。先後任淮安府推官、禮部主事等。有政績。著有《省垣奏議》《土風遺稿》。

袁枚（清 1716～1797），字子才，號簡齋，又號隨園老人，浙江仁和（一作錢塘）人。幼有異稟，年十二為縣學生。後至廣隨叔父於巡撫幕中。巡撫金鉷一見異之，試以銅鼓賦，立就，甚瑰麗。乾隆元年（1736）鉷薦應博學鴻詞科，報罷。三年舉順天鄉試，四年成進士。改翰林院庶吉士。掌院學士史貽直頗奇其才。出知溧水、江浦、沭陽、江寧等縣，並著能聲。年甫四十即告歸，卜築隨園於江寧之小倉山，以書籍詩文為事。性通脫，頗放情於聲色。尤好賓客，四方人士投詩文無虛日。備林泉之清福，享文章之盛名者數十年。世稱隨園先生。枚為詩主性靈，務從其才力所至，文章橫逸，不可方物。最工駢體，深得六朝體格。著有《小倉山房詩文集》70 餘卷及《隨園詩話》《隨園隨筆》

等說部之屬凡 30 餘種並行於世。

班固（漢 3～92），字孟堅，扶風安陵人。在父祖的薰陶下，班固九歲即能屬文，誦詩賦，16 歲入太學，博覽群書，於儒家經典及歷史無不精通。

班昭（漢約 49～約 120），一名姬，字惠班，扶風安陵人。班彪之女，班固、班超之妹，曹世叔（名壽）妻，早寡。《後漢書‧列女傳》有她的記載。因為《漢書》八表及《天文志》未竟，漢和帝詔就東觀續成之。數召入宮，令皇后貴人師事，號曰曹大家。有《女誡》七篇，集三卷。

馬援（前 14～49），字文淵，陝西扶風人。王莽末年任新成大尹，後依隴西隗囂，終歸劉秀。建武十一年（35）任隴西太守，率軍擊破先零羌。十七年（41）任伏波將軍，十九年（43）遠征交阯，封新息侯。二十四年（48）進擊武陵五溪土著，次年病死軍中。擅長養馬，著有《銅馬相法》。

馬鈺（宋 1123～1183），道教支派全真道二代掌教，原名從義，字宜甫，入道後更名鈺，字玄寶，號丹陽子，世稱馬丹陽。山東寧海（今山東牟平）人。道教全真道道士。出家前，馬鈺與孫不二是夫婦。馬鈺是全真道祖師王重陽在山東收下的首位弟子。大定十年（1170）王重陽逝世後，馬鈺成為全真道第二任掌教。在道教歷史和信仰中，他與王重陽另外六位弟子合稱為「北七真」。著有《洞玄金玉集》十卷。

馬湘蘭（明 1548～1604），名守貞，字湘蘭，小字玄兒，又字月嬌，因在家中排行第四，人稱「四娘」。金陵妓，居秦淮勝處。輕才任俠，以詩、畫擅名一時。善畫蘭，故湘蘭之名獨著。與江南才子王稚登交誼甚篤，她給王稚登的書信已編入《歷代名媛書簡》中。著有《湘蘭詩集》二卷。

馬治（明約 1367 年前後在世），字孝常，宜興人。元末與周砥避亂隱居西澗。洪武初，由茂才舉授內丘知縣，遷建昌府同知。為詩文典雅沖澹。善真、行書，小字法晉、唐。

馬景沖（明代人，生卒年不詳），與張二喬交往之名士，餘不詳。

馬思贊（清 1669～1722），字寒中，又字仲安，號衍齋，又號南樓、漁村，別號馬仲子、寒中子、天和居士、山村居士、迂鐵老人，浙江海寧人。性敏慧，監生，工詩及書，貫及諸子百家。著名藏書家，擁書萬卷，建藏書樓道古樓、紅藥山房、小葫蘆山書屋，多宋元精槧及金石秘玩。常與朱彝尊、查慎行等學者切磋學問。購書有奇嗜，他聽說查慎行有宋槧本《陸狀元通鑑》，百求而不易得。後查慎行葬親，測得他家的田地為風水寶地，他聽說後喜出望

外，願割地換書。妻查淑英，詩人查慎行之妹，頗有文才，與他有同嗜，夫婦日唱和其中。

馬曰璐（清 1697～1766），字佩兮，號南齋、半槎道人，安徽祁門人。乾隆元年丙辰（1736）與其兄馬曰管並薦博學鴻詞，不就，名重一時。好學、工詩、喜結客，一如其兄。家有小玲瓏山館，富藏書。僑居揚州，經營鹽業，一時巨富，捐資開揚州溝渠，築漁亭孔道，設義渡，造救生船，造福一方百姓，其慷慨好義的名聲遠為傳播，人稱「揚州二馬」。乾隆開四庫館，馬氏兄弟獻書 776 種，獲賜《古今圖書集成》一部。刊刻書籍多種，著有文集六卷、詞二卷，合為《南齋集》刊行。與兄合編《叢書樓目錄》。又輯刊宋本《韓柳二先生年譜》八卷。

馬履泰（清 1753～1829），字叔安、定民，號菽庵、秋藥，浙江仁和人。乾隆四十四年（1779）召試舉人，五十二年（1787）進士，選庶吉士，仕至太常寺卿。著有《秋藥庵詩集》。

馬傅岩（清嘉道年間人，生卒年不詳），名宗默，字起鳳，號山父，齋號課耕齋，浙江海鹽人。精拓金石，創拓全形法。

馬傳庚（清咸同間人，生卒年不詳），會稽人，曾選注《六朝唐賦讀本》。

馬秋藥（清代人，生卒年不詳），清嘉慶時人，書法家。

馬三（清代人，生卒年不詳），無考。

馬昂伯（清代人，生卒年不詳），著《貨布文字考》。

桂馥（清 1736～1805），字未谷，號冬卉，又號老苔，別署瀆井復民，山東曲阜人。乾隆五十五年（1790）進士，官雲南永平縣知縣。藏書甚富，好考訂文學源流。篆刻宗秦漢璽印，刀法挺拔，不求時尚，非至好不能得其所刻，作品流傳至少。研究語言文字之學，取《說文解字》與古代諸經典文義相參校。著有《繆篆分韻》五卷，《續三十五舉》《說文義證》等。還創作有雜劇《後四聲猿》，學術性隨筆《劄樸》《晚學集》等。

桂文耀（清？～1854），字星垣。南海人。光緒九年（1882）進士，選翰林院庶吉士，授編修。歷任湖廣道監察御史，常州府、蘇州府知府，淮海河防兵備道。嗣丁憂歸籍。善填詞，其詞作有極高的藝術思想價值，在嶺南詞壇上佔有一席之地。著有《群經補正》《席月山房詞》《清芬小草》等。

莫耀（生卒年不詳），廣東人，善篆刻。《嶺南印人錄》無載。

莊有恭（清 1713～1767），字容可，號滋圃，番禺人。乾隆四年（1739）

狀元。歷任翰林院修撰、侍讀學士、中丞、光祿寺卿、兵部右侍郎、刑部尚書、協辦大學士、兩江總督、太子少保，江蘇、浙江、湖北和福建巡撫等。

耿精忠（清？～1682），明末清初遼東人。祖仲明，父繼茂。仲明降清後，從攝政王多爾袞入關，積軍功封靖南王，鎮廣東，為清初四藩之一。仲明卒，繼茂嗣立，移鎮福建。康熙年間，繼茂卒，精忠襲其爵位。康熙十二年（1673），康熙有意撤藩，吳三桂反，精忠亦據福建回應，後為清軍所敗，被殺身亡。

晉灼（晉代人，生卒年不詳），尚書郎，河南人。著有《漢書音義》。

真諦（南朝時入華，499～569），印度優禪尼國人，精通大乘佛教。在南北朝梁武帝時，攜帶大量梵文經典，乘船來到梁都建康，在準備開始譯經之時，爆發了「侯景之亂」，於是他輾轉到富春，才開始譯經。之後，真諦又多次遷移，雖在兵荒馬亂年代，但始終堅持譯經，與鳩摩羅什、玄奘、不空合稱為中國佛教四大譯經師。真諦及其弟子共譯出佛典 48 部 232 卷，著名的有《無上依經》、《十七地論》、《攝大乘論》、《俱舍釋論》、《佛說廣義法門經》一卷等。

夏雲英（明 1395～1418），莒州女子，年十三歲被選為周憲王宮女，姿色絕倫，琴棋音律，剪裁結簇，一經耳目，便皆雋妙。明宮廷才女，主要傳世作品有《端清閣詩》《法華經贊》等詩集，惜紅顏薄命，年僅 24 歲即逝。

夏之鼎（清 1782～1827），字禹庭，號芭谷，顏所居曰雪鴨巢，吳縣人。工書、畫，初從昆山唐香樵（和春）遊，凡作寫意花卉禽鳥，靡不肖。

時大彬（明萬曆間人，生卒年不詳），號少山，是供春後製壺「四大家」時朋的兒子。茗壺製作技術傳至大彬已嫻熟精妙，達到爐火純青的境地，他在紫砂壺的泥料配製、成型技法、造型設計以及署款書法方面，都有卓越的成就。在泥料中摻入碙砂土，開創了調砂法製壺，古人稱之為「砂粗、質古、肌理勻」，別有情趣。又首創幾何形壺式，運用線條的圓曲方直，化出四方、六方、八方等線面挺括平正的方器和珠圓玉潤、骨肉亭勻的圓器，成為茗壺造型的典型壺式。

畢沅（1730～1797），字纕蘅，亦字秋帆，自號靈岩山人。江蘇鎮洋人。乾隆二十五年狀元，官至湖廣總督。畢沅經史小學金石地理之學，無所不通，輯《河間書畫錄》《兩浙金石志》，刻《經訓堂法帖》。續司馬光書，成《續資治通鑒》，又著有《傳經表》《經典辨正》《靈岩山人詩文集》等。

恩齡（清末人，生卒年不詳），字覃園，昆明人。光緒二年（1876）庶常，官至南昌知府。擅書畫，書法董其昌，學花鳥於同里李懷陔（嘉樹）。其畫近

惲壽平。在京為李俞農畫鰷魚百尾於揵，喁喁唼唼，交橫於荇藻間，悠然作濠濮上觀。見賞於張鳴珂。

晏殊（宋 991～1055），字同叔，撫州臨川人。北宋著名文學家、政治家。14 歲以神童入試，賜進士出身，官至右諫議大夫、集賢殿學士、同平章事兼樞密使、禮部刑部尚書、觀文殿大學士知永興軍、兵部尚書。諡元獻，世稱晏元獻。晏殊以詞著於文壇，尤擅小令，風格含蓄婉麗，亦工詩善文，原有集，已散佚。存世有《珠玉詞》《晏元獻遺文》《類要》殘本。

晏袤（宋 1190～1194），字丁德，晏殊四世孫，著名書法家，宋代隸書的代表人物。褒城有一個隧道叫石門，這是用古代原始攻鑿山石的辦法「火燒水激」鑿成的我國最早的人工隧道。自東漢以來，過往的文人墨客在飽覽勝跡之餘，記事抒懷為文，鐫刻於石門內外的崖壁上，就形成了蔚為壯觀的石門摩崖石刻，其中的精華是著名的「石門十三品」，其中便有「三品」出自晏袤之手，這就是《鄐君摩崖釋文》《釋潘宗伯韓仲元李苞通閣道題名》和《山河堰落成記》。清人歐陽輔《集古求真》謂：「宋人隸書，當以晏袤為第一，此記雄厚生動，具有漢人遺意，雜置漢碑中，幾難分別。」

晏端（清道咸間人，生卒年不詳），字彤甫，江蘇儀征人，曾任兩廣總督兼廣東巡撫。

晁公武（宋 1105～1180），字子止，人稱昭德先生。濟州巨野人。紹興二年（1132）進士。累官禮部侍郎。著《郡齋讀書志》20 卷，收入圖書 1492 部，基本上包括宋代以前各類重要的典籍，尤以搜羅唐代和北宋時期的典籍最為完備。全書分經、史、子、集四部，每部又分 45 小類；書有總序，部有大序，多數小類前有小序；每書有解題，從而形成了一個嚴謹完備的體系。晁氏撰寫的提要不僅翔實有據，而且注重考訂，內容詳略得當。其介紹作者生平、成書原委、學術淵源及有關典章制度、軼聞掌故，皆能引用唐宋實錄、宋朝國史、登科記及有關史傳目錄，並詳加考證。這些材料許多今已失傳。

郭璞（晉 276～324），字景純，河東聞喜（今屬山西）人。東晉文學家、訓詁學家。博學高才，善寫詩賦，對經籍、訓詁、五行、天文、曆算及術數之學皆有造詣，尤喜卜筮。詩詞賦「稱中興第一」（鍾嶸《詩品》），著名的有《遊仙詩》14 首，風格飄逸，是遊仙與詠懷相結合的詩歌的創體，對後世有深遠影響。著作有《郭弘農集》，另有《爾雅注》《山海經注》等多部訓詁名著。

郭象（晉代人，生卒年不詳），字子玄，河南洛陽人。西晉玄學家。少有

才理，好《老子》《莊子》，能清言，常閒居。辟司徒掾，稍遷黃門侍郎。東海王司馬越引為太傅主簿，甚見親委。任職專權，為時論所輕。嘗以向秀《莊子注》為己注，述而廣之。一說竊注之事，恐未必信。力倡「獨化論」，主張名教即自然，為當時玄學大師。

　　郭緣生（晉代人，生卒年不詳），著《述征記》，是唐前文人行役記的代表，具有行記的體例、地志的內容，記載了郭氏跟隨劉裕北伐慕容燕、西征姚秦的沿途所見。

　　郭震（唐 656～713），字元振，以字行，魏州貴鄉（今河北邯鄲市大名縣）人。唐朝名將、宰相。進士出身，授通泉縣尉，後得到武則天的讚賞，被任命為右武衛鎧曹參軍，又進獻離間計，使得吐蕃發生內亂。在擔任涼州都督期間，加強邊防，拓展疆域，大興屯田，使涼州地區得以安定、發展，更兼任安西大都護。後來，因反對朝廷引吐蕃兵攻打娑葛，得罪宰相宗楚客，被誣「有異圖」，險遭陷害。唐睿宗繼位後，郭元振入朝，歷任太僕卿、吏部尚書，又加封兵部尚書、同中書門下三品，進爵館陶縣男。開元元年（713），郭元振再次拜相，並輔助唐玄宗誅殺太平公主，兼任御史大夫，進封代國公。不久，唐玄宗驪山講武，郭元振因軍容不整之罪，被流放新州，後在赴任饒州司馬途中，抑鬱病逝，名列凌煙閣。

　　郭崇韜（五代後唐人，約 865～926），字安時，代州雁門人。後唐宰相、名將、軍事家、戰略家。歷仕兩代三主，唐僖宗後期，作為昭義節度使李克修親信，累典事務，廉潔幹練。大順元年（890），李克修死後，改任李克用典謁。天祐十四年（917），李存勖以為中門副使，和孟知祥、李紹宏一起參與機要。天祐二十年（923），李存勖稱帝，建立後唐，拜兵部尚書、樞密使。同年，郭崇韜獻計奇襲汴州，梁晉對峙 40 年，一戰八天滅梁，他以佐命之臣之功加授侍中、冀州節度使，封趙郡公，食邑二千戶，賜鐵券，恕十死。同光三年（925），李存勖以長子李繼岌為都統，郭崇韜為招討使，率軍六萬討伐前蜀。同年十一月二十六日，率軍抵達成都，王衍出降，前蜀滅亡。不久，郭崇韜遭到宦官李從襲、向延嗣、馬彥珪和神閔敬皇后劉氏聯手構陷，在成都被鐵撾打死。

　　郭登（明？～1472），字元登，鳳陽府人。幼英敏，及長博聞強記，好談兵。景泰初以都督僉事守大同。自土木堡兵敗後，邊將畏縮，不敢接敵。登偵知敵蹤後，以少勝多，軍氣為之一振。捷聞，封定襄伯。登治軍紀律嚴明，料敵制勝，動合機宜，一時稱善。諡忠武。

　　郭有本（明代人，生卒年不詳），餘無考。

　　郭厚菴（清代人，生卒年不詳），乾隆時詩人。

　　郭麐（清 1767～1831），字祥伯，號頻伽，因右眉全白，又號白眉生、郭白眉，一號邃庵居士、苧蘿長者，江蘇吳江人。遊姚鼐之門，尤為阮元所賞識。工詞章，善篆刻。間畫竹石，別有天趣。少有神童之稱。乾隆四十七年（1782）補諸生。乾隆六十年（1795）科舉不第，遂絕意仕途。專研詩文、書畫，好飲酒，醉後畫竹石是其一絕。嘉慶時為貢生，嘉慶九年講學葑山書院，喜交遊，與袁枚友好。著作主要有《靈芬館詩集》（《初集》四卷，《二集》十卷，《三集》四卷，《四集》十二卷，《續集》八卷），《雜著》二卷，《雜著續編》四卷，《江行日記》一卷，《唐文粹補遺》26 卷，以及《蘅夢詞》《浮眉樓詞》《懺餘綺語》各二卷等。

　　郭尚先（1785～1832），字元開，號蘭石，福建莆田人。博學多藝，工書法，善繪畫，篆刻則古樸渾厚，法度精嚴。著有《芳堅館印存》二卷，《進奉文》《經筵講義》《增默庵文集》《增默庵詩集》《芳堅館題跋》《使蜀日記》等。

　　郭嵩燾（清 1818～1891），學名先杞，改名嵩燾，字伯琛，號筠仙，亦作筠軒、雲仙、芸仙、仁先，別署玉池山農，晚號玉池老人，室名養知書屋，又室名梓木山莊、散息齋，湖南湘陰人。早年遊學嶽麓書院，與曾國藩相交往。道光二十七年進士。咸豐二年隨曾國藩辦團練，與太平軍作戰。後由編修累至廣東巡撫、兵部侍郎。光緒二年（1876）首任出使英國大臣。光緒四年兼使法國，未幾被召回國。主張學習西方科學技術，支持洋務運動，遭到頑固派之攻擊，辭官返籍。著有《玉池老人自敘》《養知書屋文集·詩集》《郭侍郎奏疏》《莢軺紀程》《罪言存略》《郭嵩燾日記》《史記劄記》等。

　　郭毓圻（清乾隆時人，生卒年不詳），字匏雅，一作匏也，後號狷甫，吳縣人。乾隆三十年（1765）順天舉人。國子監學正。工山水，師董源，用淡墨乾皴似張宗蒼。性恬淡，能鑒古，惇戀自愛，年逾七十而卒。著有《春草閑房集》。

　　郭適（清？～1794），字樂郊，又字郊民，廣東順德人。寓廣州粵秀山麓，所居曰就樹堂。以布衣終其一生，性放蕩不羈，善詩，詩如其人。善花鳥，宗法陳白陽、徐青藤、林良、石濤諸家。其花鳥畫善於用墨，花葉用濃墨渲染，枝用淡墨，如染色一般。喜畫牡丹、鷓鴣、木棉。每仿徐渭能以放為收。神味追陳道復。品高潔，山居習靜，不作俗世緣。

　　唐秉鈞（清康乾時人，生卒年不詳），字衡銓，嘉定人。著《文房肆考圖說》八卷，搜羅廣博，又淵源有據。乾隆四十三年竹暎山莊精刊。

　　唐孝女（清乾隆時人，生卒年不詳），名素，字素霞，無錫人。早歲失恃，兄弟繼之。矢志不嫁，垂簾鬻畫，養父終身。乾隆中旌其廬，年七十餘卒。其《百花圖卷》，當代名公題詠，不下百家，誠巨觀也。昭文席道華夫人贈詩云「白華朱萼畫鮮明，換取鱸魚手作羹。家在慧山山下住，慧泉應改孝泉名。風木銜悲泣鏡臺，白頭孺慕尚嬰孩。北宮之女今無恙，親拜官中詔問來。欲寄生綃乞作圖，備余閨閣細臨摹。圖中不綴閑花鳥，只寫貞松與孝鳥。」

　　唐仲冕（清 1753～1827），字雲枳，號陶山居士，世稱唐陶山，善化人。乾隆五十八年（1793）進士，歷官江蘇荊溪等縣知縣、海州知州。主編《嘉慶海州志》。道光間累官陝西布政使。所至建書院，修水渠。知吳縣時曾訪得唐寅墓。有《岱覽》《陶山集》等。

　　唐友耕（清 1839～1882），字澤波（一說字宅坡），號帽頂，雲南大關人，晚清著名將領。

　　唐椿森（清末人，生卒年不詳），原名錫瓊。光緒二年（1876）進士。曾任江南道監察御史。校刻《清馥齋詩草》一卷、《續草》一卷。

　　唐炯（清末人，生卒年不詳），曾任雲南布政使，唐炯所率軍隊在抗法戰爭中配合不力，打了敗仗。唐炯軍逃走，使黑旗軍寡不敵眾而遭到失敗。被撤職查辦。

　　高誘（漢代人，生卒年不詳），東漢涿郡涿縣人。建安十年（205）任司空掾，旋任東郡濮陽令，後遷監河東。所著有《孟子章句》（今佚）、《孝經注》（今佚）、《戰國策注》（今殘）及《淮南子注》《呂氏春秋注》等。

　　高仲武（唐代人，生卒年不詳），輯有唐詩選集《中興間氣集》二卷。選錄肅宗至德初（756）到代宗大曆末（779）20 多年間作家作品，計 26 人，詩 130 多首。舊史家稱此時為安史亂後之「中興」時期，書名取此。在藝術上追求清逸幽遠之境，體制多為五言。《自序》云選取標準為「體狀風雅，理致清新」。

　　高觀國（南宋時人，生卒年不詳），字賓王，號竹屋。浙江山陰人。生活年代約與姜夔相近。著有《竹屋癡語》一卷。

　　高濂（明代人，生卒年不詳），字深甫，號瑞南。浙江錢塘人。生活於萬曆（1573～1620）年前後。能詩文，兼通醫理，擅養生。愛好廣泛，藏書、賞

畫、論字、侍香、度曲等情趣多樣。撰《遵生八箋》養生專著。為中國古代養生之道的集大成著作，在海內外俱有廣泛影響。《遵生八箋》共 19 卷：清修妙論箋二卷，四時調攝箋四卷，起居安樂箋二卷，延年卻病箋二卷，飲饌服食箋三卷，燕閑清賞箋三卷，靈秘丹藥箋二卷，塵外遐舉箋一卷。記述有關四時調攝、生活起居、延年卻病、飲食、靈秘丹藥等養生之道，此外還有《牡丹花譜》與《蘭譜》傳世。

高儼（清 1616～1689），字望公，廣東新會人，明末清初廣東畫苑裏畫山水畫的大師，不依傍古人門戶，筆墨蒼勁渾厚，晚年益精。高儼品行高尚，博學多才，工詩，能書，擅畫，時人稱為「三絕」，散文也不錯，與當時嶺南文壇畫苑的陳子壯、王邦畿、陳恭尹、張穆等交朋友。明朝亡，不願「靦顏事賊」。

高爽泉（清代人，生卒年不詳），陳鴻壽幕客，參與陳鴻壽紫砂壺的創作與製作。

高其倬（清 1676～1738），字章之，號美沼、種筠，諡文良，遼寧鐵嶺人，隸漢軍鑲黃旗。康熙三十三年（1694）進士，遷內閣學士。雍正朝歷雲貴、閩浙、兩江總督。乾隆初，官至工部尚書。著有《味和堂詩集》。

高鳳翰（清 1683～1748），字西園，號南村，晚號南阜老人，山東膠州人。雍正五年（1727）舉孝友端方，曾官泰州巡鹽分司，久寓江蘇揚州一帶。乾隆二年（1737）右臂病廢，更號「後尚左生」，改以左手作書畫。工書法，隸書從衡方、魯竣、鄭固一類漢碑中脫胎，雄渾樸茂，並得力於當時鄭谷口等人，行草書亦圓勁飛動。藏印達萬方，所刻全法秦漢，亦具一格。繪畫以山水、花卉為主，早年偏於工細，晚年多作寫意，闊略豪縱，仍蒼勁老辣，山水尤以氣勝，不拘於法。好藏硯，達千餘方，大半自銘。有《硯史》《南阜山人全集》等。

高繼衍（清 1797～1854 以後），一作高繼珩，字寄泉，寶坻人。著《蝶堦外史》，成書於清咸豐四年（1854）。清代文言短篇雜俎小說集，四卷，129 則。

高燮曾（清 ?～1899 在世），字理臣，湖北孝感人。同治十三年（1874）進士。歷任編修、山西學政、順天府府丞、廣西道監察御史。1894 年甲午戰爭爆發，上奏《軍務孔亟請停止點景事宜折》。明年又上折提出建制、精簡、改革。1899 年去職，後受聘主持山西中西學堂。

席佩蘭（清 1760～1829 後），名蕊珠，字韻芬，一字遺華，號浣雲、道華、佩蘭等，昭文（今江蘇常熟）人。常熟孫原湘妻，詩人，袁枚弟子。佩蘭擅畫

蘭。詩天機清妙，著有《長真閣詩稿》《傍杏樓調琴草》。錢松壺為畫《隱湖偕隱圖》，出遊必攜。題詠至夥。

祝允明（明1460～1526），字希哲，號枝山，長洲人。弘治五年（1492）舉人，授興寧令，遷應天府通判。與唐寅、文徵明、徐禎卿合稱「吳中四子」。能詩文，工書，頗負時譽。小楷學鍾繇、王羲之，狂草師承懷素、黃庭堅，勁健豪放，姿態百出。《明史·文苑傳》稱其五歲作徑尺大字，後書名動海內。王世貞《藝苑卮言》稱，「京兆法無常、二王、永師、秘監、率更、河南、吳興，行草則大令、永師、河南、狂素、顛旭、北海、眉山、豫章、襄陽靡不臨寫工絕。晚節變化出入，不可端倪。」著有《懷星堂集》等。又撰有《興寧縣志》，稿今存。

海瑞（明1514～1587），字汝賢，號剛峰，瓊山人。嘉靖二十八年（1549）中舉，初任福建南平教諭，後升浙江淳安和江西興國知縣，推行清丈、平賦稅，並屢平冤假錯案，打擊貪官污吏，深得民心。歷任州判官、戶部主事、兵部主事、尚寶丞、兩京左右通政、右僉都御史等職。打擊豪強，疏浚河道，修築水利工程，力主嚴懲貪官污吏，禁止徇私受賄，並推行一條鞭法，強令貪官污吏退田還民，有「海青天」之譽，贈太子太保，諡忠介。

倪瓚（1306～374，一作1301～1374），初名珽，字元鎮，號雲林子、幻霞子、荊蠻民、經鋤隱者等，亦號倪迂，江蘇無錫人。家豪富，築雲林堂、清閟閣收藏圖書文玩，並為吟詩作畫之所。擅畫水墨山水，用筆方折，創「折帶皴」寫山石，畫樹木。所作多取材於太湖一帶景色，疏林坡岸，淺水遙岑，意境清遠蕭疏，自謂「逸筆草草，不求形似」。能以淡墨簡筆，有神地籠罩住整個畫面，識者謂其「天真幽淡，似嫩實蒼」。兼工書法，從隸入，古而媚，密而疏，有晉人之風。工詩文，著有《倪雲林詩集》《清閟閣全集》等。

倪元璐（明1594～1644），字汝玉，一作玉汝，號鴻寶，浙江上虞人。天啟二年（1622）進士，以庶吉士授編修，後出主江西鄉試。崇禎八年（1635）任國子祭酒，官至戶部尚書兼翰林院學士兼攝吏部。李自成攻陷北京，倪元璐自縊以殉節。南明弘光元年（1645），追贈少保、吏部尚書，諡文正。後清廷又賜諡文貞。書法靈秀神妙，行草尤極超逸，最得王右軍、顏魯公和蘇東坡三人翰墨之助，用筆鋒棱四露中見蒼渾，並時雜有渴筆與濃墨相映成趣，結字奇側多變，書風奇偉。著有《倪文貞集》。

倪鴻（清1828～？），字延年，號雲躍，廣西桂林人。工詩文，善書、畫，

宦遊粵東。與陳蘭甫（澧）、李藥儂等往來題詠甚多。著有《退遂齋詩抄》《續集》，詞集《花陰寫夢詞》等著作傳世。

倪耘（清？～1864），字芥孫，號小圃，浙江石門人。方薰外甥。幼承家學，寫照外兼作花草，一塵不染，秀骨天成。間寫山水，亦頗靜致。畫法惲壽平，與秀水陶淇稱雙絕。書法梁同書。咸豐八年（1858）與吳大澂、周閑、黃鞠、包棟、陶洪結畫社於虎丘白公祠。

倪小航（清代人，生卒年不詳），無考。

倪印元（清代人，生卒年不詳），浙江仁和人，有論印絕句12首傳世。

徐稺（漢97～168），字孺子，東漢豫章南昌人。曾屢次被朝廷及地方徵召，終未出仕。因其「恭儉義讓，淡泊明志」而受世人推崇，被認為「人傑」。

徐盛（三國吳177～228），字文向，琅邪莒縣（今山東莒縣）人，三國時吳國名將。早年徐盛抗擊黃祖，因功升為中郎將。劉備伐吳時，徐盛跟隨陸遜攻下蜀軍多處屯營；曹休伐吳時，徐盛在形勢不利的情況下以少抗多，成功防禦。因前後戰功，徐盛先後升任建武將軍、安東將軍，任廬江太守。後來，曹丕大舉攻吳，吳國依徐盛的建議在建業週邊築上圍牆，曹丕被迫退走。黃武年間病逝。

徐熙（五代時人，生卒年不詳），金陵人。一說鍾陵人。江南布衣，為人寧靜淡泊，專心繪事。擅畫江湖間汀花、野竹、水鳥、魚蟲、蔬果。常遊山林園圃，細察動植物情狀，「蔬菜莖苗，亦入圖畫」。與後蜀黃筌的花鳥畫為五代兩大流派，有「黃家富貴，徐熙野逸」之說，兩派氣息不同，各有勝致。所作花木禽鳥，形骨輕秀。獨創「落墨」法，用粗筆濃墨，草草寫枝葉萼蕊，略施雜彩，使色不礙墨，不掩筆跡，一變黃筌細筆鉤勒，填彩暈染之法。

徐霆（宋代人，生卒年未詳），字長孺，永嘉城區（今鹿城區）人。少從舅陳埴學，中漕舉。南宋理宗紹定間（1228～1233），李全降蒙古後，率兵南下攻宋。疏證宋人彭大雅《黑韃事略》。

徐渭（明1521～1593），初字文清，改字文長，號天池山人、青藤道士、漱老人、天池漁隱、金磊、金回山人、山陰布衣、白鷳山人、鵝鼻山人等，山陰人。幼孤，性絕警敏，九歲能文，年二十為生員，屢應鄉試不中。中年為浙閩軍務總督胡宗憲幕僚，抗倭軍事，有所籌策。性通脫，常與群少飲於酒店，督府有急需相召，或因醉不赴，或戴舊烏巾，穿白布浣衣，直闖無忌，胡均優容之。後胡入獄，懼受牽連，一度驚狂，擊殺其後妻，坐法繫獄中，以援者力

救，得出獄。嘗漫遊金陵，居京師數年，晚年病發歸里，窮困潦倒，原有書數千卷，變賣殆盡。曾編寫《會稽縣志》，對地方政治、經濟，提出一些改革主張。善詩文，得李賀之奇，蘇軾之辯，不落陳套。擅書法，學米芾，行草縱逸飛動。中年始學繪畫，涉筆瀟灑，天趣抒發，特長花鳥，用筆放縱，水墨淋漓，氣勢旺暢。落款往往作「田水月」。與陳道復合稱「青藤白陽」，代表明代中期水墨寫意花鳥畫的新格調。

徐象梅（明代人，生卒年不詳），約明神宗萬曆中前後在世。著《徐氏泉譜》。摭拾史傳及稗官事語，仿《世說新語》分類紀敘，作《琅嬛史唾》16 卷，又有《兩浙名賢錄》54 卷、《外錄》八卷，並傳於世。

徐元（明代人，約 1596 年前後在世），字叔同，錢塘人。善為曲，著有《八義記》傳奇，《曲錄》敘程嬰、公孫杵臼救趙武事。

徐應秋（明？～1621），字君義，號雲林，浙江衢州人。少時即手不釋卷，有書癖。萬曆四十四年（1616）進士。主持粵東鄉試，所舉皆國家棟樑之材。巡視閩海，平巨寇劉香有功，升左布政使。政績炫赫，剛正不阿，不媚於魏忠賢而被削奪職位，遂返歸里，杜門授徒，著書立說。著有《談薈》36 卷，《駢字憑霄》《雪艇塵餘》《古文藻海》《兩闈合刻》《古文奇豔》等。

徐霞客（明 1586～1641），名弘祖，字振之，號霞客、褹客，南直隸江陰人。明地理學家、旅行家和文學家，足跡遍及今之 21 個省、市、自治區。所到之處，探幽尋秘，並記有遊記，記錄觀察到的各種現象、人文、地理、動植物等狀況，成《徐霞客遊記》，影響深遠。

徐次京（明天啟、崇禎間人，生卒年不詳），宜興製壺高手，仿古器精良，書法亦佳。吳騫《陽羨名陶錄・家溯》：「徐次京，善摹仿古器，書法亦工。王汋山長子翼之燕書齋藏一壺，底有八分書『雪庵珍賞』四字，又楷書『徐氏次京』四字，在蓋之外口，啟蓋方見，筆法古雅。惟蓋之合口處，總不若大彬之玄妙也。」次京傳器，香港藝術館刊「三足龜水滴」一件，底鑴「次京」二字陽文篆書方印。

徐柳臣（清 1793～1865），字柳臣，號孟舒，江西龍南人。清道光二年（1822）進士。歷任戶部福建司主事、翰林院庶吉士等，官至山東按察使。工書。為館閣能手，館選後留都供職，與何子貞輩遊，學益進。柳臣之書，不僅拘拘於歐底趙面一路，初本以善寫柳帖名，通籍後又參以右軍、襄陽各體，而獨具匠心，運之以神，久之遂自成一家。

　　徐康（清 1818～1888），字子晉，號窳叟，別署玉蟾館主，江蘇蘇州人。
博雅嗜古，精鑒賞，世擅岐黃，擅書法，尤工篆隸。著《前塵夢影錄》二卷。

　　徐釚（清 1636～1708），字電發，號虹亭、鞠莊、拙存，晚號楓江漁父。
吳江人。康熙十八年（1679）召試博學鴻詞，授翰林院檢討，入史館纂修明史。
因忤權貴，二十五年歸里後，東入浙閩，歷江右，三至南粵，一至中州。遊歷
所至與名流雅士相題詠。康熙皇帝南巡，兩次賜御書，詔原官起用，不肯就。
善畫，所作山石林木縱橫交錯莫辨其端倪，常以簡筆勾勒略施渲染，加上緊密
皴擦為之，筆致風秀，簡淡清逸，頗有韻致。

　　徐乾學（清 1631～1694），字原一、幼慧，號健庵、玉峰先生，江蘇昆山
人。康熙著《憺園文集》36 卷。藏書樓名傳是樓，面寬七楹，藏書 56 櫥 3900
餘種，乃中國藏書史上著名的藏書樓。

　　徐鑄（清代人，生卒年不詳），字江庵，詩人。乾隆時詩人。郭麟有古詩
《憶少年·寄徐江庵》：「黃花開了，兔花寒峭，霜華滿地。酒徒已星散，況酒
邊羅髻。　燕去鴻歸人病矣。也無人會此時意。蘆花遍煙水，作雪花飛起。」
1915 年由南社柳亞子、蔡守等八人集資出版《郭靈芬手寫徐江庵詩》線裝一
冊。此書有三十二葉，印一千冊，現在當然不可多得了。這一千本小冊子，當
時印刷成本計一百銀元，八人自願資助，蔡守在書末寫出清單，這種現象並不
多見，十分有趣，從中頗可窺見文人重視文化遺產之一斑。原書稿現存蔡守裔
孫蔡慶高家。首頁有蔡守手繪「靈芬館寫詩圖」。

　　徐同柏（1776，一作 1775～1854），原名大椿，字春甫、八千，小字熹，
改名同柏，字壽臧，號籀莊，又號少孺、竹里，室名諷籀書窠、敦和堂、溪南
老屋、吉石羊金樓、松雪竹風梅月廬、從古堂，浙江海鹽人。金石學家，精研
六書篆籀，工篆刻，多識古文奇字。著有《從古堂款識學》《從古堂吟稿》《焦
山周鼎斛》《新莽泉刀二品考》《竹里詩存》等。

　　徐松（清 1781～1848），字星伯，原籍為浙江上虞，後遷順天大興。清代
著名地理學家。以博學多才，尤長於地理之學，名重當時。嘉慶十三年（1808）
以進士任翰林院編修，道光年間任禮部主事、江西道監察御史等。徐松利用編
纂《全唐文》之便，從《永樂大典》中輯出《宋會要輯稿》（500 卷）、《河南
志》、《中興禮書》，又撰寫《唐兩京城坊考》《登科記考》。嘉慶十五年（1810）
被降職至新疆，得機會考察新疆各地，撰寫了《西域水道記》（五卷）、《漢書
西域傳補注》（二卷）、《新疆識略》（12 卷）等。嘉慶二十四年（1819）回京。

1821 年成書的《西域水道記》以西域水道為綱，記述沿岸的城市、聚落、山嶺、某些地點的經緯度、歷史、物產、民族、水利、駐軍等，所附地圖計里畫方，是我國古代輿地著作中對新疆水道湖泊研究最稱詳實、完備的一部，也是研究西北史地的重要文獻。

徐渭仁（清 1788～1855），字文臺、文璽，號紫珊、子山、不寐居士，上海人。藏書家、金石學家、書畫家。善書法，尤長漢隸，收藏金石碑帖甚豐，精鑒賞，得隋開皇《董美人墓誌》，遂自號「隋軒」。又得王昶舊藏之建昭雁足鐙，在宅中闢西漢金鐙之室。藏有孤本嘉靖《上海縣志》等，輯有《春暉堂叢書》，著有《隨軒金石文字》。

徐延旭（清？～1884），字曉山，山東臨清人。咸豐十年（1860）進士。歷官知縣、知府、道員。1882 年任廣西布政使。次年 3 月受命與廣西提督黃棪蘭等籌辦中越邊防。同年 10 月任廣西巡撫，駐軍越南諒山。中法戰爭初期，備戰不力，指揮調度無能，致使 1884 年 3 月，法軍三路進攻北寧時，不戰而潰，革職解京入獄，判斬監候。後改戍新疆，未離京即病死。著有《中外交界各隘卡略》《越南世系沿革略》《越南山川略》《越南道路略》等。

徐三庚（清 1826～1890），字辛谷，又字詵郭，號井雷，又號袖海，別號金罍山民、似魚室主、餘糧生，浙江上虞人。善篆、隸，常用《吳紀功碑》體勢入印，在吳熙載、趙之謙外，能另闢面目。刻款運刀熟練，不加修飾，有生辣遒勁之致。著有《金罍山民印存》二卷。

徐致祥（清 1838～1899），字季和，學者稱嘉定先生，江蘇嘉定人。咸豐十年進士。歷任侍讀、侍講學士，鄉試、會試考官。1894 年，以左副都御史督學浙江，三年後督學安徽。著《嘉定先生奏議》。

徐懋（清代人，生卒年不詳），字問渠。錢塘人。嗜書畫、金石，精篆刻。以搜奇嗜古、廣見博聞著稱。

殷樹柏（清 1769～1847），字曼卿，一字萬青，別署萬青父，號雲樓，晚號嬾雲，亦署嬾雲子，又號西疇桑者、汝南伯子，別署殷大、書畫禪、研癖，室名小蓬壺仙館、一多廬，浙江秀水人。書法遠師柳公權，近參汪士鈜。工花卉，兼宗陳道復、惲壽平法，而稍參己意，下筆恬靜，無煙火氣。尤擅小幅，其寫山房清供圖，作菖蒲、文石、瓶蘭、茗壺諸品，天真閑澹，蕭然有風人之致。晚喜作蔬果，尤覺天趣橫生。好刻竹，嘗作小楷數百言，書之扇邊，刻甚精妙。有《一多廬詩鈔》《墨林今話》《蝶隱園書畫雜綴》《紹興府志》《小蓬萊

閣畫鑒》《竹刻錄》《藝林悼友錄》。

　　般剌密諦（唐武則天時入華僧人，生卒年不詳），帶來多種梵文經書。唐中宗神龍元年（705）於廣州制止寺（今光孝寺）誦出《楞嚴經》十卷，由烏萇國沙門彌伽鑠佉，沙門懷迪證譯出，菩薩戒居士房融筆錄。譯出《首楞嚴經》《大佛頂經》《大佛頂首楞嚴經》《中印度那爛陀大道場經》，全稱《大佛頂如來密因修證了義諸菩薩萬行首楞嚴經》十卷，為佛教主要經典之一。

　　翁樹培（清 1765～1811），字宜泉，號申之，順天大興人。方綱次子。乾隆五十二年（1787）進士，官刑部郎中。博學好古，能傳家學。幼好摹寫篆、隸，擅篆鐘鼎文字。尤明於踐法，凡古之刀幣貨布，皆能辨識。所著有《古泉匯考》《古泉匯》，較洪遵《泉志》殆過之。

　　翁方綱（清 1733～1818），字正三，一字忠敘，號覃溪，晚號蘇齋，直隸大興人。乾隆十七年（1752）進士，官至內閣學士。精心汲古，於金石譜錄畫畫碑版之學，皆能剖析毫芒；書法逾勁，尤見重於世。著有《兩漢金石記》《粵東金石略》《漢石經殘字考》《焦山鼎銘考》《廟堂碑唐本存字》《蘇齋題跋》《蘇米齋蘭亭考》《復初齋文集·詩集》《石洲詩話》等。

　　奚岡（清 1746～1803），原名鋼，字鐵生、純章，號蘿龕、蝶野子，別號鶴渚生、蒙泉外史、蒙道士、奚道士、散木居士、冬花庵主，原籍安徽新安，一作安徽黟縣人，寓浙江杭州西湖。擅篆刻，宗秦漢，師法丁敬，並有發展，風格清雋，為浙派印人之傑出者。與丁敬、黃易、蔣仁齊名，為「杭郡四名家」，再加陳豫鍾、陳鴻壽、趙之琛、錢松合為「西泠八家」。亦工詩善書，長於繪事，性孤介，非其人不予。

　　奚疑（清 1771～1854），浙江烏程人。字子復，號虛伯、樂夫，別號方屏山樵、榆樓，人稱榆樓先生，晚號酒奚，室名月上樓，後改榆蔭樓，布衣。與王二樵稱城南兩布。工詩詞，精筆札，晚喜墨畫風竹、葡萄。為人好賓客，四方名士至湖州者，流連無虛日。撰有《榆樓詩稿》。

　　陶弘景（南朝人，生卒年不詳），字通明，自號華陽隱居，丹陽秣陵人。撰《真誥》，上清派宗教書籍，是道教重要派別上清派的承傳者。

　　陶潛（晉 365～427），字淵明，又字元亮，別號五柳先生，潯陽柴桑（今江西九江）人。東晉名將陶侃曾孫。一生只作過一些小官。41 歲任彭澤縣令，因為「不能為五斗米折腰」，只做 80 餘天就掛印歸田，寫了著名的《歸去來辭》。後半生隱居田園，寫下了大量田園詩歌。風格質樸自然，充滿奇趣和丰

韻，開啟了後來田園和山水詩派。代表作有《桃花源詩》並記，有《陶淵明集》傳世。

陶穀（宋 903～970），本姓唐，字秀實，邠州新平（今陝西彬縣）人。北宋大臣。陶谷早年歷仕後晉、後漢、後周，曾先後擔任單州判官、著作佐郎、監察御史、知制誥、倉部郎中、中書舍人、給事中、戶部侍郎、兵部侍郎、吏部侍郎、翰林學士承旨等官職。北宋建立後，出任禮部尚書，後又歷任刑部尚書、戶部尚書。開寶三年（970）病逝，追贈右僕射。有《清異錄》傳世。此書為雜錄，分為天文、地理、君道、官志、人事、女行、君子、么麼、釋族、仙宗、草、木、花、果、蔬、藥、禽、獸、蟲、魚、肢體、作用、居室、衣服、妝飾、陳設、器具、文用、武器、酒漿、茗荈、饌饈、薰燎、喪葬、鬼、神、妖，共 37 門，618 事，每事各有標題，而事實緣起，注在其下，保存了漢文化史和社會史方面的很多重要史料，書中一半以上的條目分別被《辭源》和《漢語大詞典》採錄，其價值可見一斑。

陶岳（宋代人，生卒年不詳），著《陶氏貨泉錄》。

陶宗儀（元 1329～約 1412），字九成，號南村，浙江黃岩人。元末明初文學家、史學家。工詩文，深究古學。元時舉進士，一不中即棄去。家貧教授自給。洪武初累徵不就，晚年有司聘為教官。宗儀常客松江，躬親稼穡。閒則休於樹陰，有所得摘葉書之，貯一破盎。十年積盎以十數。一日發而錄之，得三十卷，名為《輟耕錄》，又有《南村詩集》四卷，《國風尊經》《滄浪棹歌》《書史會要》《四書備遺》《說郛》等多種。《輟耕錄》，共 30 卷，585 條，20 餘萬字，記載了元代社會的掌故、典章、文物及天文曆算、地理氣象、社會風俗、小說詩詞等，為較原始的元代史料。

陶淇（清 1814～1865），一名紹源，字錐庵，浙江秀水人。善書畫，山水筆意疏秀，樹石幽雅。晚年專摹王翬，一樹一石無不肖似，惜為所縛，未能擺脫。花卉姿致妍雅，用筆柔和超逸。書法宗文（徵明）、惲（壽平）。能詩，尤工題跋。有《忠孝堂集》。

孫登（魏晉間人，生卒年不詳），字公和，號蘇門先生。汲郡人。長年隱居蘇門山，博才多識，熟讀《易經》《老子》《莊子》之書，會彈一弦琴，尤善長嘯。阮籍和嵇康都曾求教於他。著有《老子注》《老子音》，已亡佚。

孫思邈（唐代人，生卒年不詳），著《千金要方》30 卷，中醫學經典著作之一，是綜合性臨床醫著。約成書於永徽三年（652）。集唐代以前診治經驗之

大成，對後世醫家影響極大。明代後，有按《道藏》析為 93 卷者，內容相同。

孫光憲（宋代人，生卒年不詳），撰《北夢瑣言》，原帙 30 卷，今本僅存 20 卷。古代筆記小說集，記載唐武宗迄五代十國的史事，包含諸多文人、士大夫言行與政治史實，為研究晚唐五代史提供了可貴材料。

孫道明（元 1296～1376），字明叔，號清隱，自號停雲子，別號在家道人、清隱處士。松江華亭人，居於泗涇。博學好古，築草堂三間，優息其中，不問世事。藏書萬卷，遇祕本輒手自鈔錄。築映雪齋，延接四方名士，校閱為樂。又造一舟曰「水光山色」，徜徉南甫。嘗與陶南村共汎。南村製詞，明叔倚洞簫吹之，與櫂歌相答，極匯波縹緲之思。

孫承澤（清 1593～1676），字耳北，一作耳伯，號北海，又號退谷，一號退谷逸叟、退谷老人、退翁、退道人，山東益都人。崇禎四年（1631）進士。官至刑科給事中。先投降李自成大順政權，清順治元年（1644）又投降清朝，歷任史科給事中、太常寺卿、大理寺卿、兵部侍郎、吏部右侍郎等職。富收藏，精鑒別書、畫。著有《春明夢餘錄》《天府廣記》《庚子消夏記》《九州山水考》《溯洄集》《研山齋集》等 40 餘種。《春明夢餘錄》，記載明代北京情況，體例似政書，又似方志。是研究明朝章典源流沿革的好材料。

孫寶侗（清 1638～1677），字仲愚（一作仲孺），山東益都（博山）人。官都察院經歷。著有《惇裕堂集》。

孫汝梅（清 1645～1735），字問羹，號春山，大興人。光緒六年（1880）進士，官兵部主事。嗜古善隸，能鑒別金石。

孫宗濂（清 1720～？），字栗枕，號隱谷。浙江仁和人。乾隆九年（1744）舉人，一試春宮不售，遂歸家閒居，建書堂為「壽松堂」，廣搜書籍，藏書數萬卷。先後收有紹興祁氏「澹生堂」部分藏書，同郡蔣升瀛藏書，亦被他所購藏不少，尤多宋元善本，如宋乾道本《臨安志》三卷，吳騫、陳鱣、黃丕烈等著名藏家均以收藏此書為榮，吳騫還刻有「臨安志百卷人家」藏書印。另有如宋本《資治通鑒》、錢遵王手抄本《西溪詩話》、明刻本《東京夢華錄》等。間亦收藏金石。乾隆三十八年（1773）四庫館開，上詔全國各藏書家進獻圖書，其子孫仰曾進呈家藏 231 種，並編有《壽松堂進呈書目》一冊。《四庫全書總目》著錄其 134 種，入存目 109 種。宋乾道本《臨安志》三卷進呈後，獲乾隆題御詩發還，賞賜《佩文韻府》一部。曾編撰有家藏書目四卷，後經戰亂已佚。卒年僅 43 歲，杭世駿為其作傳。

孫星衍（清 1753～1818），字伯淵，一字淵如，號季逑，江蘇陽湖人。精詩文，深究經史文字音訓之學，及金石碑版。工篆書，亦工篆刻。少年時與楊芳燦、洪亮吉、黃景仁以文學見長。於經史、文字、音訓、諸子百家，皆通其義。輯刊《平津館金石萃編》《魏三體石經遺學考》《京畿金石考》《泰山石刻記》《續古文苑》《岱南閣叢書》，堪稱善本。著有《周易集解》《寰宇訪碑錄》《孫氏家藏書目錄內外篇》《芳茂山人詩錄》等多種文集

孫原湘（清 1760～1829），字子瀟，一字長真，晚號心青，自署姑射仙人侍者，昭文人。嘉慶十年（1805）進士。翰林院庶吉士，充武英殿協修。不久得疾返里不出，先後主持玉山、毓文、紫琅、婁東、遊文等書院講席，學生多有成就。擅詩詞，主張「性情為詩之主宰」。又工駢、散文，兼善書法，精畫梅蘭、水仙。著有《天真閣集》。

孫衣言（清 1814～1894），名一作依言，字琴西（一作號），一作鏐西，亦字劭聞、克繩，號遜齋、頤齋，室名遜學齋、恰受航、野航齋、古今一影廬、玉海樓、雙樹齋，浙江瑞安人。道光三十年進士。官至太僕寺卿。喜談經濟，搜輯其鄉文獻甚勤。輯有《永嘉叢書》共收各類著述 13 種，凡 254 卷，又著有《遜學齋詩文鈔》《甌海軼聞》。弟鏘鳴，子詒讓。

孫毓汶（清？～1899），字萊山，一作萊衫，號遲盦，山東濟寧人。咸豐六年榜眼，授編修。咸豐十年因在籍辦團練抗捐被革職。同治元年以輸餉復原職。後歷任侍講學士、內閣學士、工部左侍郎。光緒十一年入直軍機，兼總理各國事務大臣。後擢刑部尚書、兵部尚書。光緒十九年中日甲午戰起，與李鴻章等反對抗戰，力主簽訂《馬關條約》，遭軍機大臣翁同龢等反對，隨後稱病告休。諡「文恪」。編有《光緒庚寅恩科會試錄·進士登科錄》，著《遲盦集杜詩》。

孫詒讓（清 1848～1908），字仲容，號籀膏、籀廎居士，別號籀廎居、瞻園，別署苟耷、越東逸民苟徵等，室名玉海樓（承襲其父衣言之藏書樓。為浙江四大藏書樓之一）、百晉精廬、百晉陶齋、盂庵、五鳳磚研齋。浙江瑞安人。衣言子。同治六年舉人，官刑部主事，旋引疾歸。窮經著書凡四十年。後吏部尚書張百熙、兩湖總督張之洞引薦，均不出。甲午戰後，在鄉致力地方教育，先後創辦算學書院、瑞安方言館、瑞平化學學堂，創籌溫州府學堂，並提倡女學，設立德象等女學堂，以勞而逝。著有《周禮正義》《墨子閒詁》《契文舉例》《名原》《尚書駢枝》《札迻》及《溫州經籍志》《籀廎述林》。

孫樊（清代人，生卒年不詳），博山人，詩人。

孫元培（清代人，生卒年不詳），著有《小謨觴館文注》四卷，《續注》二卷。

孫君尚（清代人，生卒年不詳），浙江嘉興人。

陸賈（漢約前 240～前 170），楚國人。早年追隨劉邦，因能言善辯常出使諸侯。劉邦和文帝時，兩次出使南越，說服趙佗臣服漢朝，對安定漢初局勢做出極大的貢獻。呂后時，說服陳平、周勃等同力誅呂。著有《新語》等。

陸璣（三國吳時人，生卒年不詳），字元恪，吳郡人。仕太子中庶子、烏程令。著《毛詩草木鳥獸蟲魚疏》二卷，專釋《毛詩》所及動物、植物名稱，對古今異名者，詳為考證，是中國古代較早研究生物學的著作之一。自唐孔穎達《毛詩正義》至清陳啟源《毛詩稽古編》，多採此書之說。卷末附論四家詩源流，於《毛詩》尤詳。

陸翽（晉代人，生卒年不詳），東晉國子助教，撰有《鄴中記》（又名《石虎鄴中記》）等書。

陸士修（唐代人，生卒年不詳），洛陽人。大曆中，為蘇州嘉興縣尉。大曆八年（773）前後，在湖州參與刺史顏真卿主編之《韻海鏡源》，參與顏真卿、皎然等的聯句唱和。後官至殿中侍御史。《全唐詩》存所預聯句七首，《全唐詩補編》補一首。事蹟見顏真卿《湖州烏程縣杼山妙喜寺碑銘並序》、《元和姓纂》卷一等。

陸羽（唐約 733～約 804），字鴻漸，一名疾，字季疵，號竟陵子、桑苧翁、東岡子，又號茶山御史，復州竟陵人。唐代茶學家，被譽為「茶仙」，尊為「茶聖」，祀為「茶神」。

陸龜蒙（唐？～881），字魯望。江蘇長洲人。唐代文學家。有《陸魯望集》。

陸游（宋 1125～1210），字務觀，號放翁，越州山陰人。文學家，詩人。造詣很高，一生寫了幾萬首詩（現存九千多首）。為歷代讚賞。作品既有豪放雄健的氣勢，又有細緻入微的刻劃，並善於調動各種藝術手段來為思想服務。他的古詩也有獨到之處，更適於表現他那種戰鬥豪情，富有浪漫主義色彩，文和詞也有很高成就。作品編為兩種集子《渭南文集》和《劍南詩稿》。

陸小掘（明代人，生卒年不詳），善製小刀。

陸子剛（明代人，生卒年不詳），工藝家、雕刻家。一作子岡，蘇州人，

居橫山下。善琢玉，曾琢玉水仙簪，玲瓏奇巧，花托下莖枝，細如毫毛而不斷。

陸萬齡（明代人，生卒年不詳），國子監生。

陸飛（清 1719～？），字起潛，號筱飲，仁和人。乾隆三十年（1765）解元。能詩工書，善畫山水、人物、花卉，俱超雋軼群。亦善畫墨竹，說者謂其畫絕似梅道人。大幅用墨，濕厚亦極似石田翁。晚年鬻畫自給，圖章曰「賣畫買山」。有《筱飲齋稿》傳世。

陸烜（清 1761～？），字子章，一字梅谷、秋陽，號巢子，一號巢雲子。浙江平湖人。諸生，隱居胥山不仕。工於詩畫，藏書甚富。家有奇晉齋收藏書、畫、琴、棋。乾隆中刊有《奇晉齋叢書》16 種，著有《梅谷掌書畫史》《梅谷集》《耕餘小草》《曲禮要旨》《夢影詞》《寶跡錄》等。《奇晉齋叢書》16 種 19 卷。所收自唐至明各家短篇雜著，包括筆記、詩話、題跋、遊記等。內收《松窗雜錄》《大理行記》《雲南山川志》等，較為稀見。

陸鼎（清？～1838 後），字玉潤，一作子調、梅葉道人，室名梅葉閣，江蘇元和人。性無俗好，嗜酒健談，終身不娶，賣畫自給。嘗過青蓮庵看梅，有「堂上不逢僧，梅葉滿階脫」句，人呼為陸梅葉。遂自號梅葉道人。布衣，能畫，善山水，宗董巨及元四家。花鳥似沈周、陳淳，人物、仕女、佛像亦不為繩墨所拘。擅篆書，亦精篆刻，亦工詩。道光十八年（1838）年逾八十，尚為蔣生沐作九峰雪霽圖。生沐將其詩文與顧醉易（承）合刻《吳中兩布衣集》。

陸增祥（清 1816～1882），字魁仲，號星農，一號莘農，又署莘星，室名紅鱗魚室、八瓊室、百磚硯齋，江蘇太倉人。道光三十年（1850）狀元。授修撰。歷官湖南辰、永道，少通六書，性好金石文字，搜羅遍天下。又喜詩。著有《紅鱗魚室詩存》《八瓊室金石補正》《楚辭疑異釋證》《篆墨述詁》《吳氏筠清館金石記目》《金石偶存》《三百磚硯錄》《八瓊室待訪金石錄》等。

陸心源（清 1838～1894），字剛甫、剛父，號存齋，晚號潛園老人。歸安人。清末四大藏書家之一。辭官後在歸安城建潛園。築皕宋樓、十萬卷樓、守先閣三樓藏書，藏書達 15 萬多卷，同治年間掇拾遺文成《唐文拾遺》72 卷、《唐文續拾》16 卷。精於金石之學，著有《金石錄補》《穰梨館過眼錄》，另輯有《皕宋樓藏印》《千甓亭古專圖釋》等書。卒後其子陸樹藩經商失敗，將大量藏書賣給日本岩崎氏靜嘉堂文庫。

陸廷黼（清代人，生卒年不詳），字已雲，號漁笙，鄞縣人。同治十年（1871）

進士，選翰林院庶吉士，散館授編修。光緒八年（1882）督學甘肅，新建蘭州求古書院、河西講舍。省親歸里後，任崇實、月湖兩書院山長。室名鎮亭山房，藏書亦富。工樂府，著有《鎮亭山房詩集》等。

陳琳（漢？～217），字孔璋，廣陵人。「建安七子」之一。初從袁紹，後歸曹操幕府，為司空軍謀祭酒，管記室，草擬書檄公文，與阮瑀齊名。有名作《止欲》《神女》。

陳叔寶（南朝陳 553～604），字元秀，小名黃奴，吳興郡長城縣人。南朝陳末代皇帝，世稱陳後主。陳宣帝陳頊嫡長子，母為皇后柳敬言。天康元年（566），授寧遠將軍，遷太子中庶子、侍中。太建元年（569），冊為皇太子。太建十四年（582），正式即位。在位期間，荒廢朝政，耽於酒色，醉心詩文和音樂。禎明三年（589），隋軍大舉南下，攻破建康，滅亡陳朝，受擄進入長安，受封長城縣公，得到隋文帝楊堅賜予的宅邸，禮遇甚厚，仍舊沉湎酒色，醉生夢死。著有文集 50 卷。

陳子昂（唐 659～700），字伯玉，梓州射洪人。青少年時輕財好施，慷慨任俠，文明元年（684）進士，以上書論政得到武則天重視，授麟臺正字。後升右拾遺，直言敢諫，曾因「逆黨」反對武后而株連下獄。曾兩度從軍邊塞，對邊防事務頗有遠見。聖曆元年（698），因父老解官回鄉。其詩風骨崢嶸，寓意深遠，蒼勁有力。有《陳子昂集》。

陳陶（唐約 812～約 885），字嵩伯，自號三教布衣，《全唐詩》卷 745「陳陶」傳作「嶺南（一云鄱陽，一云劍浦）人」。工詩，以平淡見稱。屢舉進士不第，遂隱居不仕。《新唐書·藝文志》記「陳陶《文錄》十卷」，今已佚。後人輯有《陳嵩伯詩集》一卷。

陳搏（宋？～989），字圖南，自號扶搖子，太宗賜號希夷先生，真源人。隱於華山。太平興國中來朝，亦工書，所書「福」字大至四尺，潑墨濃厚。其初筆一點，如彈火迸裂，使人觀之心悸，字體在楷草之間，雄渾已極。又所傳楹聯「海為龍世界，雲是鶴家鄉」石刻，亦極縱肆。卒年 80 餘。

陳師道（宋 1053～1102），字履常，一字無己，號後山居士，徐州彭城人，「蘇門六君子」之一，江西詩派重要作家。元祐初年，蘇軾薦其文行，起為徐州教授，歷仕太學博士、潁州教授、秘書省正字。一生安貧樂道，閉門苦吟，有「閉門覓句陳無己」之稱。陳師道亦能作詞，其詞風格與詩相近，以拗峭驚警見長。但其詩、詞存在內容狹窄、詞意艱澀之病。著《後山集》，其中詩 6

卷，文 14 卷。《詩話》《談叢》別自為書。宋代任淵有《後山詩注》，析原詩 6
卷為 12 卷。清代冒廣生作《補箋》12 卷外，又增入《逸詩箋》上下 2 卷。又
有明馬暾所傳、清趙鴻烈刊本《後山集》24 卷，計詩 8 卷，文 9 卷，《談叢》
4 卷，《詩話》《理究》《長短句》各 1 卷，有《四部備要》排印本。

陳起（宋代人，生卒年不詳），詩人，有《江湖集》。楊萬里有《江湖集題
代度寺》。

陳居中（宋代人，生卒年不詳），寧宗嘉泰（1201～1204）時為畫院待詔。
專工人物和馬，也擅寫牧放、出獵等景。注重寫實，觀察精微，風格「俊俏明
媚」，富於生趣，人謂其作「不亞黃宗道」。傳世作品有《文姬歸漢圖》軸，無
款印，圖錄於《故宮名畫三百種》之《四羊圖》冊頁，無款，鈐「陳居中畫」，
鈐一朱文印，現藏故宮博物院。

陳道復（明 1483～1544，一作 1482～1539），初名淳，字道復，以字行，
改字復甫，號白陽山人，長洲人。天資秀發，下筆超異，凡經學、古文、詩詞、
書法，靡不精研通曉；嘗從文徵明學書畫。畫擅長寫意花卉，尤妙寫生，淡墨
淺色，一花半葉，而疏斜歷亂，具有疏爽鬆秀之致。後人把他同徐渭合稱「青
藤白陽」，代表明代中期水墨寫意花卉畫的新格調。亦畫山水，初師王蒙、黃
公望，不作效顰學步，中年斟酌米芾、米友仁，筆跡放縱，淋漓疏爽，蕭散閑
逸，不落蹊徑。對後世水墨寫意畫甚有影響。正書初學文徵明，頗見媚側。行
書出楊凝式、林藻，老筆縱橫，小篆亦瀟灑清勁。

陳紹儒（明 1558～1639），字仲醇，號眉公，華亭人。29 歲起住在小昆
山，以隱士自命。工詩文，善書畫，曾校訂經史百家，及搜集掌故僻事，編成
《陳眉公訂正秘笈》，又編有《國朝名公詩選》，選高啟、王冕、李贄、李贊等
作品，並附小傳。著有《眉公全集》《晚香堂小品》等。《妮古錄》4 卷，雜記
書畫、碑帖、古玩及遺聞軼事。其自序謂「妮」有軟纏之意，乃以「妮古」名
錄。

陳子壯（明 1596～1647），字集生，號秋濤，廣東南海縣人。萬曆四十七
年（1619）探花，授翰林院編修。崇禎年間累遷禮部右侍郎、南明弘光政權禮
部尚書、永曆政權東閣大學士兼兵部尚書。1647 年，與陳邦彥、張家玉等起
兵抗清，兵敗被俘後寧死不屈，於 1647 年 11 月初六日被磔死於廣州東郊，追
贈番禺侯，諡文忠。著《雲淙集》《練要堂稿》《南宮集》。

陳朝輔（明代人，生卒年不詳），字平若，一字葦庵，浙江鄞縣人。萬曆

四十四年（1616）進士，官至監察御史，晉太僕寺少卿。藏書家，藏書樓名雲在樓。著有《葦庵集》。

陳貞慧（明1604～1656），字定生。宜興人。復社成員，文章風采，著名於時，與冒襄、侯方域、方以智合稱「明末四公子」。具名《留都防亂檄》，揭貼於南京，為阮大鋮所恨。入清不仕，隱居家鄉，十餘年不入城市。文章婉麗閒雅，兼擅駢散兩體。著有《山陽錄》《秋園雜佩》等，追憶故國往事遺物，寄託哀思。

陳用卿（明代人，生卒年不詳），時大彬弟子，仿時大彬、李仲芳諸壺器，頗能亂真。吳梅鼎《陽羨茗壺賦》評論用卿壺藝，以渾成醇厚稱之。其藝術水準僅次於時大彬。

陳有守（明代人，生卒年不詳），字達甫，休寧人，詩人，製壺名家。

陳仁錫（明代人，生卒年不詳），著有《潛確居類書》，該書具有鮮明特色。全書共120卷。內容分玄象、歲時、區宇、人倫、方外、藝習、稟受、遭遇、交與、服御、飲啖、藝植、飛躍13部，1400餘類。引書達1500餘種，雖然多是轉販自其他類書，但也有僻笈遺文，為他書所未載。《自序》云：「此書予十六歲時，讀書瑤林之潛確居，捃拾成帙。」清乾隆年間，以「四夷」「九邊」兩門，語有違礙，被列為禁書。有清代金映雲草堂刻本。

陳鳴遠（清初人，生卒年不詳），繼時大彬後最偉大的宜興陶人。他繼承了明代的餘風，並且開創了清代壺藝的新風貌。在雕塑及款式方面取得獨特成就。陳鳴遠通過同鄉詞人陳維崧的介紹，認識了海寧曹廉讓，同時也融入了文人圈。因此而開始了名工名人共同創作紫砂器的先河，使其作品的藝術價值與經濟價值得到極大的提升。陳氏的仿品層出不窮，令人應接不暇，莫衷一是。

陳弘緒（清1597～1665），字士業，號石莊，江西南昌新建人。明末清初文學家、史學家、藏書家。工古文，與徐巨源齊名。明末，公安、竟陵學說盛行，文風頹廢，他與賀貽孫、徐巨源、萬茂先、曾堯臣等結社豫章，崇尚歐陽修、曾鞏，在江右獨開新風，為人推為「上掩艾千子而下啟魏叔子」的古文名家，他的作品多被選入《江右古文選》。輯有《明文類抄》《宋遺民錄》。著《讀書日記》、《詩經解義》、《尚書廣義》、《寒夜錄》、《恒山存稿》、《石莊集》、《周易備考》、《陳士業全集》16卷等。

陳洪綬（清1598～1652），字章侯，號老蓮、悔遲，諸暨人。早熟，少年時拓得李公麟《孔門七十二賢》石刻，閉戶臨摹，數變畫法，能不囿於形似。

及長，求理學於劉宗周。補生員後應鄉試不中，至北京捐為國子監生。崇禎間，召入為舍人，使臨歷代帝王圖像，得縱觀宮內藏畫，後南返。性格怪僻而好遊。清兵入浙東，出家於紹興雲門寺為僧，一年餘還俗。擅畫人物、仕女，初學藍瑛，旋取法李公麟、趙孟頫，運筆旋轉，一氣呵成，有陸探微筆勢，所作人物，軀幹偉岸，衣紋細勁清圓。晚年作品，造型趨向誇張，設色古雅，突破前人陳規，渾然有太古風，力量氣局在唐寅、仇英之上，自創獨特面目。也工花鳥草蟲，鉤勒精細，色澤清麗，兼能山水，畫得高樹輪困，枝幹皆殊形異狀，以淡青綠點葉，渲染三層，然後加以濃墨，深淺分明，沈鬱蒼古，富有裝飾味。

陳子升（清 1614～？），字中洲，陳子壯之弟，「善鼓琴，能吳歈，九宮十三調，曲盡其妙」，嶺南琴曲《水東遊》即其作品。永曆時以諸生授兵科給事中，在廣東九江起兵抗清。事敗後，陳子壯被佟養甲命人鋸開身軀，陳子升攜母匿藏深山。入清不仕，晚年貧困，出家於廬山。著《中洲草堂詩》23 卷、《硯集》1 卷等。

陳維崧（清 1625～1682），字其年，號迦陵，江蘇宜興人。天資穎異，十歲代祖作《楊忠烈像贊》。後與王士祿、士禎、宋實穎、計東等唱和，名聲大噪。時有「江左三鳳凰」之目。補諸生久，不遇。因出遊，所至爭客之。性落拓，饋遺隨手盡。獨嗜書，雖舟車不輟。嘗由河南入都，與朱彝尊合刻一稿，名《朱陳村詞》。年過五十，薦應「博學鴻儒」科，試列一等，授翰林院檢討。與修《明史》。嘗懷江南山水，以史館需人不果歸。疾篤，吟斷句云「山鳥山花是故人」，猶振手作推敲勢，遂卒。維崧清臞多鬚，海內稱為陳髯。著有《湖海樓詩》8 卷、《迦陵文集》16 卷、《詞》30 卷及《兩晉南北史集珍》6 卷。

陳恭尹（清 1631～1700），字元孝，初號半峰，晚號獨漉，又號羅浮布衣，父陳子壯，廣東順德人。是明末清初著名詩人，與屈大均、梁佩蘭並稱「嶺南三大家」。其詩滿懷激情地反映當時的社會現實生活，有著鮮明的地方特色，發展了嶺南詩歌的「雄直」詩風。又工書法，時稱清初廣東第一隸書高手。著有《獨漉堂全集》，詩文各 15 卷，詞 1 卷。

陳書（清 1660～1736），號上元弟子、復庵，晚號南樓老人，浙江秀水人。善畫山水、人物，俱合古法，尤擅花鳥草蟲，筆力遒勁，風神簡古，機趣天然，近陳道復。間繪觀音、關羽、呂洞賓等像，頗具風儀。家貧，賣畫自給，後長子陳群官刑部侍郎，封太淑人。乾隆皇帝譽為「不愧當年畫荻人」，並在其花鳥畫冊上御題「清芬世守」四字，是秀水畫派的源頭。能詩，著有

《復庵吟稿》。

陳撰（清 1678～1758），字楞山，號玉几、玉几山人等。浙江鄞縣人。擅長作花鳥畫，格調超逸，氣氛清雅，尤擅長畫梅花。流寓揚州，遂歸為「揚州八怪」畫家群體之一員，不以賣書畫為生計的畫家。曾與全謝山、符幼魯、厲樊榭、金壽門、高西唐、汪巢林、陶篁村、陳綬衣、杭世駿、姚世鈺、方世舉等一大批文士遊於徽州鹽商馬曰琯、馬曰璐門下。其詩多淒斷怨咽之音。有《陳玉几詩集》三卷。

陳昌齊（清 1743～1820），字賓臣，號觀樓，又署瞰荔居士，廣東雷州人。乾隆三十六年（1771）進士，歷任翰林院編修、廣西道和河南道監察御史、兵部和刑部給事中、浙江溫州兵備道等職，先後在雷陽、粵秀書院主講。

陳鱣（清 1753～1817），字仲魚，號簡莊，又號河莊、新坡。浙江海寧人。嘗從錢大昕、段玉裁、翁方綱、王念孫等遊處，博極群書，精於許、鄭之學，又有史才。藏書家，「不惜重價購之」，書上蓋印有二，常印有「仲魚圖像」及其肖像，又有藏書印 12 字：「得此書，費辛苦，後之人，其鑒我。」常與吳騫、黃丕烈等互相抄傳。阮元稱他是「浙西諸生中經學最深者」。身後，其子盡賣藏書。著有《論語古訓》10 卷、《禮記參訂》16 卷、《簡莊疏記》17 卷等十餘種，未刊之書稿甚多。

陳鴻壽（清 1768～1822），字子恭，號曼生，又號曼壽、曼公，別號種榆道人、夾谷亭長，浙江錢塘（今杭州）人。篆刻家、書畫家、製陶家。篆刻繼杭郡四名家丁敬、奚岡、黃易、蔣仁，取法秦漢，擅切刀，縱肆爽利，浙中人多宗之，並對後來取法浙派者影響頗深。為「西泠八家」之一。官溧陽縣時，以設計宜興紫砂壺著名，所設計壺樣十八式，造型有石銚、橫雲、井欄、合歡、卻月、半瓦、方山、瓜形、覆斗等式。由製陶家楊彭年為之製茶具，經其刻詩詞書畫，壺身刻「阿曼陀室」銘文，風行一時，有「曼生壺」之稱。亦擅竹刻，曾謂「凡詩文書畫，不必十分到家，乃見天趣」。詩文書畫皆以資勝，以學古受知於阮元，尤嗜摩崖碑版，行楷有法度，八分書簡古超逸，畫山水多不著筆，翛然意遠。兼工花卉、蘭竹，與陳豫鍾齊名，世稱「二陳」。著有《種榆仙館印譜》《桑連理館集》等。

陳文述（清 1771～1843），初名文傑，字譜香，又字儁甫、雲伯、英白、沈明，後改名文述，別號元龍、退庵、雲伯，又號碧城外史、頤道居士、蓮可居士等，錢塘人。嘉慶時舉人，官昭文、全椒等知縣。詩學吳梅村、錢牧齋，

博雅綺麗。著有《碧城詩館詩鈔》《頤道堂集》等。

陳晟熾（清乾嘉間人，生卒年不詳），字暘谷、海島。廣東順德人。家貧好學，先後被李麟徵、黃丹書請作家庭教師。與胡亦常、黎簡、張錦芳等名士交往，詩詞、古文日就精熟，後來設帳縣城，學生過百。工書法，宗唐碑，尤擅書歐陽詢體。著有《味雪軒遺稿》二卷。

陳澧（清 1810～1882），字蘭甫，一字蘭浦，別號止齋，別署東塾，室名學海堂、菊坡精舍，廣東番禺人。9 歲能為詩文，補博士弟子，入粵秀書院肄業。道光十二年舉於鄉。曾任河源縣學訓導。後為學海堂學長數十年，至老，主講菊坡精舍。凡天文、地理、樂律、算術、古文、駢體、填詞，以及篆籀真行書法與繪畫，無不研究。力排漢宋門戶之見。有《漢儒通》《聲律通考》《切韻考》《漢志水道圖說》《說文聲統》《水經注提綱》《讀詩日錄》《孟子注》《摹印述》《東塾雜俎》《東塾讀書記》等。

陳介祺（清 1813～1884），字壽卿，號簠齋，晚號海濱病史、齊東陶父，山東濰縣人。道光二十五年（1845）進士，官至翰林院編修。居京時廣泛涉獵各種文化典籍，對於經史、義理、訓詁、辭章、音韻等學問，無不深入研究，而尤酷愛金石文字的搜集與考證。曾向當時著名學者阮元求教質疑，並與何紹基、吳式芬、李方亦等許多金石學者互相切磋。他不惜鉅資搜集文物，僅三代、秦漢古印一項，就有 7000 餘方。道光三十年（1850），他在家鄉濰縣城內舊居建成萬印樓。在許瀚、吳式芬、何紹基等人協助下，他將所收藏的古印、封泥反復鑒別，系統整理，編成《十鐘山房印舉》。著有《簠齋傳古別錄》《簠齋藏古目》《簠齋藏古冊目並題記》等。

陳彝（清 1827～1896），字六舟，號聽軒，晚號蛻翁，儀征人。曾任內閣學士，後兼禮部侍郎。諡文恪。著有《家書》《奏議》《談異》《抱甕廬詩文存》等。

陳懋侯（清 1837～1892），字伯雙，福建福州人。清光緒二年（1876）進士，授編修。光緒五年（1878）視學四川。光緒十一年襄校順天鄉試。光緒十四年為湖南省主試。光緒十七年補授江南道監察御史，屢有建言諷諫，特別是上疏請禁「非刑虐民」，奉「旨允准施行」，誥授中憲大夫。著有《知非齋易注》《易釋》等。

陳琇瑩（清 1853～1891），一作陳秀瑩，字芸敏，侯官人。13 歲為縣學生，光緒二年（1876）進士，改庶吉士，散館授編修。遷江南道監察御史，擢

兵科給事中。光緒十一年典試湖南，官河南學政，不久致仕歸家，年僅 39 歲
卒。早年家清寒而苦於無書，每日借閱為事，為官後，入資稍豐，發奮以購書，
插架多秘本。致仕後，喜目錄考證學，曾續朱彝尊《經義考》、謝啟昆《小學
考》，稿厚數尺，書未完成而卒。

陳經（清代人，生卒年不詳），烏程人。

陳壽昌（清代人，生卒年不詳），剽竊吳榮光書稿刻《南華真經詮注》，後
附《莊子韻》《莊子異同》，下署己名。

陳份（清代人，生卒年不詳），順德詩人，號為「鳳城五子」之一。

陳萊孝（清代人，生卒年不詳），著《歷代鍾官圖經》。

陳潤書（清代人，生卒年不詳），字蕉雨，廣東香山人。詩人，著有《凹
碧山房詩集》。

陳亮伯（清代人，生卒年不詳），字湘濤，別署寂園叟、望雲軒、唐經室，
丹徒人。同光年間古陶瓷研究家。作《陶雅》一書，為古陶瓷研究的重要參考
史料。有《陳瀏集》傳世。

陳樹鏞（清末時人，生卒年不詳），字慶笙，廣東新會人。著名經學家，
陳澧弟子。

陳舒（清代人，生卒年不詳），又名原舒，畫家。

陳曇（清代人，生卒年不詳），字仲卿，齋名酈齋，番禺人。廣州府秀才。
既登泰山觀日出，又度大行登嵩嶽，於是詩骨益擅。晚歲以貢生候補訓導，署
揭陽教諭。生平慕酈湛若，因顏所居曰酈齋。天姿穎異。伊秉綬、曾賓谷皆奇
其才。工詩及駢體文。亦工畫，有二禺聽雨圖，間作花卉，頗有風致。著《海
騷》14 卷、《感遇堂駢體文》四卷、《酈齋隨筆》四卷。

陳煜駬（時代不明，生卒年不詳），字光我。著《泉石留言》一卷。1917
年夏天，嶺南大學教授黃仲琴（1885～1942）在漳州發現即將朽壞的木雕版九
片，印成一冊，是記敘漳州名勝的詩文集，書名《泉石留言》，作者陳光我，
詩文風格「克肖唐賢」（黃仲琴《〈泉石留言〉重刊序》）。

納蘭性德（清 1655～1685），葉赫那拉氏，字容若，號楞伽山人，滿洲正
黃旗人。大學士明珠長子。康熙時進士，官一等侍衛。曾因顧貞觀《金縷曲》
詞而奔走營救吳兆騫，傳為一時佳話，作詞宗李後主，長於小令，風格清新，
不事雕琢，於婉麗之中寓愁苦之情。因曾出使塞外，也偶有蒼茫雄渾之音。兼
工詩。不幸早卒。著有《飲水詞》《通志堂集》，又與徐乾學編刻唐以來說經諸

書為《通志堂經解》。

十一畫：梅 黃 曹 菩 雪 盛 區 國 婁 許 章 康
清 淨 梁 符 崔 崇 屠 張 巢 貫 庾

梅摯（宋 994～1059），字公儀，成都府新繁縣人，天聖五年（1027）進士，歷官大理評事、殿中侍御史、天章閣待制、龍圖閣學士、諫議大夫；並先後出任藍田上元知縣，蘇州通判，開封府判官，陝西都轉運使，昭州、滑州、杭州知州，江寧府、河中府知府等地方官，死於河中府任上。嘉祐二年（1057），梅摯到杭州作官，宋仁宗特別賜詩為他送行，詩中勉勵梅摯到杭州後，要分擔皇帝的憂愁，獲取百姓的頌揚。梅摯為了報答皇帝的恩寵，便根據此詩第一句「地有湖山美」的意思，在杭州吳山修了一座有美堂。歐陽修為其撰文《有美堂記》，蔡襄書寫，刻石於堂上。

梅堯臣（宋 1002～1060），字聖俞，宣州宣城人。初以恩蔭補桐城主簿，歷鎮安軍節度判官。於皇祐三年（1051）得宋仁宗召試，賜同進士出身，為太常博士。以歐陽修薦，為國子監直講，累遷尚書都官員外郎。少即能詩，與蘇舜欽齊名，時號「蘇梅」，又與歐陽修並稱「歐梅」。為詩主張寫實，反對西昆體，所作力求平淡、含蓄，被譽為宋詩的「開山祖師」。曾參與編撰《新唐書》，並為《孫子兵法》作注。另有《宛陵集》40 卷、《唐載記》26 卷、《毛詩小傳》20 卷等。

梅清（清 1623～1697），原名士羲，字淵公，號瞿山、敬亭山農，安徽宣城人。順治十一年（1654）舉人，四次北上會試，不第告終。後遭家落，屏跡稼園，鬱鬱無所處，寄情詩畫自娛。屢登黃山，觀煙雲變幻，銀濤起伏，印心手隨，景象奇偉。筆法松秀，墨色蒼渾，畫松別饒風致。與石濤交往友善，相互切磋畫藝。石濤早期的山水受到他的一定影響，而他晚年畫黃山，又受石濤的影響。所以石濤與梅清，皆有「黃山派鉅子」的譽稱。梅清以畫黃山著名，「得黃山之真情」，與石濤、弘仁成為「黃山畫派」中的代表人物。善詩和書法，著有《天延閣集》《瞿山詩略》，畫有《黃山紀遊》冊。

黃筌（五代 ？～965），字要叔，成都人。歷仕前蜀、後蜀，官至檢校戶部尚書兼御史大夫，入宋任太子左贊善大夫。唐天復間，刁光胤入蜀，筌師事之，學花鳥。山水松石學李升，花卉並取法滕昌祐，鶴師薛稷，人物龍水學孫位，集各家之善，學力博贍，遂成一家法。作品多描繪宮廷中的異卉珍禽，畫鳥羽

毛豐滿，畫花穠麗工致，鉤勒精細，幾乎不見筆跡，而以輕色染成，謂之「寫生」。

黃庭堅（宋 1045～1105），字魯直，號涪翁，分寧人。北宋著名文學家、書法家。擅行、草書，初師法周越，後上溯顏真卿、懷素，尤得力於《瘞鶴銘》，用筆以側險取勢，縱橫拗崛，自成格調。書法與蘇軾、米芾、蔡襄合稱「宋四家」。

黃子行（宋代人，生卒年不詳），號逢甕，江西修月人，寓籍分宜。黃庭堅之諸孫。傳世有自度商調《西湖月》2 種 8 首。

黃佐（明 1490～1566），字才伯，號希齋，晚號泰泉，香山縣人。正德十五年（1521）進士，選庶吉士。嘉靖初由庶吉士授翰林院編修。有司請修《廣州志》。以翰林外調，歷江西僉事、廣西學政。因母病辭官歸家。嘉靖十五年（1536）以翰林編修兼左春坊左司諫。不久，晉侍讀掌南京翰林院，擢南京國子祭酒，穆宗詔贈禮部右侍郎，累擢少詹事。晚年謁哲學家王守仁，得到王守仁稱讚，築室於禺山之陽，潛心研習孔孟之道。諡文裕。

黃士俊（明 1570～1661），字亮坦，一字象甫，號玉崙，廣東順德縣人。明萬曆三十五年（1607），狀元及第，任修撰。歷官宮諭少詹，升禮部侍郎。崇禎九年（1636）晉升為禮部尚書，兼東閣大學士，入閣擔任宰輔（行相事）。歷太子太保、文淵閣大學士、少傅兼太子太傅，十一年（1638）罷相。後相永曆帝，年過九十，不能決事，辭職歸鄉。清順治十八年（1661）卒於家，享年91 歲。

黃道周（明 1585～1646），字幼平，號螭平、石齋，一作若齋，漳浦人。天啟二年（1622）進士，崇禎時任右中允，以上疏指斥大臣楊嗣昌等，被謫戍廣西。福王朱弘光時官至禮部尚書。弘光政權失敗，又與鄭芝龍等擁立唐王朱隆指武，官武英殿大學士，後往江西徵兵，至婺源為清兵所俘，被殺於南京。通天文理數諸書，工詩文，善書法，以魏、晉為宗，峭厲勁道，可奪王鐸之席。亦善畫，功力較遜於書法，但所寫山水人物，渾灝流轉，元氣淋漓，乃由書法溢而為畫者，別具面目。學貫古今，精通天文曆數。又善畫山水、松石，並工書法。著有《易象正》《三易洞璣》《太函經》《孝經集傳》《春秋揆》《石齋集》等。

黃聖年（明萬曆時人，生卒年不詳），字逢永，號石傭，又號大藥山人，順德人。維貴子。萬曆四十六年（1618）舉人。授湖廣當陽教諭。以足疾歸。

與陳子壯等 12 人修復南園詩社。卒年六十二。生平好學能文，與其兄聖期少受庭訓，著述甚富，尤工書法。有《牆東草》《壬遊草》《薛荔齋詩集》等。

黃貞（明末人，生卒年不詳），字仲亨，別稱寶安山人、黃野人，廣東東莞人。以刻製金石竹木諸文玩著名。其製印鈕，依石材之色，點黃綴白，為螭虎、蟲、鳥，均若天成，即瓦礫入手，亦生光怪。又能篆刻，詩人鄺露作《列玉歌》贈之，中有「蛟螭盤挐入纖手，昆刀切玉如切泥，但見魚梟颯飛走」之句。家貧，典衣賒酒。

黃虞六（明代人，生卒年不詳），張喬詩友。

黃雲淡（明代人，生卒年不詳），字仲通，餘無考。

黃元吉（清初人，生卒年不詳），字祥父，嘉興錫工。《兩浙人物志》載黃元吉所造茶具，種種精巧。其色與銀無辨，海內咸珍異之。

黃之雋（清 1668～1748），初名兆森，字若木、石牧，號吾堂，晚號石翁、老牧，江南華亭人，原籍安徽休寧。康熙六十年（1721）進士。歷任庶常、翰林院編修、福建督學、右中允、左中允等，後被革職。在任期間，曾參加重修《明史》，革職後曾應聘纂修江浙兩省通志，任《江南通志》總裁。著《香屑集》，集唐人之句為香奩詩，凡古今體 930 餘首。前人云：「就詩論詩，其記誦之博，運用之巧，亦不可無一之才矣。」

黃慎（清 1687～1772），初名盛，字恭壽、恭懋、躬懋、菊壯，號瘦瓢子，別號東海布衣，福建寧化人。善人物，筆致工細。多取神仙故事和文人士大夫生活為題材，有時也畫縴夫、漁民、樵夫、乞丐。後用狂草筆法作畫，縱橫揮毫，氣象雄偉。有時失之粗俗，衣紋皺折累贅。山水學吳鎮，兼宗倪瓚、黃公望。亦作花卉。擅長書法，學懷素。為「揚州八怪」之一。與鄭燮友善。亦能詩。有《蛟湖詩鈔》。

黃任（清康熙時人，生卒年不詳），字莘田，號十硯老人，以字行。永福人。康熙四十一年（1702）舉於鄉，後屢試進士不第。曾任廣東四會縣令兼署高要縣事。工詩善書，尤有硯癖，得良硯百餘臺。罷官歸里時，選擇質地最好者交付良工精製，最後選取十方最佳者，視為至寶。在福州住宅南後街香草齋中修建十硯軒。著有《秋江集》《香草箋》。

黃易（清 1744～約 1802），字大易，號小松、秋盒，浙江仁和人。篆刻醇厚淵雅，與丁敬合稱「丁黃」，為「西泠八家」之一。擅山水，筆墨清雋，亦寫墨梅，沉著有致。兼喜集金石文字。官山東濟寧府同知時，廣搜碑刻，繪有

《訪碑圖》，並著《小蓬萊閣金石文字》等。

黃景仁（清 1749～1783），字仲則，又字漢鏞，別號鹿菲字，江蘇武進人。幼時孤貧。性格孤高傲岸，與洪亮吉、孫星衍交厚。曾官縣丞。為詩界後起之秀。有詩千餘首，時人評論「乾隆六十年，論詩者推為第一」。和王曇並稱「二仲」，和洪亮吉並稱「二俊」，為毗陵七子之一，詩宗李白，所作多抒發窮愁不遇、寂寞悽愴之情懷，也有憤世嫉俗的篇章，七言詩極有特色，亦能詞。平生文字收編為《兩當軒集》《西蠡印稿》。

黃丹書（清 1757～1808），字廷授，號虛舟，廣東順德人。年少能詩，13 歲縣試第一。受學使李調元所稱賞。乾隆六十年（1795）舉於鄉。官開平縣教諭，任廣州粵秀書院院監。多才多藝，詩、書、畫「三絕」。著有《鴻雪軒詩鈔》8 卷。

黃丕烈（清 1763～1825），字紹武，一字承之，號蕘圃、紹圃，又號復翁、佞宋主人、秋清居士、知非子、抱守主人、求古居士、宋廛一翁、陶陶軒主人、學山海居主人、秋清逸叟、半恕道人、黃氏仲子、民山山民、龜巢老人、復見心翁、長梧子、書魔、獨樹逸翁等。藏書室士禮居、百宋一廛、陶陶室等。江蘇吳縣人。乾隆五十三年（1788）舉人，官詮部主事。平生嗜學好古，素喜藏書，尤重宋元槧本，每有所聞，購求不遺餘力，時人目為書淫。

黃釗（1787～1853），字谷生，號香鐵，嘉應州人，清代著名詩人、方志學家和教育家。在京師，與張維屏、黃香石、林辛山、譚敬昭、吳秋航、黃小舟，被稱作「廣東七子」。在嘉應州，他與宋湘、李黼平齊名，被譽為「梅詩三家」。著有《讀白華草堂詩集》《詩紉》《賦鈔》《鐵合隨筆》《集拓古印》《苜蓿集》等詩文集。

黃明熏（清嘉慶時人，生卒年不詳），號越塵，羅浮山道士。與羅浮山道士董修廣州雲泉仙館。

黃安濤（清 1777～1848），字凝輿，一字霽青，浙江嘉善人。嘉慶十四年進士，詩人。

黃培芳（清 1778～1859），字子實，又字香石，自號粵嶽山人，廣東香山人。詩人。嘉慶九年（1804）中式副榜（副貢生），進入太學肄業。著作《永思錄》《粵嶽山人集》《詩抄》等。

黃冕（清 1795～1870），字服周，號南坡，湖南長沙人。年二十，官兩淮鹽運大使，治淮、揚賑有聲。初行海運，巡撫陶澍使赴上海集沙船與議，盡得

要領，授江都知縣。歷元和、上海，署太倉州，擢蘇州府同知，晉秩知府，署常州、鎮江，有大興作，大吏悉倚以辦。疏治劉河海口，上海蒲匯塘，常州芙蓉江、孟河，冕皆躬任之。海疆兵事起，從總督裕謙赴浙江。裕謙死難，冕牽連遣戍伊犁，既而林則徐亦至戍，議興屯田，冕佐治水利有功，赦還。江蘇巡撫陸建瀛復調冕治海運，革漕費，歲省銀數十萬，為忌者所中，劾罷歸。

黃喬松（清嘉道間人，生卒年不詳），字鑒仙，號蒼崖，番禺人。貢生，官雲南鹽課提舉。有詩名，與番禺孔繼勳、張維屏、林伯桐、段佩蘭、香山黃培芳、陽春譚敬昭，號稱「雲泉七子」。有《鯨碧樓嶽雲堂詩鈔》。

黃曾（清嘉道間人，生卒年不詳），字菊人，浙江錢塘人。道光十二年（1832）舉人，官香河知縣。極意為詩，有俗客來不作，在簿書旁不作，非有可傳可誦之句亦不作。守律極嚴，措語極工。有《瓶隱山房詩鈔》。

黃體芳（清 1832～1899），字漱蘭、叔蘭，晚號憨山老人，亦署東甌憨山老人，室名蓼綏閣、崇素堂，浙江瑞安人。同治二年進士。授編修，累遷內閣學士，督江蘇學政，建南菁書院，授兵部左侍郎。為清流派之魁，與張之洞、張佩綸、于蔭霖稱之為「翰林四諫」。曾劾駐俄使臣崇厚誤國。因劾李鴻章治兵無效，降任通政使。晚年主講金陵文正書院，列名上海強學會。著有《江蘇採訪書目》。

黃國瑾（清 1849～1890），字再同，湖南醴陵人。光緒二年（1876）進士，選翰林院庶吉士，散館授編修，充本衙門撰文、國史館纂修、會典館總纂兼任繪圖總纂官。後主講天津問津學院。光緒十六年（1890），父親在湖北布政使任上病逝，他悲痛嘔血，幾乎氣絕，奔喪至湖北，伏棺慟哭，六日後身亡，年僅 41 歲。經李鴻章、張之洞、潭繼詢等疏請，史館編入壽友烈傳。善詩文，博覽群籍，稱譽一時。家有書樓訓真書屋、詠雪樓，藏精品頗多。僅宋本元刻達數十種，如抄本宋仁宗《洪範政鑒》、宋槧本《婚禮備用》，元刻《困學紀聞》《玉海》《鮑明遠集》等，皆秘笈。藏書印有「貴築黃氏珍藏訓真書屋」「黃在同藏」「詔旨東觀讀所未嘗見書」等。所藏金石拓本亦多。

黃鳳江（清道光時人，生卒年不詳），蔡守案：鳳江姓王，精造銅爐，與張鳴岐齊名。

黃樂之（清嘉道時人，生卒年不詳），字愛廬。廣東順德人。道光壬午（1822）科舉人。歷官福建按察使、浙江按察使、浙江布政使。工書，善畫山水、蘭竹，尤擅畫水墨牡丹，又精鑒賞。著有《棗香書屋詩鈔》。

黃彭年（清 1824～1890），字子壽，號陶樓，晚號更生，貴州貴築縣人。道光二十七年（1847）進士，授編修。同治元年入駱秉章四川幕府，鎮壓石達開軍，官至湖北布政使。嘗掌教關中書院、保定蓮池書院。又應李鴻章聘修《畿輔通志》。官至江蘇布政使。亦嘗製壺。著有《三省邊防考略》《金沙江考略》《陶樓文鈔》等。

黃紹憲（清 1862～1897），字季度，廣東南海人。收藏家。所藏除唐宋元明寫經之外，以銅鼓為最。故顏其所居曰三十六銅鼓齋。善畫，《嶺南畫徵錄》有載。康有為有《題黃季度畫贈著色折枝荷花》：「絕代容華絕代姿，風鬟霧鬢見翻疑。可憐照水好顏色，披惰江波勝折枝。」

黃景侖（清代人，生卒年不詳），廣東東莞人。曾官刑部。

黃顯章（清代人，生卒年不詳），進士，曾任潮州府學教授，新會人。

黃宗繹（清中人，生卒年不詳），善秦篆漢隸。

黃彝年（清末人，生卒年不詳），山東沂水人，光緒二年（1876）進士。

黃璟（清代人，生卒年不詳），字小宋，號蜀泉、鐵石道人、二樵樵者，室名四百三十二峰草堂，南海人。官至直隸候補道，善山水、人物、花卉。每有遊歷，便以詩畫記事，有匯其平生所歷，自繪出版《壯遊圖記》，著《四百三十二峰草堂詩》四卷。

黃呂（生卒年不詳），字次黃，號六鳳山人，安徽歙縣人。是黃賓虹三十二世從祖，新安派畫家。山水、人物、花鳥、蟲魚皆臻妙境。工詩文，書法晉人。所製印遒勁蒼秀，有秦漢遺風，晚年益樸茂。作畫每自題詩以自做印鈐之，人謂四美具備。《廣印人傳》有記。

曹子臧（春秋時人，生卒年不詳），春秋時曹宣公庶子。宣公死後，國人欲立子臧，子臧逃而奔宋。

曹丕（三國魏 187～226），字子桓，曹操次子，三國時期魏朝的創建者。丕少時好弓馬，誦詩、論。及長，熟讀《五經》《四書》《史記》《漢書》。諸子百家之言，無不畢覽。生於戰亂年代，青年時便隨軍作戰。建安十六年（211），任五官中郎將、副丞相。建安二十二年（217），被曹操立為嗣。曹操死後，丕襲魏王、丞相。延康元年（220），代漢稱帝，為魏文帝，都洛陽。廟號高祖，諡號文皇帝，葬於首陽陵。著《典論》，是最早的文藝理論批評專著。原有 22 篇，後大都亡佚，只存《自敘》《論文》《論方術》三篇。

曹植（漢 192～232），字子建，沛國譙人。是曹操與武宣卞皇后所生第三

子，生前曾為陳王，諡號思，因此又稱陳思王。三國時期曹魏著名文學家，建安文學的代表人物。其代表作有《洛神賦》《白馬篇》《七哀詩》等。其詩以筆力雄健和詞采華美見長，留有集 30 卷，已佚。今存《曹子建集》為宋人所編。

曹唐（唐代人，生卒年不詳），字堯賓，桂州人。初為道士。返俗後，大中間舉進士，或云大和中進士。後為邵州、容管等使府從事。工詩，與杜牧、李遠等友善。所作《遊仙詩》，意境絢麗，頗為世傳誦。又作《病馬》詩以自況，頗傳於時。《全唐詩》收其詩二卷，共 148 首。

曹昭（明洪武時人，生卒年不詳），字明仲。松江人，撰《格古要論》。其書成於洪武二十年（1388），全書共 3 卷 13 論。上卷為古銅器、古畫、古墨蹟、古碑法帖四論；中卷為古琴、古硯、珍奇（包括玉器、瑪瑙、珍珠、犀角、象牙等）、金鐵四論；下卷為古窯器、古漆器、錦綺、異木、異石五論。

曹溶（清 1613～1685），字秋岳，一字潔躬，亦作鑒躬，號倦圃、鉏菜翁，浙江秀水人。崇禎十年（1637）進士，降清後官至廣東布政使。好收宋元文集，工詩詞，著有《靜惕堂詩詞集》《靜惕堂宋元人集書目》《靜惕堂尺牘》4 卷等，輯有叢書《學海類編》。

曹廉讓（清康熙時人，生卒年不詳），字希文，號廉齋，浙江海寧人，乃名將曹履泰之孫。康熙三十八年（1699）舉人，工書法，查慎行稱他是「不羈制徒」，以篆刻聞名於世。著有《廉讓堂詩集》《廉讓唱和集》，他的詩很受王士禎的賞識。

曹文埴（清 1735～1798），字竹虛，號近薇，安徽歙縣人。乾隆二十五年（1760）二甲一名進士，改庶吉士，授編修。直懋勤殿，四遷翰林院侍讀學士，命在南書房行走，教習皇子。再遷詹事府詹事。授左都御史。歷刑、兵、工、戶諸部，兼管順天府府尹。後擢戶部尚書。為官持正，不附權臣和珅。以母老引退。

曹載奎（1782～1852 後），字秋舫，室名懷米山房、三祝吾廬，蘇州人。金石、青銅器收藏大家，著有《懷米山房藏器目》《懷米山房吉金圖》。

曹貽孫（清末人，生卒年不詳），字梓牟，又字次謀，湖南茶陵人。光緒六年（1880）榜眼。曹貽孫參加光緒六年會試，入呈貢士。殿試策問察官、興農、善俗等事，曹貽孫以經典為本源，懲勵為手段，崇儉足兵必致治世，闡明己見。高中榜眼，授翰林院編修。光緒十五年，曾出任會試同考官。

菩提留支（北魏時入華，生卒年不詳），北印度人。他是大乘瑜伽系的學

者，得到世親直系的傳承。於北魏永平元年（508），攜帶大量梵本，經過西域來到中國洛陽，受到北魏宣武帝的禮遇，住永寧寺翻譯佛經，先譯出一些瑜伽學系的重要著述，《究竟一乘寶性論》4 卷，《法華經論》2 卷，《十地經論》12 卷，《寶積經論》4 卷，《十地經論》。前後將近 30 年，總共 30 部，101 卷。其中重要的經論有：《金剛般若波羅蜜經》1 卷，《彌勒菩薩所問經》1 卷，《勝思惟梵天所問經》6 卷，《深密解脫經》5 卷，《入楞伽經》10 卷，《大薩遮尼乾子所說經》10 卷，《彌勒菩薩所問經論》5 卷，《金剛般若經論》3 卷，《文殊問菩提經論》2 卷，《勝思惟梵天所問經論》4 卷，《無量壽經論》1 卷，《百字論》《唯識論》1 卷等。

雪磵（元代人，生卒年不詳），和尚，擅繪畫。

盛弘之（南朝宋人，生卒年不詳），字宏之，曾官侍郎。文學家，史學家。曾任臨川王劉義慶侍郎，與鮑照友善，著《荊州記》三卷，述荊州地區的郡縣城郭、山水名勝。內容翔實，語言峻潔優美，行文駢散相間，是出色的山水文學作品。原書已佚，輯本約 24 萬字。正文依巴東、南郡、江夏、襄陽、南陽、順陽、宜都、武陵、長沙、衡陽、桂陽、豫章、始安、始興等郡，各郡分縣記述境內名勝古跡、洞穴礦泉、地方特產、歷史典故、神話傳說、高山大川等。尤以泉水、洞穴居多，也是荊州地質一大特徵。所引民歌民謠，頗有文學價值。

盛懋（元代人，生卒年不詳），字子昭，原籍浙江臨安，善畫，僑居嘉興魏塘鎮，吳鎮同時代，且為鄉鄰，「比門而居」，主要活動於元至正（1341～1370）年間。父盛洪，字文裕，善畫人物、花鳥、山水。盛懋承襲父業，初學陳琳（仲美）。陳氏乃趙孟頫弟子。

盛時泰（清 1529～1578），字仲交，號雲浦，晚號大城山樵，上元人。嘉靖進士。博學多才，文氣橫溢。以書、畫、文章擅名一時，尤善畫，為吳派名畫家。著有《盛時泰借書錄》《秣陵盛氏族譜》《金陵人物志》《金陵紀勝》《牛首山志》《棲霞小志》《大城山志》《金陵品泉》《玄牘記》《茶事匯輯》《閱古編》《遊吳雜記》《大城山全集》等。

盛大士（清代人，生卒年不詳），著《泉史》16 卷。

盛志達（清代人，生卒年不詳），著《歷代錢法年號通考》。

盛山甫（清代人，生卒年不詳），畫家。

區玉章（清中期人，生卒年不詳），著《息踵軒剩草》一卷。

國英（約 1821～1890），滿姓索綽絡，出身沒落世勳之家，幼時家貧，20

歲左右補為樞曹。同治三年（1864）與朋友共創崇正義塾，後屢蒙恩擢，所得俸銀悉用購書，所藏亦漸為豐富。光緒二年（1876）在北京崇內東觀音寺胡同家塾內建藏書樓五楹，名為共讀樓，實為一座私人圖書館，藏書三千餘種，二萬多冊，法帖四百餘冊。滿漢皆收，有清光緒六年（1880）吉林索綽絡氏家塾刊本。

婁機（宋 1133～1212），字彥發，居楓涇鎮。小學大家、史學家。曾祖婁億，祖婁乾耀，俱為將仕郎。父婁壽，南宋紹興三十年（1160）以奉議郎知崇安軍事，乾道二年（1166）進士，授鹽官尉。歷含山縣（在安徽省）主簿、於潛縣丞、江東提舉司幹辦公事、安西知縣、太常博士、秘書郎等職。著有《歷代帝王總要》。

許光治（清 ？～1855），字龍華，海昌人。少穎悟，從兄光清學。弱冠後，以授徒為生。又旁涉諸藝事，自書、畫、篆刻，以至醫藥、音樂、皇極、奇門等，無不通曉。工散曲，生平最佩張可久、喬吉之作，著有《江山風月譜》一卷，《中國詩史》，存小令 50 餘首。

許光清（清 1802～1860），初名洪喬，一名丙鴻，字雲堂，號心如，改號蕢那，別號天田牧，浙江海寧人。道光三十年府學歲貢生。

許庚身（清 1825～1893），字星叔，又字吉珊，浙江仁和人。咸豐二年舉人。充軍機章京，曾策劃鎮壓太平軍及撚軍。同治元年進士，累遷鴻臚寺少卿，擢禮部侍郎。中法戰爭起，任軍機大臣，兼總理各國事務衙門大臣。光緒十年（1888）升兵部尚書。在清廷樞垣近三十年，與兵事相始終。諡恭慎。

許振煒（清晚期人，生卒年不詳），曾任陝西學正，廣東巡撫，河道總督。

許謹齋（清代人，生卒年不詳），康熙時詩人，餘不詳。

章得象（宋 978～1048），字希言，建州浦城人，真宗咸平年間進士，為大理評事，知江西玉山縣。歷知臺州、南雄州、洪州。後除權三司度支判官，尚書省刑部郎中。出使契丹，以兵部郎中知制誥。為翰林學士 12 年，正當太后劉娥聽朝，宦官權盛，他獨立自守，被宋仁宗賞識，為相八年，不用私人親戚，對范仲淹的慶曆新政持緘默態度。常為言官彈劾，自己也多次上書請辭。卒後追贈太尉兼侍中，諡文憲，後改文簡。族子章惇。

章麗真（宋代人，生卒年不詳），又名麗貞。本南宋宮女，詞人。1276 年，元軍破臨安，謝太后乞降。不久帝后三宮三千多人遷往元都。當時身為琴師的詞人汪元真三次上書，求為道士而返回江南。在其辭別元都將要南行之際，南

宋舊宮人為之踐行，並賦詩相送。《宋舊宮人詩詞》載章麗真《長相思》這首詞即作於此時。「吳山秋。越山秋，吳越兩山相對愁。長江不盡流。　風颼颼。雨颼颼。萬里歸人空白頭。南冠泣楚囚。」

　　章耀廷（清代人，生卒年不詳），字黼卿，湖州人。咸豐十年（1860）庚申進士。曾任江西御史。

　　章珠垣（清末人，生卒年不詳），擅古琴學。

　　康曾定（清代人，生卒年不詳），字少侯，號麥生，興縣人。道光己酉拔貢，河南候補知縣。

　　清河僧智海（唐代人，生卒年不詳），善小篆，曾參與顏真卿修訂《韻海鏡源》，事見《全唐文》卷514《顏魯公行狀》。

　　淨蓮（清代人，生卒年不詳），女道士。姓王，字韻香，號清微道人，又號玉井道人，又號二泉，江蘇無錫人。中年慕道，遂為女冠，居福慧雙修庵。解琴理，嫻吟詠，善書畫。書學靈飛經，秀骨天成。畫長蘭竹，娟靜疏朗，別具風格。

　　梁灝（宋963～1004），字太素，鄆州須城人。雍熙二年（985），考取狀元，任大名府觀察推官。其間，曾與楊勵、朱臺符、李若拙同掌科舉事務。又與錢若水等人同修《太祖實錄》及《起居注》。有吏才，每上朝進奏，辭辯明敏，對答如流，真宗甚為嘉賞。群臣奏章，多教灝參議。景德元年（1004），任開封知府。著有文集15卷。

　　梁師我（宋代人，生卒年不詳），宋徽宗時官員。

　　梁儲（明1451～1527），字叔厚，號厚齋、鬱洲居士，順德人。成化十四年（1478）進士，選庶吉士、翰林編修。弘治四年（1491）進太子侍講、翰林學士，參撰《明會典》，遷吏部右侍郎，奉命出使安南。正德元年（1506），遷吏部尚書，參撰《明孝宗實錄》，拜文淵閣大學士，入閣參與機務，遷華蓋殿大學士，太子少師，出任內閣首輔（丞相）。正德十四年（1519），授特進光祿大夫、左柱國。嘉靖元年（1521），辭官還鄉。謚文康。

　　梁袠（明代人，生卒年不詳），字千秋，江蘇揚州人，居住南京。篆刻守其師何震法，能逼真。沈生予曾請何震治印五百餘方，並以能鑒別何震作品真偽而自豪，及見梁袠篆刻，竟難辨別何、梁作品。著有《印雋》四卷，為考證何震作品的重要佐證。

　　梁小玉（明代萬曆至崇禎年間人，生卒年不詳），字玉姬，號琅環女史，

浙江武林（杭州）人，能賦詩操琴。為普陀三秀祠建祠，到宜興特製茗壺為祭器。所製砂壺不落俗套，並能自撰銘文。《西泠閨詠》記曰：七歲賦落花詩，八歲摹大令帖，長而遊獵群書，作兩都賦半載而就。《琅環集》二卷。嘗商略古今名媛，奉薛濤為盟主，以蘇小小、關盼盼配，享曰花壇三秀之祠。

梁年（明代人，生卒年不詳），字大年，揚州人。與其兄梁褒同居南京。亦精篆刻。

梁詩正（清 1697～1763），字養仲，號薌林，又號文濂子，錢塘人。書法家。擅詩文，同杭世駿、陳兆崙等六人結月課詩社。雍正八年（1730）探花，授翰林院編修，旋充《大清一統志》纂修官。雍正十二年（1734）選入上書房。乾隆初為南書房行走，遷戶部侍郎。建議八旗應行邊屯，停止募補綠營，以補國用。乾隆十年（1745）擢戶部尚書。上疏皇帝以節儉為要。乾隆十三年（1748），調兵部尚書。次年，為刑部尚書，翰林院掌院學士，協辦大學士。乾隆十五年（1750），調吏部尚書。乾隆二十三年（1758），丁父憂，召署工部尚書，調署兵部尚書。乾隆二十五年（1760），仍命協辦大學士，兼翰林院掌院學士。乾隆二十八年（1763）授東閣大學士。諡文莊。

梁清標（清 1620～1691），字玉立，號棠村、蕉林，別號蒼岩子，齋號秋碧堂，河北正定人。明崇禎十六年（1643）進士。清順治元年（1644）授編修。官至戶部尚書、保和殿大學士。精鑒賞，享譽一時。其蕉林書屋，貯圖書、書畫之屬，有富甲海內之譽。刻《秋碧堂法帖》。另有《蕉林詩集》《蕉林文稿》《棠村詞》等行世。

梁楑（清 1628～1673），字器甫，自號寒塘居士、鐵船道人，廣東順德人。工書，擅畫山水，創立「寒塘畫派」。曾與陳恭尹、羅孫耀、劉雲漢等結石湖詩社，為詩力追中唐，沖淡有自得之致。與友人陳恭尹、何衡、何絳、陶窳相與砥礪名節，發憤讀書，世稱「北田五子」。

梁章巨（清 1775～1849），章鉅一作章巨，字閎中，亦字蘆林，一作蘆鄰，又號最芝鄰，晚號退庵，室名二思堂，福建長樂人。嘉慶七年進士。歷官禮部主事，軍機章歲京，禮部員外郎，湖北荊州知府，江南淮海道，江蘇、山東、江西按察使，甘肅布政使。鴉片戰爭期間，為廣西巡撫，率兵駐梧州防堵。道光二十一年（1841），調江蘇巡撫，即赴上海防堵英軍。裕謙死難後，受署兩江總督。梁氏先後五任蘇撫，稔知地方利弊，善於用人理財。為學綜覽群書，詳於掌故。善書，法兼歐、董，其小行楷意尤勁秀。著述甚富。有《歸日琰記》

《浪跡叢談・續談》《樞垣紀略》《三國志旁證》《文選旁證》《楹聯叢話》。

梁廷枏（清 1796～1861），字章冉，號藤花亭主人，廣東順德人。性聰穎，博學多才。青年時代就鑽研金石考據之學，寫成《金石稱例》。道光十四年（1834）獲選副貢生。官澄海教諭。道光二十九年（1849）因辦夷務有功，奏獎內閣中書銜。咸豐三年（1853）參與纂修《順德縣志》。工書善畫，書法俊秀，畫仿元人金碧山水，筆致工細，著《南漢書》18 卷，《南漢考異》18 卷，《南漢書文字》四卷，《南漢叢錄》二卷，《南越五主傳》二卷，《南越叢錄》二卷，《耶穌難入中土說》一卷，《蘭侖偶說》四卷，《合省國說》三卷，《粵東貢國說》六卷，《論語古解》10 卷，《東坡事類》22 卷，《金石稱例》四卷，《續金石稱例》一卷，《書餘》一卷，《藤花亭書畫跋》五卷，《惠濟倉建置略》一卷，《經辦祀典》一卷，《藤花亭散體文》10 卷，《藤花亭駢體文》四卷，《藤花亭詩集》四卷，《藤花亭曲譜》五卷，《江南春詞補傳》一卷。

梁麟生（清中期人，生卒年不詳），字越裳，順德縣秀才。

梁僧寶（清 1836～1899），原名思問，字伯乞、廣東順德人。佛山梁園創始之一。

梁九圖（清 1816～1880），自幼聰明，博覽群書，咸豐九年（1860）進士，授禮部主事，歷升員外郎，掌印郎中兼軍機處行走，監察御史，鴻臚寺少卿。著有《古易義》《尚書涇渭錄》《經籍纂詁訂訛》《通鑒輯覽年表》《說文條系隸正》《古術今測》等。又精通音韻學，著有《切韻求蒙》一卷，《四聲韻譜》16 卷。

梁志文（清末人，生卒年不詳），號伯尹，廣東南海人。光緒二十年進士，宣統年間任吏部主事。

梁玉書（生卒年不詳），字素文，奉天新民人，曾任清度支部郎中。

符翕（清？～1886 在世），字梓琴，一字子琴，號石叟，別署朋石子、蔬筍屠士，室名蔬筍館，湖南衡陽人。書畫篆刻家，畫學徐渭，久官廣東，北遊京師。以書、畫、印名重一時。有《蔬筍館印存》。

崔實（東漢時人，生卒年不詳），又名崔寔，字子真，冀州人。東漢後期政論家、農學家，著有《四民月令》《政論》等，東漢著名文學家崔瑗之後，與蔡邕齊名，號稱「崔蔡」。

崔豹（晉代人，生卒年不詳），字正雄，西晉漁陽郡人。晉武帝時為典行王鄉飲酒禮博士，咸寧四年（278）所立之辟雍碑記載，他在晉惠帝時官至太

子太傅丞。

崔液（唐？～714），字潤甫，定州安喜（今河北定州）人，尤其擅長五言詩。官至殿中侍御史。因崔湜獲罪應當流放，逃亡到邠州，作《幽征賦》抒發情懷，用詞十分典雅華麗。遇到大赦返回，去世。友人裴耀卿編纂其遺文為文集十卷。

崔顥（唐 704～754），汴州人，唐代詩人。唐玄宗開元十一年（723）進士，官至太僕寺丞，天寶中為司勳員外郎。最為人稱道的是他那首《黃鶴樓》，據說李白為之擱筆，曾有「眼前有景道不得，崔顥題詩在上頭」的讚歎。《全唐詩》收錄詩 42 首。

崔希範（唐代人，生卒年不詳），號至一真人。撰《崔公入藥鏡》，簡稱《入藥鏡》一卷。

崇恩（？～1863），姓覺羅氏，字仰之，號語鈴，別號香南居士，亦稱語鈴道人，滿洲正藍旗人。舒敏子。由廩貢生官至山東巡撫。工書畫，喜收藏、精鑒賞，收藏歷代書畫、古籍碑帖極富，是清代中晚期著名的書法家、收藏家、鑒賞家、金石學家。著有《香南居士集》《香南精舍金石契》《金石玉銘》《琴軒詩草》《崇雨舲中丞詩稿守岱集》等。

崇裕（元代人，生卒年不詳），和尚。

屠隆（明 1543～1605），字長卿，一字緯真，號赤水、鴻苞居士，浙江鄞縣人。明代文學家、戲曲家。書畫造詣頗深，與胡應麟等合稱「明末五子」。萬曆五年（1577）進士，曾任潁上知縣、青浦知縣、禮部主事、郎中等官職，為官清正，關心民瘼，後罷官回鄉。屠隆是個怪才，好遊歷，博學，精通曲藝。屠隆寫戲編戲演戲，家中自辦戲班，聘請名角。戲曲主張「針線連絡，血脈貫通」，「不用隱僻學問，艱深字眼」，編導過整出戲無曲，賓白演出始終（話劇的雛形），廣受歡迎。著述有《彩毫記》《曇花記》《修文記》《白榆集》《由拳集》《鴻苞集》《觀音考》等。《香箋》是屠隆雜著《考盤餘事》四卷之一。

屠倬（清 1781～1828），字孟昭，號琴隖，一作琴塢，晚號潛園，浙江錢塘人。嘉慶十三年（1808）進士。任江蘇儀征縣令時，以紡織之具教民，頗得民心。道光元年（1821）官至袁州知府。善畫山水。遠宗董源、米芾，近師奚岡。意境開拓，筆墨蒼潤，有融渾秀逸之氣。兼工花卉蘭竹，金石篆刻亦具功力。篆刻宗陳鴻壽，用單刀刻款，得自然渾樸之趣。亦工詩，著有《是程堂詩文集》。

張湯（漢？～前115），西漢杜陵人。幼時喜法律，曾任長安吏、內史掾和茂陵尉。後補侍御史。因為治陳皇后與淮南、衡山二王謀反之事，得到武帝賞識。先後晉升為太中大夫、廷尉、御史大夫。與趙禹編定《越宮律》《朝律》等法律著作。用法主張嚴峻，常以春秋之義加以掩飾，以皇帝意旨治獄準繩。曾助武帝推行鹽鐵專賣、告緡算緡，打擊富商，剪除豪強。頗受武帝寵信，多行丞相事，權勢遠在丞相之上。元鼎二年（前115），御史中丞李文及丞相長史朱買臣構陷，被令自殺。死後家產不足五百金，皆得自俸祿及皇帝賞賜。

張陵（漢34～156），又名張道陵，沛國豐人。曾入太學，通曉五經。明帝年間任巴郡江州令。順帝在位時於鵠鳴山修道。永和六年（141）作道書24篇，自稱「太清玄元」，創立道派。入道者要交納米五斗，故稱五斗米道。用符水咒法治病，教人悔過通道。建二十四治，設祭酒以領道眾。其徒尊為天師。後裔繼承道法，世居今江西貴溪龍虎山，稱張天師。

張衡（漢78～139），字平子，南陽郡西鄂縣人。舉孝廉出身，歷任郎中、太史令、侍中、河間相等職。晚年因病，入朝擔任尚書。在天文學方面著有《靈憲》《渾儀圖注》等，數學著作有《算罔論》，文學作品以《二京賦》《歸田賦》等為代表，與司馬相如、揚雄、班固並稱「漢賦四大家」。《隋書·經籍志》有《張衡集》14卷，已散佚。明張溥輯有《張河間集》。

張華（晉232～300），字茂先，范陽方城人。西晉政治家、文學家、藏書家。曹魏時期歷任太常博士、河南尹丞等職，西晉拜黃門侍郎，封關內侯。博覽群書、學識淵博，工於詩賦、精通目錄學，除編撰《博物志》外，還曾與荀勖等人依照劉向《別錄》整理典籍。明人張溥輯有《張茂先集》。《博物志》內容包羅萬象，有山川地理知識，有歷史人物傳說，有奇異草木蟲魚和飛禽走獸，也有神仙方技記錄等。

張揖（三國時魏人，生卒年不詳），字稚讓。所著《廣雅》10卷，共18150字，體例篇目依照《爾雅》，字按意義分類相聚，釋義多用同義相釋的方法。因博采經書箋注及《三蒼》《方言》《說文解字》等書增廣補充，故名《廣雅》，是研究古代漢語辭彙和訓詁的重要著作。

張鷟（唐660～740），字文成，號浮休子，深州陸澤縣人。唐高宗調露年間，進士及第，起家岐王（李範）府參軍，歷任河陽縣尉、長安縣尉、鴻臚寺丞，號稱「青錢學士」。武后證聖年間，擢任侍御史。唐玄宗時期，得罪宰相姚崇，遷司門員外郎。著有《朝野僉載》《龍筋鳳髓判》《遊仙窟》。

張說（唐 667～730），字道濟，一字說之，范陽方城人。早年參加制科考試，策論為天下第一，歷任太子校書郎、左補闕、右史、內供奉、鳳閣舍人，參與編修《三教珠英》。不肯誣陷魏元忠，流放欽州。神龍革命後，返回朝中，任兵部員外郎，累遷工兵二部侍郎、中書侍郎，加任弘文館學士。拜相後，不肯黨附太平公主，貶為尚書左丞，拜中書令，冊封燕國公。姚崇拜相後，出任相州刺史，遷岳州刺史。在宰相蘇頲進言下，改任荊州長史，轉并州長史、天兵軍大使，安撫同羅、拔曳固等部，討平突厥叛將康待賓，拜兵部尚書。討平康願子叛亂，建議裁撤鎮軍，整頓府兵，出任中書令，加集賢院大學士，倡議唐玄宗封禪泰山，進封右丞相。為官好物貪財，排斥異己，和同僚關係緊張，為時所譏。

張九齡（唐 678～740），字子壽，一名博物，韶州曲江人。七歲知屬文，唐中宗景龍初年進士，始調校書郎。玄宗即位，遷右補闕。唐玄宗開元時歷官中書侍郎、同中書門下平章事、中書令。母喪奪哀，拜同平章事。諡文獻。舉止優雅，風度不凡，宋代廣東韶關建有風度樓紀念。有《曲江集》。

張文成（唐代人，生卒年不詳），寧州襄樂縣尉人。作《遊人窟》。

張垍（唐代人，生卒年不詳），張說次子，妻寧親公主，拜駙馬都尉，杜甫有贈張垍詩一首。《全唐詩》存其詩一首。清袁枚云張垍纂《唐控鶴監秘記》，記武后淫穢事。後人也有說是袁枚自作托名。

張彥遠（宋約 815～約 875），字愛賓，河東人。乾符初官大理寺卿。《歷代名畫記》書成於大中元年（847）。前三卷通論畫學，認為繪畫功能是「成教化，助人倫，窮神變，溯幽微，與六籍同功，四時並運」。進而言之：「見善足以戒惡，見惡足以思賢。留乎形容，或昭盛德之事，具其成敗，以傳既往之跡」。並記述長安、洛陽兩京和外州寺觀壁畫，以及古書畫跋尾押署、宮廷和私人收藏印記等。其論「六法」，強調立意和用筆；指出畫風演變，因時而異，提出「古人之意，在顯其所長」，「書畫之藝，皆須意氣而成」。闡明書畫用筆同理等，具有卓見。後七卷係從軒轅時起，至唐會昌元年間，列歷代畫家共 373 人小傳，為存世同類著作最早者。

張伯端（宋 984～1082），字平叔，號紫陽，後改名用成（誠），天台人。敕封紫陽真人。自幼聰明好學，涉獵三教經書，及刑法、書算、醫卜、戰陣、天文、地理、吉凶死生之術。歸臺州，築室山居，於熙寧八年（1075）著成《悟真篇》。北宋內丹學的集大成者，早於全真教。他主張以內丹為修仙途徑，而

以「性命雙修」為其內煉大旨。認為以人體為鼎爐，以人的身心中的精氣為藥物，以神為火候，通過內煉（煉神返虛），使精氣凝聚不散，結成「金丹大藥」。他的道教思想深受佛教禪宗影響，主張「三教合一」，試圖以道教修煉性命之說融合儒釋道三教。被全真道尊為「南宗始祖」，並與杏林翠玄真人石泰、道光紫賢真人薛式、泥丸翠虛真人陳楠、瓊炫紫虛真人白玉蟾被全真道奉為「南宗五祖」。《四庫全書》將其所著《悟真篇》與漢代魏伯陽的《周易參同契》並稱「丹經王」。此外，還著有《玉清金笥青華秘方》《金丹四百字》《金華秘訣》等。

張孝祥（宋 1132～1169），字安國，別號于湖居士。紹興二十四年（1154）廷試第一。孝宗朝，累遷中書舍人，直學士院、領建康留守。尋以荊南湖北路安撫使請祠。有《于湖集詞》一卷。

張臺（宋代人，生卒年不詳），著《張氏錢錄》。

張士亨（宋代人，生卒年不詳），宋徽宗時官員。

張珪（元 1263～1317），字公端，自號潛庵，衛州人，張弘範之子。大德三年（1299）拜江南行臺御史，延祐二年（1315）拜中書平章政事，封蔡國公。工書法，端重嚴勁，腕力尤健。卒年 65。

張詡（明 1456～1515），字廷實，號東所，廣東南海人。受業於陳白沙。成化年間進士。

張風（明？～1662），風，一作鶴，字大風，號升州道士，又號上元老人，或署「真香佛空」「真香佛空四海」，江蘇南京人。崇禎時生員，明亡後不為官。擅畫山水、人物、花卉，也精於肖像。能詩詞，著有《雙鏡庵詩鈔》《上藥亭詩餘》。還有《論畫簡四通輯》，入周亮工《尺牘新鈔》。

張謙德（明代人，生卒年不詳），字叔益，後改名醜，字青父，號米庵，又號蠔覺生，昆山人。撰有《名山藏》《清河書畫舫》《真跡日錄》《朱砂魚譜》《瓶花譜》等書。

張鳴岐（明代人，生卒年不詳），浙江嘉興人，工藝美術家，精製銅爐。選用精煉紅銅，銅質純淨，所作手爐爐體不銹蝕，爐蓋爐身吻合緊密，經千萬次開合而不鬆動。爐的內壁光滑。爐底部都有刻款，以小篆出之，書法自然有度，運刀信手拈來，遊刃有餘。

張大復（明約 1554～1630），字元長，自號病居士，蘇州人。戲曲作家、聲律家。壯歲遊歷名山大川。初患青光眼，憑微弱的視力堅持寫作、教書。原

本家底殷實，因請江湖遊醫鐵鞋道人醫治眼疾，典賣祖傳字畫、良田，但越來越重，至 40 歲失明。主要以口述的方式讓人記錄整理了名著《梅花草堂筆談》，記下自己設館、作幕、出遊的見聞，包括著名人物的言行、家鄉風土人情、災荒與兵寇、水利沿革以及崑曲的興起與發展等。此外，還完成了《噓雲軒文字》《昆山人物傳》《昆山名宦傳》《張氏先世紀略》等著作。他的文章被譽為「震川（同鄉歸有光字）後一大家」。陳眉公在《梅花草堂筆談》序中有這樣一段話：「元長貧而不能享客而好客，不能買書而好讀異書，老不能徇世而好經世，蓋古者狷俠之流。讀其書可以知其人也。」與他交往較多的湯顯祖也說：「讀張元長先世事略，天下有真文章矣。」著《梅花草堂筆談》14 卷，隨筆集。

張溥（明 1602～1641），字乾度，一字天如，號西銘，蘇州人。崇禎四年（1631）進士，選庶吉士。與郡中名士結為復社，評議時政，是東林黨與閹黨鬥爭的繼續。一生著作宏豐，編述三千餘卷，涉及文、史、經學各個學科，精通詩詞，尤擅散文、時論。著有《七錄齋集》《五人墓碑記》等。

張穆（清 1607～1688），字穆之，號鐵橋，亦號鐵橋道人，廣東東莞人。少時在羅浮山讀書，漫遊羅浮的山水名勝，因喜愛山中鐵橋勝景，故引以為號。崇禎五年（1632），逾南嶺向北遊歷，足跡到達衡嶽、湖湘、楚南、吳越、錢塘等地。崇禎八年返回家鄉茶山。清順治二年（1645），南明唐王朱聿鍵即位於福州。張穆聞訊後入閩附唐王，在南明的御營兵部留用。其間曾受命與抗清忠烈之士張家玉到惠州、潮州募兵，並用書信招服了聚眾攻打澄鄉的賴其肖歸順南明抗清。翌年，唐王被清軍所殺，明皇室自起內亂，張穆辭官歸里，過著隱居生活。與澹歸和尚（今釋）交往甚密，常在一起談經論畫。曾與陳子升、屈大均、陳恭尹、梁佩蘭等名士雅集於高儼的西園旅舍吟詠寫畫。這段時間，詩畫作品較多。

張塤（清早期人，生卒年不詳），字聲百，撫寧人。康熙癸酉舉人，官內閣中書。有《秦遊詩》。

張喬（明 1615～1633），字喬婧，號二喬，人稱喬仙或張麗人，蔡守又作「倩」，原籍蘇州，為明末廣東著名歌姬，寓於廣州玉帶濠畔。與陳子壯、黎遂球、鄺露、彭孟陽等名流相往還，崇禎六年（1633），年十九因病早夭。好詩詞，善畫蘭竹，著有《喬仙遺稿》130 餘首，後由彭孟陽輯入《蓮香集》一書中。張喬歿後十一年，弘光元年（1644）閏六月廿六日，由彭孟陽發起，廣州名士以至緇流名媛，人手一花，為麗人送葬，黎遂球為作《墓誌銘》。眾人

環植百花於塚前，號花塚。並輯張喬遺稿暨諸名士哀挽之作、墓銘墓圖等，匯成《蓮香集》。對張喬的悼念活動，也寄託了明末遺民婉曲的亡國之思，而張喬與彭孟陽的愛情故事，也為坊間津津樂道。入清後，花塚漸被稱作百花塚，四百年間，遂為廣州名勝。

張岱（清 1597～1689？），一名維城，字宗子，又字石公，號陶庵、陶庵老人、蝶庵、古劍老人、古劍陶庵、古劍陶庵老人、古劍蝶庵老人，晚年號六休居士，浙江山陰人。善詩畫，有「若以有詩句之畫作畫，畫不能佳；以有詩意之詩為詩，詩必不妙」觀點。明亡後，避兵災於剡中，後隱居四明山中，堅守貧困，潛心著述。著有《陶庵夢憶》《石匱書》等。

張泓（清代人，生卒年不詳），號西潭，乾隆兩度任劍川知州，廉潔勤政，頗得民心，所著《滇南新語》中多記載劍川史實。

張錦芳（清 1747～1792），字粲夫，一字藥房，又字花田，號藥房。廣東順德人。乾隆五十四年（1789）進士，授翰林院編修。詩書畫「三絕」。與胡亦常、馮敏昌稱「嶺南三子」，又與黎簡、黃丹書、呂堅並稱「嶺南四家」。著有《逃虛閣詩鈔》六卷、《南雪軒文鈔》二卷、《南雪軒詩餘》一卷。

張香修（清乾嘉間人，生卒年不詳），初名秋月。幼媵於無錫嵇相國家。嚴元照娶於嵇，乃謀諸中閨而胗合焉。且援《十六觀經》戒香薰修之語，字之曰香修。

張青選（清乾嘉間人，生卒年不詳），字商彝，號雲巢，廣東順德人。清乾隆五十四年（1789）舉人。官至直隸按察使、湖北按察使。致仕，居杭州，尋卒。工行書。

張燕昌（清約 1769～1839），字苞堂，又字仲魚。浙江海鹽人。乾隆四十二年（1777）優貢，嘉慶元年（1796）舉孝廉方正。著《金石契》，不分卷。以五音分冊。首有王傑、朱琰、杭世駿等人序言及錢大昕、魏成憲等人題詩。書末有查夢齡、楊建、劉世珩重刊時題跋。書四冊，按商、角、徵、羽各一冊。所收金石，凡金屬 52，石屬 22，附錄金 3 石 1，續錄戈戟各 1，共 81 種。各依原物，或只摹其款識，或兼圖其形狀，以己所考釋，及各家題記和詩歌附之。於諸家金石圖錄題跋體例之外，別成一格。所錄圖物，與諸家圖錄款識相比，顯得簡略。因其是根據原銘原式摹入，較之有些書多從摹本重刊者，稍勝一籌。至於篇中摹文，根據各家所提出的誤處，互相刊校，則書中所摹，有誤亦有不誤者。初刻本為乾隆三十六年（1777），劉氏重刻重定本為嘉慶八年

（1803）。「續修四庫」所收為貴池劉氏重刻重定本。

張衍基（清1755～？），字晉熙，號鑒堂，南豐人。嘉慶十三年（1808）進士，曾任瓊州府學教授，由陝西定邊鹽大使，降補刑部郎中。嘉慶十五年，以常鎮道遷河南按察使，改廣東按察使，仕至雲南布政使。

張如芝（清？～1824）），字墨池，一字默遲，別署默道人、荷村漁隱。順德人。乾隆五十三年（1788）舉人，官海防同知。工書，善畫。《嶺南畫徵略》謂「秀潤中有書卷氣，粵中畫家二樵、里甫外，當推墨池」。

張熊（清1803～1886），又名張熊祥，字壽甫，亦作壽父，號子祥，晚號祥翁，別號鴛湖外史、鴛湖老人、鴛湖老者、鴛鴦湖外史、西廂客。別署清河伯子，髯參軍，室名銀藤花館。浙江秀水人。畫家，工花卉，兼作人物山水。配鍾氏惠珠，字心如，又號醒音。工寫梅，作設色花卉，亦娟秀。

張澹（清？～1846），字耕雲，一字新之，號春水，江蘇震澤人。貢生。嗜畫入骨，得錢志偉指授，所作山水古峭幽逸。初遊武陵馬履泰、屠倬咸與訂交，後入湯貽汾幕。妻陸氏，名惠，字璞卿。幼即明慧，並工詩畫。著有《風雨茅堂詩文稿》。

張長發（清代人，生卒年不詳），豐順人。舉人。嘉慶十七年（1812）任新會縣訓導。

張問陶（清1764～1814），字仲冶，一字柳門，號船山，亦號蜀山老猿，四川遂寧人。乾隆五十五年（1790）進士，歷官翰林院檢討、江南道監察御史、貴州道監察御史、浙江道監察御史、山西道監察御史、禮科給事中、吏科給事中、欽命京畿道監察御史、吏部郎中。嘉慶十五年（1810），出任山東萊州知府，後辭官寓居蘇州虎邱山塘。善詩書畫。撰有《船山詩草》，存詩3500餘首。

張邦佐（清嘉道間人，生卒年不詳），字惺門，廣東順德人。副貢生。四川候補知縣。歷署會理天全州知州、合江縣知縣。詩才清妙，善丹青。

張辛（清嘉道間人，生卒年不詳），字受之，浙江嘉興人。何紹基作《張受之略傳》云：「道光丁未春，嘉興布衣張辛，字受之。」還有吳昌碩繪張受之小像並陳介祺跋語。

張海鵬（1755～1816），字若雲，一字子瑜，江蘇常熟人。刻書家、藏書家。江南名藏書家錢曾、毛晉的藏書散出後，多為其收藏。刻有《學津討原》《墨海金壺》《借月山房匯鈔》等書，流傳頗廣。

張惠言（清1761～1802），字皋文，號茗柯，江蘇常州人。嘉慶四年（1799）

進士，官編修，深於易學，與惠棟、焦循一同被後世稱為「乾嘉易學三大家」，並為常州詞派之開山。

　　張廷濟（清 1768～1835），字叔未，浙江嘉興人。善真、隸書，行楷源出顏真卿。《清史列傳》稱：「叔未書，法南宮，草隸獨出冠時。」著有《金石文學》《清儀閣所藏古器物文》《清儀閣金石題識》《清儀閣古印偶存》等。

　　張維屏（清 1780～1859），字子樹，一字南山，又號南子，別號松心，又號松心子，晚年也自署珠海老漁、唱霞漁者，廣東番禺人。嘉慶九年（1804）舉人，道光二年（1822）進士。歷官黃梅、廣濟知縣，南康知府。道光十六年（1836）辭官歸里，隱居「聽松園」，閉戶著述。工詩，30 歲已卓然成家。中舉後至都，翁方綱嘗曰「詩壇大敵至矣」。有《國朝詩人徵略》《張南山集》《學海堂》《經字異同》《讀經求義》《海天霞唱》《盧秀錄》及纂《龍門縣志》等。

　　張祥河（清 1785～1862），字詩舲，江蘇婁縣人。嘉慶二十五年進士，授內閣中書，充軍機章京。道光間歷戶部郎中、河南按察使、廣西布政使、陝西巡撫。在豫治祥符決口能始終其事。咸豐間，官至工部尚書，諡溫和。工詩詞，善畫山水花卉。有《小重山房集》。

　　張之萬（清 1811～1897），字子青，亦作子清，號鑾坡，別署三天侍從，直隸南皮人，張之洞堂兄。道光二十七年（1847）中狀元。光緒二年（1876）任河南巡撫，移督漕運，歷任江蘇巡撫、閩浙總督。光緒八年（1882）任兵部尚書，後調刑部。光緒十年（1884）到軍機處，兼任吏部尚書。升任協辦大學士、體仁閣大學士、東閣大學士。光緒二十二年（1896），因年邁請辭回鄉。光緒二十三年（1897），壽終，年 87 歲，有《張文達公遺集》，輯有《治平寶鑒》。

　　張芾（清 1814～1862），字黼侯，號小浦，別署冰溪，陝西涇陽人。清道光十五年（1835）進士，選庶吉士，授編修，累遷庶子，值南書房。大考一等，擢少詹事。二十二年四月王鼎自縊後，張以門生至王家，與陳孚恩「共勸王沆」，同意由陳代改遺疏，得穆彰阿賞識，超遷內閣學士，督江蘇學政。咸豐間官至江西巡撫。太平軍佔領九江後，被革職留任，退往南昌。後丁憂回籍。同治初督辦陝西團練，防禦回民起義。後往招撫，在渭南被回民軍捕殺，諡文毅。有《張文毅奏稿》。

　　張曜（清 1832～1891），字亮臣，號朗齋，別署目不識丁，室名河聲岱色樓，直隸大興人。以在河南固始參與辦團練，受知於僧格林沁，鎮壓捻軍，任

河南布政使。後被御史劉毓楠以目不識丁參奏,改官總兵。從此發憤讀書,一志向學(曾以「目不識丁」四字鐫印佩之以自警)。後在直隸、山東與捻軍作戰,又隨左宗棠西上攻回,並以提督名義隨左出征新疆,平定阿古柏入侵,定天山南北路。官至廣東陸路提督。改授山東巡撫,治理黃河水害,辦海岱書院於青州,後病歿於濟南。諡勤果。

張端木(清代人,生卒年不詳),著《錢錄》。

張崇懿(清代人,生卒年不詳),著《錢志新編》20 卷。

張一鳴(清代人,生卒年不詳),長洲舉人。

張憲(生卒年代不明),岳飛有將名張憲,不知是此否。

張預(清末人,生卒年不詳),字子虞,錢塘人。光緒癸未進士,改庶吉士,授編修,歷官江蘇候補道。有《崇蘭堂詩存》。

張硯秋(清末人,生卒年不詳),曾任侍御史。

張元普(清末人,生卒年不詳),清末浙江仁和人。餘不詳。

張鶴千(清代人,生卒年不詳),字日中。《賴古堂別集·印人傳》記:張鶴千日中,昆陵人,舊家子。學書不成,棄而執藝,從蔣列卿學雕刻,鳥獸龜魚之紐,比方漢人,多以牙與木為之,間出新意,贔屭蜿蜒之狀,喁喁欲動。以予所見,海內工此技者惟漳海楊玉璇璣為白眉,予《閩小紀》中稱為絕技。

張寶銛(清代人,生卒年不詳),字穎子,詩人。

巢鳴盛(明末人,生卒年不詳),字端明,浙江嘉興人。崇禎九年(1636)舉人,名注復社。乙酉後屏跡不入城市。徙屋種匏瓜,手製為器而銘之。所需之物,莫非匏者。石佛寺僧師之。亦樸雅可愛。

貫休(五代 832~912),俗姓姜,字德隱,婺州蘭溪人。唐末五代時期前蜀畫僧、詩僧。七歲出家和安寺,日讀經書千字,過目不忘。唐天復間入蜀,被前蜀主王建封為「禪月大師」,賜以紫衣。貫休能詩,詩名高節,宇內咸知。嘗有句云:「一瓶一缽垂垂老,萬水千山得得來。」時稱「得得和尚」。有《禪月集》存世。亦擅繪畫,所畫羅漢,更是狀貌古野,絕俗超群,筆法堅勁,人物粗眉大眼,豐頰高鼻,形象誇張,所謂「梵相」。在中國繪畫史上,有很高的聲譽。存世《十六羅漢圖》,為其代表作。

庾信(南北朝 513~581),字子山,小字蘭成。南陽郡新野縣人。南北朝時期文學家。其家「七世舉秀才」「五代有文集」,父親庾肩吾為南梁中書令,亦以文才聞名。庾信「幼而俊邁,聰敏絕倫」,自幼隨父出入於蕭綱的宮廷,

後來又與徐陵一起任蕭綱的東宮學士，成為宮體文學的代表作家，其文學風格被稱為「徐庾體」。有《庾子山集》傳世，明人張溥輯有《庾開府集》。

十二畫：彭 萬 葉 惠 董 葛 揚 項 愚 閔 惲 勞 湯 道 湛 曾 寒 喬 稀 程 焦 傅 剩 舒 郎 鄒 費 賀 馮 達

彭大雅（宋？～1245），字子文，南宋鄱陽人。嘉定進士，官朝請郎。紹定五年（1232）蒙古遣使來議夾攻金朝事，南宋遣使報謝，為書狀官隨行。將親身見聞寫成《黑韃事略》，敘述了蒙古立國、地理、物產、語言、風俗、賦斂、賈販、官制、法令、騎射等事，詳備簡要。

彭年（明代人，生卒年不詳），字孔嘉，號隆池山樵，江蘇長洲人。詩人，少時常與文徵明遊，書名亞於徵明。有《隆池山樵集》二卷，王世貞序稱，徵明詩以韻勝，而年詩以邊幅勝；其詞亦頗有抑揚矣。《明史·文苑傳》附見《文徵明傳》中。

彭孟陽（明代人，生卒年不詳），本名日貞，號穩心道人。番禺人。父德馨，萬曆甲午舉人，官漳州同知。孟陽早補諸生。與郡中賢豪長者遊。陳子壯放歸，時主盟詞壇。孟陽與黎遂球、梁朝鍾、王邦畿諸人以文藝相角逐，子壯皆引重之。時廣州校書張喬，字二喬，工詩。子壯修南園詩社時，喬每侍筆墨。年十九，病垂危，孟陽以數百金贖之，附於千金市駿骨之義。及死，為悼詩百首，名曰《惻惻吟》。葬之白雲山麓梅花坳，號「百花塚」，其好事如此。然平居氣節自許。遂球題《蓮香集》曰：「忠臣孝子，無非鍾情之至。」蓋以此激勵孟陽。孟陽亦告喬墓有折沖之志。已而贛州破，遂球殉節，孟陽遂歸隱鍾山。子釺字崐玉，隆武乙酉舉人。鼎革後隱居教授，後禮函昰於雷峰，名今傅，著有《夢草堂文集》。

彭睿壦（明末清初人，生卒年不詳），字公吹，一字聞自，號竹本，別署龍江村獠。廣東順德人。工書善畫，以草書著稱，《嶺南書畫名家》載「彭竹本畫品高簡」。

彭邦疇（清代人，生卒年不詳），江西南昌人。乾隆十年（1805）進士。嘉慶十六年（1811）以侍講學士任廣東學政。

彭玉麟（清 1816～1890），名亦作玉麐，字雪琴，別號梅花外子、梅仙外子，室名梅雪山房、吟香館，又號吟香外史、七十二峰樵叟（父）、洞庭七十

二峰樵子、南嶽山樵、古今第一癡人，又室名退省盦（庵），自號退省散人、退省庵主人，湖南衡陽人。諸生。初參與鎮壓李元發起義。咸豐間佐曾國藩創建湘軍水師；購洋炮，造大船，在漢陽、田家鎮等處，焚毀太平軍水師船隻，後在江西湖口為太平軍所敗。後又悉力擴軍，率湘軍水師封鎖長江，圍攻九江、安慶，參與陷天京（南京）戰鬥。累官至水師提督，加太子少保。光緒間官至兵部尚書，受命赴粵辦防務。後以病開缺回籍。能詩，下筆立就，工書，然不輕與人，尤善畫梅，一生所作不下萬本。謚剛直。著《彭剛直奏議》《彭剛直公詩集》等。

　　彭啟豐（清 1701～1783），字翰文，號芝庭，又號香山老人，江南長洲人。雍正五年（1727）狀元。歷官修撰，入直南書房，乾隆間任吏部、兵部侍郎，左都御史、兵部尚書，晚年主講紫陽書院。藏書家，擁書萬卷，乾隆帝曾賜匾額「慈竹春暉」。工書法，善繪畫，能詩文，著有《芝庭先生集》《芝庭詩文集》。

　　彭玉嵌（清嘉慶時人，生卒年不詳），陸烜妻。

　　萬光煒（清代人，生卒年不詳），著《古金錄》。

　　葉夢得（宋 1077～1148），字少蘊，號石林居士，烏程人。紹聖四年（1097）進士。累官中書舍人、翰林學士、吏部尚書、龍圖閣直學士，帥杭州。高宗朝，除尚書右丞、江東安撫使，在建康府行宮留守。移知福州，提舉洞霄宮。嗜學早成，多識前賢往行，尤工於詞。有《石林春秋傳》《石林居士建康集》《石林詞》《避暑錄話》《石林燕語》《石林詩話》。

　　葉盛（明 1420～1474），字與中，號蛻庵，自號白泉，又號涇東道人、瀫東老漁，江蘇昆山人。正統十三年進士，累官山西右參政、兩廣巡撫、禮部侍郎。潛心著述，建藏書堂，取名為「竹堂」。所藏之書多精秘本，編有《菉竹堂書目》《兩廣奏草》《菉竹堂稿》《水東日記》《水東詩文稿》等。

　　葉小鸞（明 1616～1632），明末才女。字瓊章，一字瑤期，吳江人。文學家葉紹袁、沈宜修幼女。貌姣好，工詩，善圍棋及琴，又能畫，繪山水及落花飛蝶，皆有韻致，將嫁而卒，有集名《返生香》。

　　葉志詵（1779～1863），字仲寅，初號東卿，晚號遂翁，室名平安館，湖北漢陽人。學問淵博，精金石之學，又工書法，所藏彝器甚多。尤長於金石文字。曾從秦漢史籍中潛心推求歷代官制的異同。著有《蘊奇錄》《神農本草經贊》《月令七十二侯贊》《平安館藏器目》等。

　　葉小庚（清道咸時人，生卒年不詳），字申薌，號小庚，福建人。詞人，

撰《閩詞鈔》四卷，始於宋徐昌圖，終於元洪希文，附以方外閨媛凡六十一家，詞逾千首。閩中詞人梗概具焉。著詞存、詞譜等書。

惠能（唐638～713），俗姓盧氏，祖籍河北范陽郡，隨父流放嶺南新州。得佛教禪宗黃梅五祖弘忍傳授衣鉢，繼承東山法門，南歸廣東，落髮光孝寺，為禪宗第六祖，世稱禪宗六祖。唐憲宗追諡大鑒禪師，是中國歷史上有重大影響的佛教高僧之一。陳寅恪稱讚六祖：「特提出直指人心、見性成佛之旨，一掃僧徒繁瑣章句之學，摧陷廓清，發聾振聵，固中國佛教史上一大事也！」

惠孟臣（清代人，生卒年不詳），大約生活在明末至清康熙年間，荊溪人。傳世一把白砂大壺壺底款有「天啟丁卯年荊溪惠孟臣製」楷書11字。時人描述傳世一把朱泥小壺曰：「選材為大紅泥，胎質細薄，色澤鮮麗嬌嫩。造型簡樸，雅致脫俗，巧而不纖。壺腹為滾圓的球形，無頸，口蓋為嵌入式，小圓珠鈕，為傳統紫砂造型，俗稱『一粒珠』。三彎式管狀流，外圓內扁的環形把，製作精妙，氣韻天然。這件朱泥小壺，小巧玲瓏，式度妍雅，所謂『通體柔情，綽態嬋娟，如妃子浴華清池中』。」

惠逸公（清代人，生卒年不詳），約雍乾時人。製壺名家，上追惠孟臣，作品存世較多，逸公壺長於工巧。疑逸公或孟臣後輩，親承手法，故能相類若是。逸公書法無實體，楷書、行書、草書尤有唐人遺意，且鐫刻竹刀、鋼刀均備，陶刻或飛舞，或沉著，非乾嘉之後的陶人所逮也。

惠棟（清1697～1758），字定宇，號松崖，江蘇元和人。清代漢學家，漢學中吳派的代表人物。課徒著述，終身不仕。一生治經以漢儒為宗，以昌明漢學為己任，尤精於漢代《易》學。著有《易漢學》、《周易述》23卷，《荀爽易》一卷，《易例》二卷，又撰《九經古義》22卷，《孟喜易》二卷，《虞翻易》一卷，《京房易》二卷，《鄭康成易》一卷，《明堂大道錄》八卷，《禘說》二卷，《古文尚書考》二卷，《後漢書補注》24卷，《王士禎精華錄訓纂》24卷，《九曜齋筆記》《松崖筆記》《松崖文抄》《諸史薈最》《竹南漫錄》等書。

董源（宋？～約962），源，一作元，字叔達，鍾陵人。工畫龍水、牛、虎、人物。最擅山水，作峰巒出沒、雲霧顯晦，溪橋漁浦，洲渚掩映的江南一帶山景水色，不為奇峭之筆，開創平淡天真的江南畫派特有風格，豐富了山水畫的表現技法。其畫法有二，一以水墨為主，著色輕淡，畫山用細長圓潤形似披麻的皴法，上多礬頭（小石塊），滿布小墨點，下作平灘叢樹，坡腳下多碎石，乃京口一帶山景。董源的水墨山水影響很大，後世將其與巨然合稱「董

巨」；成為南方山水畫派之祖，與李成、范寬合稱為「北宋三大家」。

董回（宋代人，生卒年不詳），著《董氏錢譜》。

董其昌（明 1555～1637），字玄宰，號思白、香光居士，華亭人。神宗萬曆十七年（1589）進士，官至禮部尚書，諡文敏。才華俊逸，好談名理，善鑒別書畫。書法初學顏真卿，後改學虞世南，漸覺唐書不如魏、晉，轉法鍾繇、王羲之，參酌李邕、徐浩、楊凝式筆意，自稱於率意中得秀色。分行布自，疏宕秀逸，自成一派。與邢侗、米萬鍾、張瑞圖合稱「明末四大書家」。對明末清初書風影響很大。擅畫山水，淵源董源、巨然，二米（米芾、米友仁），以黃公望、倪瓚為宗，講究筆致墨韻，風格清潤，自謂精工具體，不如文徵明，「至於古雅秀潤，更進一籌矣」。以禪論畫，分為「南北宗」，推崇「南宗」為文人正脈。自稱作畫須「讀萬卷書，行萬里路」。後人多奉為信條。

董翰（明 1573～1620），號後溪。《陽羨名陶錄》載，擅製宜興陶器，始造菱花式，憶殫工巧。董翰、趙梁、元暢、時朋、李茂林均是嘉靖至隆慶年間人，是繼供春之後的紫砂名工。

董斯張（明代人，生卒年不詳），字避周。烏程人。素稱博洽，善詩詞，著有《靜味齋詞》，又有《吳興藝文志》等書。其《廣博物志》續用張華「博物」之名，而在體例上大加變化，內容廣為擴張，故曰「廣」。全書分大目 22，子目 127，皆摘錄古書舊文，類編而成。

董小宛（清 1623～1651），名白，字青蓮，南直隸蘇州人，因家道中落生活貧困而淪落青樓，名隸南京教坊司樂籍，與柳如是、陳圓圓、李香君等同為「秦淮八豔」。1639 年，董小宛結識復社名士冒辟疆，後嫁冒為妾。明亡後小宛隨冒家逃難，此後與冒辟疆同甘共苦直至去世。小宛天姿巧慧，容貌娟妍，針神曲聖、食譜茶經，莫不精曉。嘗集古今閨幃軼事，薈為一書，名曰《奩豔》。卒年 28。

董洵（清 1740～1809），字企泉，號小池，又號念巢，浙江山陰人。善篆刻，落拓京師，賣印為生。與同時人余集、黃鉞、趙秉沖、羅聘等友善，為羅聘刻印獨多。所作雖專法秦漢，但結構多變化，無妍媚之態，別有新意。刻款亦瀟灑自然。亦善書，工蘭竹。著有《小池詩鈔》《多野齋印說》《石壽軒印譜》等。

董教增（清 1750～1822），字益甫、益其，號觀橋，江蘇江寧府人。乾隆五十二年（1787）探花。授編修，散館改吏部主事，累遷郎中，嘉慶十九年（1814）

任廣東巡撫。諡文恪。

董復表（清代人，生卒年不詳），字章甫，華亭人。編《弇州史料》30卷，是書皆採掇《王世貞文集‧說部》中有關朝野紀載者，裒合成書，無所考正。非集非史，四庫中無類可歸，約略近似，姑存其目於傳記中，實則古無此例也。然世貞本不為史，強尊為史，實復表之意。

董金南（清代人，生卒年不詳），會稽人，餘不詳。

葛洪（晉代人，生卒年不詳），撰《神仙傳》10卷、《抱樸子‧釋滯篇》，集漢晉神仙思想、道教理法與養生方術之大成，也反應著葛洪對當時社會的認識，包含著廣泛的時代內涵，建立了基本完整的神仙道教理法與方術的體系。

葛子厚（清代人，生卒年不詳），嘉慶時宜興製壺高手。《陽羨砂壺圖考》云：「子厚，嘉慶間人，繆頌宜興，子厚為造壺。」又「聽泉山館藏朱泥小壺一把，泥質細膩，瑩潔可玩，款署『子厚』，書跡流利可喜。」

揚雄（漢前53～18），字子雲，蜀郡成都人。學問淵博，兼長經學、小學、辭章。有《太玄》《法言》《方言》等著作，體裁模擬《周易》，分為一玄、三方、九州、二十七部、八十一家、七百二十九贊，以仿《易》的兩儀、四象、八卦、六十四重卦、三百八十四爻等；內容則是儒、道、陰陽三家的混合體。提出「夫作者貴其有循而體自然也」的論點，認為「質幹在乎自然，華藻在乎人事」。提出了「明道」「徵聖」「宗經」的原則，為中國封建社會的正統文學觀奠定了理論基礎。

揚無咎（宋1097～1169），字補之，號逃禪老人，清夷長者，自稱艸玄（漢代揚雄）後裔，故其書姓，從「才」不從「木」，本蜀郡成都人，傳至無咎已為清江人，寓豫章。善書，學歐陽詢，筆勢勁利，詩詞俱工。能畫水墨人物，師李公麟，尤擅水墨梅、竹、松、石、水仙，以畫梅最著稱，尤宜巨幅，創製用墨線圈出花瓣，一變以彩色或墨暈作花的技法，「變黑為白」，更適宜於表現疏香淡色的梅花。其孤標雅韻之畫風，與其傲兀耿介之品格有關。相傳徽宗曾見其畫梅，笑謂鄉村中梅花，他便稱「奉敕村梅」。

項篤壽（明1521～1586），字子長，號少溪，別號蘭石主人。秀水（今浙江嘉興）人。明著名藏書家。築有萬卷樓，收藏和刊刻圖書，並長於鑒別字畫。刻有《二十四史論贊》18卷、《鄭端簡公奏議》14卷等，均為精品，以嘉禾項氏萬卷堂名義印行。刊刻圖書有多種，有《今言》《金史論贊》《鄭端公奏議》、

《今獻備遺》《東觀餘論》等。

項元汴（明 1525～1590），字子京，號墨林，浙江嘉興人。工繪畫，精鑒賞，所藏法書名畫，極一時之盛，以「天籟閣」「項墨林」印記為識，刊有「天籟閣帖」。清兵至，項氏累歲之藏盡為千夫長汪六水所掠。

項真（明代人，生卒年不詳），字不損，浙江嘉興人。以諸生貢入國子監，精八法，書法晉唐。亦善治壺，明天啟—崇禎年間製陶名藝人。作品底有「硯北齋」款。傳世作品不少，各地博物館有收藏。

愚極（元代人，生卒年不詳），和尚。

閔振聲（明代人，生卒年不詳），明末烏程人，刻書家，出版套印插圖《西廂記》，現被列入國家二級古籍。

閔華（清代人，生卒年不詳），江都人，其為「揚州八怪」之一高翔畫《士慎煎茶圖》題詩曰：「客至煮茶燒落葉，人來將米乞梅花。」

閔乃始（清代人，生卒年不詳），清早期刻竹名家，餘不詳。

惲壽平（清 1633～1690），初名格，字壽平，後以字行，改字正叔，號南田，別號雲溪外史，晚居城東，號東園客、草衣生，遷白雲渡，又號白雲外史，江蘇武進人。清兵南下，父子散失，壽平 13 歲被帥主媼收養，後以計脫歸。家貧，生而敏慧，能詩，精行楷書，師法褚遂良，如簪花美人，蒲朗綽約。初善山水，筆墨秀峭。後與王翬結交，自謙曰「是道讓兄獨步，格恥為天下第二手」。遂多作花鳥，斟酌古今，以北宋徐崇嗣沒骨法為宗，與唐於光等被目為惲派（亦稱「常州派」「毗陵派」）。其山水，一丘一壑，清秀超逸，氣味雋雅，實勝過王翬。落拓雅尚，遇知己，整月為之點染，非其人，則視百金如土芥，不畫一花片葉。故遨遊數十年，清貧如故。

惲敬（清 1757～1817），字子居，號簡堂，江蘇陽湖人，乾隆四十八年（1783）舉人，陽湖文派創始人之一。曾任咸安宮宮學教習，浙江富陽、江西瑞金等縣知縣，官南昌同知、署吳城同知，失察被劾罷官，有《大雲山房文稿》。

惲珠（清代人，生卒年不詳），完顏麟慶母，麟慶官江南河道總督數十年，編《鴻雪因緣記》多處提及其母惲珠。著《閨秀正始集》20 卷，附錄一卷，匯有清一代閨秀名媛著作之佳者，以人為類，彙編成冊，是集為清代閨秀詩歌總集。

勞勳成（清代人，生卒年不詳），清代真定人，曾任江蘇布政司倉大使。其子勞乃宣曾任京師大學堂總監督兼署學部副大臣、代理大臣。近代音韻學

家、中文拼音創始人。

湯顯祖（明 1550～1616），字義仍，號海若、海若士、若士，晚年又號繭翁，別署清遠道人，江西臨川人。萬曆進士，任南京太常寺博士。曾因直諫遠貶廣東徐聞縣。後辭官歸家，專力寫作。著傳奇劇《紫簫記》《紫釵記》《牡丹亭》《南柯記》《邯鄲記》。詩文集有《紅泉逸草》、《雍藻》（已佚）、《問棘郵草》、《玉茗堂文集》、《玉茗堂集》。戲曲成就為明代第一，所作四劇合稱「玉茗堂四夢」或「臨川四夢」。其中以《牡丹亭》最為知名。

湯貽汾（清 1778～1853），字若儀，號雨生，晚號粥翁、琴隱道人，江蘇武進人。曾官溫州鎮副總兵，後寓居南京，太平天國攻破金陵時，投池而死。通天文、地理和百家之學，能彈琴、圍弈、擊劍、吹簫諸藝。善畫山水，亦寫墨梅，韻致疏秀，老筆紛披，極有神韻。寫蒼松古柏，縱橫恣肆，頗能入古。點染花卉，亦簡淡有情。兼工行草書和詩。有《琴隱園集》。

湯今頎（生卒年無考），女詞人，善篆刻。

道安（晉 312～385），常山扶柳縣人。父母早喪，由外兄孔氏撫養，七歲開始讀書，到 15 歲的時候，對於五經文義已經相當通達，就轉而學習佛法。18 歲出家。師事佛圖澄，聲名漸顯。佛教傳入中國後，雖有大量佛典譯出，但由於佛經文體艱深，語言難度高，加上時代條件各異，翻譯者程度不一，因此，在轉譯的素質上難免參差不齊，隨著年代久遠，展轉傳抄，舛訛相悖的情況日益嚴重，甚至出現了許多後人編撰的「偽經」。有鑒於此，道安廣泛搜求各種譯本，加以篩選整理後，編纂出《綜理眾經目錄》，又稱《道安錄》。該書在校閱群經的基礎上，對各經譯者和翻譯年代進行嚴密考訂，並且嚴格辨別真偽，評定新舊，收錄後漢至東晉孝武帝寧康二年，歷時約兩百年間的漢譯佛典與注經作品，為我國第一本佛典目錄。

湛若水（明 1466～1560），字若水，號甘泉，廣東增城人。弘治十八年（1505）中進士第二名，先後被授為翰林院編修、侍讀。嘉靖三年（1524），升為南京國子監祭酒，後又歷任南京禮部尚書、吏部尚書、兵部尚書，追贈太子少保。湛若水在繼承陳獻章學說的基礎上，以「隨處體認天理」為宗，提出「格物為體認天理」與「為學先須認仁，仁與天地萬物為一體」的理念，創立了「甘泉學派」，終至自成理學的一大門派，與王陽明的「陽明學」被時人並稱為「王湛之學」。在全國各地創辦書院近 40 所，弟子多達數千人，遍佈大江南北，促進了明代心學的發展與繁榮。著有《二禮經傳測》《春秋正傳》《古樂

經傳》《聖學格物通》《心性圖說》《白沙詩教解注》等，有《甘泉集》傳世。

曾鞏（宋 1019～1083），字子固，建昌軍南豐人。曾鞏天資聰慧，記憶力超群，歷任齊州、襄州、洪州、福州、明州、亳州、滄州等知州。元豐四年（1081）被委任史館修撰，管勾編修院，判太常寺兼禮儀事。存世有《曾鞏集》《元豐類稿》《隆平集》《曾南豐集》等。

曾逢泰（明末清初時人，生卒年不詳），詩人，餘無考。

曾燠（清 1759～1831），字庶蕃，一字賓谷，晚號西溪漁隱。江西南城人。官至貴州巡撫。詩人、駢文名家、書畫家和典籍選刻家，被譽為清代駢文八大家之一。

曾國藩（清 1811～1872），原名子城，字滌生，一作滌笙，號伯涵，別署居武，室名八本堂、求闕齋、鳴原堂等。湖南湘鄉人。道光十八年（1838）進士。授翰林院侍講學士，屢遷內閣學士，兵、吏等部侍郎。為軍機大臣穆彰阿門生。咸豐二年（1852）丁母憂，奉詔在籍幫辦團練，創建湘軍。鎮壓太平天國及撚軍之亂。累官至兩江、直隸總督，大學士。封毅勇（一等侯爵），諡文正。學宗程、朱。治軍居官皆有儒者之風，其論學泯除「漢」「宋」門戶之爭，謂義理、考據、詞章三者闕一不可。其道德、文章、事功，以至於個人的修養，皆為後人所宗。有《曾文正公全集》。

曾國荃（清 1824～1890），字沅甫，號叔純，封號威毅（伯爵），湖南湘鄉人。曾國藩九弟，貢生出身。以助其兄鎮壓太平軍，累官浙、晉、鄂省巡撫、陝甘、兩廣、兩江總督。所部號「吉字營」。死於任上。諡忠襄。參與編纂《湖南通志》《山西通志》及《續纂江蘇水利全案》。著《曾忠襄公全集》等。

曾紀澤（清 1839～1890），字劼剛，號夢瞻，湖南湘潭人。曾國藩次子，光緒三年（1877）襲侯爵。光緒四年（1878）出任駐英、法大臣。在出使期間，深入瞭解各國歷史、國情，研究國際公法，考察西歐諸國工商業及社會情況。光緒六年（1880）兼駐俄大使，與俄談判收回伊犁事宜，於光緒七年（1881）2 月 24 日簽訂《中俄改訂條約》，收回伊犁特克斯河流域土地及部分利權，被認為是晚清一次較為成功的外交行動。去世後，追贈太子少保，諡惠敏。曾紀澤學貫中西，工詩文、書法、篆刻，善山水，尤精繪獅子。著有《佩文韻來古編》《說文重文本部考》《群經說》等，後人輯為《曾惠敏公全集》。

曾敬熙（清代人，生卒年不詳），字幼竹。

寒山（唐約 710～815），高僧。據近人考證，生於睿宗景雲初（711～712），

中年流浪至天台，代宗大曆間隱居天台始豐縣寒巖，自號「寒山子」。與國清寺僧拾得交遊，好吟詩偈，跡近瘋狂，憲宗元和中不知所終。著有《寒山子詩集》二卷，共 300 餘首。《全唐詩》存詩 312 首。

喬重禧（清代人，生卒年不詳），字鷺洲，江蘇上海人。精鑒別，周鼎漢碑、法書名畫，入目立辨真偽。遊京師，名公巨卿，折節與交，一時有才子之目。工書，其字頗為滬人所重。有《陔南池館遺集》。

嵇康（三國時魏人，生卒年不詳），安徽宿州人，此處有嵇山，因而改姓嵇。著《嵇中散集》十卷。

嵇含（晉 263～306），字君道，因住在鞏縣亳丘，自號亳丘子，譙國銍縣人，嵇康的姪孫。西晉時期的文學家及植物學家，舉秀才，除郎中，曾任征西參軍、驃騎記室督、尚書郎等職位。在永興元年（304）為范陽王邀請任職中郎，累官襄城太守，領荊州。《隋書·經籍志》錄有《嵇含集》10 卷，但已佚失。現存《南方草木狀》一書，為我國現存最早的地方植物志。

程邈（秦時人，生卒年不詳），字元岑，秦下杜人。曾為縣獄吏，因得罪始皇，下獄雲陽，在獄中苦思十年，省改小篆，創造新體，是為隸書。錄三千字，上奏朝廷，始皇嘉許，使為御史。蔡邕稱其「刪古立隸文」。唐張懷瓘《書斷》稱：「傳邈善大篆，初為縣之獄吏，得罪始皇，繫雲陽獄中，覃思十年，損益大小篆方圓筆法，成隸書三千字，始皇稱善，釋其罪而用為御史，以其便於官獄隸人佐書，故名曰『隸』。」

程元鳳（宋 1199～1268），字申甫，號訥齋，歙縣人。南宋大臣。精通詩詞。理宗紹定二年（1228）進士，任江陵府教授，以後歷任太學博士、宗學博士、秘書丞、著作郎、監察御史、殿中侍御史等職，以忠誠正直著稱。

程大昌（宋 1123～1195），字泰之，徽州休寧人。紹興二十一年（1151）進士。歷擢著作佐郎、國子司業兼權禮部侍郎、直學士院。著有《易老通言》等著作。

程嘉燧（明 1565～1643），字孟陽，號松圓、偈庵，又號松圓老人、松圓道人、偈庵居士、偈庵老人、偈庵道人。晚年皈依佛教，釋名海能。南直隸徽州府休寧縣人。書畫家、詩人。應試無所得，僑居嘉定，折節讀書，工詩善畫，通曉音律，與同里婁堅、唐時升，合稱「練川三老」。謝三賓合三人及李流芳詩文，刻為《嘉定四先生集》，有《浪淘集》。

程邃（清約 1605～1691），字穆倩、朽民，號垢區、青溪、垢道人、野全

道者、江東布衣，歙縣人。晚年僑居揚州。諸生。博學，工詩文。早年從黃道周、楊廷麟遊。品行端愨，敦尚氣節。明末阮大鋮、馬士英等大興黨獄，遂隻身匿跡倖免。篆刻取法秦漢，善以大篆入印，樸厚蒼渾，能自見筆意，人皆宗之，為皖派首要作家。擅山水，初仿巨然，後純用渴筆焦墨，沈鬱蒼古，別具蹊徑。為新安畫派中主要畫家。書法不蹈襲古人，尤工分書。長於金石考證，亦精醫道。著有《會心吟》《蕭然吟詩集》等。

程晉芳（清 1718～1784），初名廷璜，字魚門，號蕺園，歙縣岑山渡人。乾隆三十六年進士，由內閣中書改授吏部主事，遷員外郎，被舉薦纂修四庫全書。家世業鹽於淮揚，殷富，曾購書 5 萬卷，召綴學之士於家共同探討，又好施與。與商盤、袁枚相唱和，並與吳敬梓交誼深厚。晚年與朱筠、戴震遊。著述甚豐，著有《蕺園詩集》10 卷、《蕺園近詩》2 卷、《勉行堂詩集》24 卷等。

程瑤田（清 1725～1814），字易田，一字易疇，號讓堂，安徽歙縣人。乾隆舉人，官太倉州學正。粹於經學，精心格物。一蟲介之微，無不窮究其變態。著《通藝錄》《釋蟲小記》《釋草小記》等。

程國仁（清 1764～1824），字鶴樵，廣東新會人。嘉慶四年（1799）進士，選庶吉士，散館授編修。曾督學廣東，歷官都察副御史、浙江巡撫、山東巡撫、陝西巡撫，官至刑部侍郎、貴州巡撫。

程振甲（清？～1826），字篆名、也園，號木庵，安徽歙縣人。書法家、製墨家。有《木庵藏器目》等。

程芝華（清代人，生卒年不詳），篆刻家。《古蝸篆居印譜》四卷，應為《古蝸篆居印述》，皖派四家印譜錄。程芝華摹刻並輯程邃，巴慰祖、胡長庚、汪肇龍之印。胡長庚扉頁，程思澤及作者序，程芝雲跋，道光四年（1824）成書。附凡例四則。每頁一至二印，下載釋文。摹刻皖派印章的，僅此一書。開本高 26 釐米，寬 15.5 釐米。

焦贛（漢代人，生卒年不詳），字延壽。撰《易林》16 卷，以每一卦演為 64 卦，共 4096 卦。各繫爻詞，占驗吉凶，為後來以術數說《易》者所推崇。

傅玄（魏 217～278），字休奕，北地泥陽人。少孤貧，性剛直。學識淵博，精通樂律，善長詩文。魏晉間哲學家、文學家。初為弘農太守，領典農校尉，封鶉觚男。後為散騎常侍，掌諫職。泰始四年（268）為御史中丞。時遭水旱之災，上疏改屯田二八分制，以緩民困，認為「民富則安鄉重家，敬上而從教，

貧則危鄉輕家，相聚而犯上」。提出徵賦稅應遵「至平」「積儉」「有常」三原則。在哲學上，認為世上一切，包括人類歷史都是自然過程，「人之性如水焉，置之圓則圓，置之方則方」。一生著述不廢，著有《傅子》，分內、外、中篇。詩百餘首，譯撰諸家學說及三史故事數十萬言，文集百餘卷。皆散佚。明人輯有《傅鶉觚集》，清人方潛師有集校本，較為完備。

傅占衡（明 1606～1660），字平叔，臨川人，明末清初文學家。

傅棠（清代人，生卒年不詳），嘉道間諸暨人，餘不詳。

剩人和尚（明？～1660），法名函可，字祖心。法號剩人，俗名韓宗騋，廣東博羅人。明代最後一個禮部尚書韓日纘的長子。早年曾中秀才，29 歲時父親故去，便在羅浮山落髮為僧，以避亂世。順治十六年（1660）坐化，享年49 歲。

舒仲山（清代人，生卒年不詳），與袁枚同時人，著《批本隨園詩話》。

舒位（清 1765～1816），字立人，號鐵雲，自號鐵雲山人，小字犀禪。直隸大興人。乾隆五十三年舉人，屢試進士不第，貧困潦倒，遊食四方，以館幕為生。從黔西道王朝梧至貴州，為之治文書。博學，善書畫，尤工詩、樂府，書各體皆工。著有《瓶水齋詩集》《乾嘉詩壇點將錄》等。又有《瓶笙館修簫譜》，收入其所作雜劇四種。

鄔純嘏（清 1836～？），河南潢川人。同治四年（1865）進士，歷官翰林院編修、實錄館編修、總校、湖廣道監察御史、廣西道監察御史、巡城御史、戶部給事中、工部掌印給事中、湖北督糧道等。

鄒元標（明 1551～1624），字爾瞻，號南皋，江西吉水人。東林黨首領之一。萬曆五年（1577）進士，入刑部觀察政務。以疾歸，居家講學近 30 年。天啟元年（1621）任吏部左侍郎，後因魏忠賢亂政求去。崇禎元年（1628）追贈為太子太保、吏部尚書，特諡忠介。

鄒之麟（明代人，生卒年不詳），字臣虎，號衣白，自號逸老，又號昧庵，江蘇武進人。萬曆三十八年（1610）進士，宏光時遷至都憲。博極群書，文辭歌詩追古作者。兼蓄晉、唐墨蹟，商、周彝鼎。乙酉（1645）後，杜門肆力於翰墨。山水法黃公望、王蒙，用筆圓勁古秀，勾勒點拂，縱橫恣肆，自寫其胸中壘。晚年應酬之作，皆出捉刀，惟有阿誰章者，為其得意筆。

費詩（三國蜀國人，生卒年不詳），字公舉，益州犍為郡南安縣人。蜀漢官員。劉璋佔據益州時，以費詩為綿竹縣縣令。劉備進攻劉璋奪取益州，費詩

舉城而降，後受拜督軍從事，轉任牂牁郡太守，再為州前部司馬。劉備自封漢中王，以費詩為使，向督領荊州的關羽傳達官職的任命，關羽因與黃忠同列而不滿，費詩巧妙地將其說服。群下推劉備稱帝，費詩上疏勸阻，遭貶官。諸葛亮想策反孟達，費詩又直率地表達了反對意見。蔣琬執政時，任費詩為諫議大夫，後卒於家。費詩為人耿直，敢於吐露直言，但亦因此不得歡心，在蜀漢時的官位不足以發揮自身才華。

費丹旭（清 1802～1850），字子苕，號曉樓，一作小樓，別署曉樓外史，又號環溪、環溪生、環渚生，三碑鄉人，長房後裔，晚號偶翁，亦署偶齋，室名東軒吟社、依舊草堂、過過庭，別署果園，浙江烏程人。嘉道年間著名畫家。賣畫於江浙，寓杭州最久，間曾寓滬鬻畫。於山水、花卉無所不能，工寫照，尤精補景仕女。亦能詩詞，工書法。一生落拓不達，流寓於富家。有《依舊草堂遺稿》。

賀鑄（宋 1052～1125），字方回，號慶湖遺老。河南衛州人。宋太祖孝惠皇后族孫，授右班殿直。曾任泗州、太平州通判。晚年退居蘇州，杜門校書終老。能詩文，長於詞，好以舊譜填新詞而改易其調名，謂之「寓聲」。其詞剛柔兼濟，風格多樣，善於錘煉字句，以深婉濃麗之作為多，風格承襲溫、李，婉轉多姿，饒有情致。賀鑄的愛國憂時之作，慷慨悲涼，直抒胸臆，顯然受蘇詞影響，隱然下接南宋前期的豪放諸家。其詞意境開闊，辭韻優美，不失為北宋詞之大家。有《慶湖遺老前後集》20 卷。詞集有《東山詞》（一名《東山寓聲樂府》）。

馮道（五代 882～954），字可道。五代時景城人。年少好學，能詩文，長於行政事務，而不問軍事，不捲入權力傾軋，明哲保身。先後在唐、晉、漢、周四姓十皇帝下做官，在相位二十多年，自號「長樂老」。

馮敏昌（清 1747～1806），字伯求，號魚山，廣東欽州人。乾隆進士，翰林編修、戶部主事、刑部河南司主事，誥授奉政大夫。著《小羅浮草堂詩集》《小羅浮草堂文集》《嶺南感舊錄》《篤志堂文抄》《師友淵源集》《華山小志》《河陽金石錄》等，還纂修《孟縣志》《廣東通志》等多種志書。

馮登府（清 1783～1841），一作登甫，字雲伯，號柳東，又號勺園，小長蘆舊史氏、天風硯主等，室名石經閣，浙江嘉興人。嘉慶二十五年（1820）進士，改庶吉士。官寧波教授。從阮元遊，生平好金石文字，熟諳掌故。對經史百家無不廣聞博記，而經學造詣尤深。登府古文宗桐城派，詩宗朱彝尊，兼工

詞。並精篆刻，尤其諳熟金石掌故，又專於訓詁學。所著《石經補考》，對漢魏唐蜀及本朝石經詳加甄錄，成為後代研究石經者參考要籍。還著有《三家詩異文疏證》《金石綜例》《論語異文疏證》《石經閣文集》《一勺園琴話》《種芸仙館詩》《種芸詞》《浙江磚錄》等書。

馮承輝（清 1786～1840），字少眉，又字少糜，號伯承，別號老糜、眉道人、梅花畫隱等，松江人。貢生。居屋庭園種植梅花八九枝，室名梅花樓，別署古鐵齋、棕風草堂、十二長生長樂之齋等，閉門研學。工篆隸，精刻印，取法秦漢，旁及浙、皖兩派，所作能出新意，自成面目。工八分書，兼善畫。晚年尤喜畫梅，而畫梅有獨到處。嘗與改琦、張祥河等結「泖東蓮社」，詩詞唱和。著有《古鐵齋印譜》、《印學管見》（又名《古鐵齋印學管見》）、《歷朝印識》《國朝印識》《題畫小稿》《金石》《石鼓文音訓考證》《古鐵齋詞鈔》《棕風草堂詩稿》《兩漢碑跋》《琢玉小志》等。

馮龍官（清嘉慶時人，生卒年不詳），字孟蒼，廣東順德人。清金石學家、藏書家、書法家。建藏書樓「綠野草堂」，於群書皆有考證。其藏書印有「龍官藏書」、「綠野草堂」、「馮龍官」等。每遇善本，則親自手訂而跋其尾，積為一編，名為《載闕錄》，今未傳。尤精於金石、地方誌研究。嘉慶時，議修《廣東通志》。弟子梁廷枏，多所闡述其學。精於帖學，著有《金石總錄》50 冊，《石鼓文錄》1 冊，《四川碑記錄》4 冊，另有《馮孟文》和文章數篇。

達摩笈多（隋時入華，生卒年不詳），南印度人，剎帝利種姓。兄弟四人，笈多居長。年 23，到中印度一寺院出家，取名「達摩笈多」。年 25，受具足戒，繼而從師受學三年。後有阿闍黎普照，應吒迦國王之請，笈多冰隨同前往。他歷遊大小乘諸國，見識倍增。聞商人云東方大支那國佛法盛行，乃結伴來華。途中歷經限險，費時數年，始達州（今甘肅敦煌縣境）。隋開皇十年（590），文帝詔入京，禮遇優厚，居大興善寺，開始譯經。居止 30 年，譯《無所有菩薩經》四卷、《護國菩薩經》二卷、《佛華嚴入如來不思議境界經》二卷、《大集譬喻王經》二卷、《東方最勝燈王如來經》一卷、《移識經》二卷、《大乘三聚懺悔經》一卷、《大方等大雲請雨經》一卷、《佛說藥師如來本願經》一卷、《法矩陀羅幾經》二十卷、《起世經》十卷、《大方等大集菩薩念佛三昧經》十卷、《緣生經》二卷、《菩提資振論》六卷、《金剛般若經論》二卷、《緣生論》一卷、《大方等善往意天子所闍經》四卷、《藥師如來本願功德經》一卷、《攝大乘論釋》十卷，共 18 部，80 卷。

達受（清 1791～1858），僧人。字六舟，又字秋檝，別號寒泉、万峰退叟等，浙江海寧人。俗姓姚，為白馬寺僧。善篆刻，尤精摹拓古器、碑帖，阮元譽為「金石僧」。工篆，隸書，擅山水、花卉，曾築磨磚作鏡室及墨王樓以儲古物，所藏唐代懷素《小字千文》真跡，為稀世珍寶。著有《小綠天庵吟草》《寶素室金石書畫編年錄》《山野紀事詩》等。

十三畫：髡 蒙 夢 裘 楊 載 賈 甄 義 溫 褚
##　　　　愛新覺羅 鳩

髡殘（清 1612～約 1692），僧人。俗姓劉，字石溪，一字介丘，號白禿、石道人、殘道者、電住道人、芟（古「天」字）壞殘道者，湖南武陵人，居江蘇江寧。幼而失恃。及長，自剪毛髮，投龍山三家庵為僧。性鯁直，寡交識。歷諸方參訪，對禪學修養深湛，得當時高僧覺浪、繼起、檗庵等人器重，與顧炎武、錢謙益、張怡等人有厚誼，和周亮工、龔賢、程正揆等人亦有深交。多遊名山，住金陵牛首山幽棲寺。擅畫山水，於元人畫中受王蒙影響較深。除得元四家技法外，亦受明代沈周、文徵明、董其昌等影響。善用禿筆和渴筆，專長乾筆皴擦，景物茂密，筆墨蒼莽荒率，境界奇闢，氣韻渾厚，自成風格。也作佛像。書法學顏真卿。與程青溪合稱「二溪」，與原濟（石濤）合稱「二石』，為清初四高僧之一。

蒙恬（秦？～前 210），秦名將。其祖先本齊國人，自祖父驁起世代為秦名將，秦統一六國後，率兵三十萬人擊退匈奴貴族，收河南地（今內蒙古河套一帶），並修築長城，守衛數年，匈奴不敢進攻，後為秦二世所迫，自殺。傳說他曾經改良過毛筆。

夢英（宋代人，生卒年不詳），僧人，號宣義。衡州人。效十八體書，尤工玉箸。嘗至大梁。太宗召之簾前，易紫服。去遊終南山。當世名士如陳摶輩，皆以詩稱述之。

裘璉（清 1644～1729），字殷玉，一字蔗村，號廢莪子，人稱橫山先生，浙江慈溪人。早歲從黃宗羲學，以詩名。康熙五十四年進士，改翰林院庶吉士。工詩文。有《復古堂集》《橫山詩文集》《玉湖詩綜》《明史·崇禎長編》。

裘曰修（清 1712～1773），字叔度，一字漫士，江西南昌人。乾隆四年（1739）進士，任庶吉士。乾隆二十一年（1756）入值軍機處。不久奉命平定準噶爾叛亂。乾隆三十八年（1773）任《四庫全書》館總裁。諡文達。

楊孚(漢代人,生卒年不詳),字孝元,東漢時南海郡番禺縣漱珠崗下渡頭村人。早年致力攻讀經史,鑽研頗深。77 年參加朝廷主辦的「賢良對策」,入選而獲授為議郎,成為參與議政的皇帝近臣。極力主張恢復和加強以孝治天下的國策,漢和帝採納了楊孚的進言,下詔恢復和加強舊禮制。楊孚是史家公認的嶺南第一位著書立說的學者,著作《異物志》是我國第一部地區性的物產專著,對嶺南的風物進行系統整理,稱得上嶺南文化的開拓者。

楊利(三國時魏國人,生卒年不詳),陳永正教授補曰:「《三國志・裴松之注》卷九《諸夏侯曹列傳》:『印法原出陳長文,長文以語韋仲將,印工楊利從仲將受發,以語許士宗……印工宗養以法語程申伯也。』」

楊泉(三國時吳國人,生卒年不詳),字德淵,會稽郡人。道家學者。著《物理論》,標誌著我國江南唯物論的思想,帶著它特有的光彩。

楊玉環(唐 719~756),號太真。姿質豐豔,善歌舞,通音律,為唐代宮廷音樂家、舞蹈家。其音樂才華在歷代后妃中鮮見,被後世譽為中國古代四大美女之一。她先為唐玄宗兒子壽王李瑁王妃,受令出家後,又被公爹唐玄宗冊封為貴妃。天寶十五年(756),安祿山發動叛亂,隨唐玄宗流亡蜀中,途經馬嵬驛,死於亂軍之中。

楊巨源(唐約 755~?),字景山,後改名巨濟。河中治所人。貞元五年(789)進士。初為張弘靖從事,由秘書郎擢太常博士,遷虞部員外郎。出為鳳翔少尹,復召授國子司業。長慶四年(824)辭官退休,執政請以為河中少尹,食其祿終身。關於楊巨源生年,據方崧卿《韓集舉正》考訂。韓愈《送楊少尹序》作於長慶四年(824),序中述及楊有「年滿七十」、「去歸其鄉」語。由此推斷,楊當生於 755 年,卒年不詳。

楊維楨(元 1296~1370),字廉夫,號鐵崖、鐵笛道人,又號鐵心道人、鐵冠道人、鐵龍道人、梅花道人等,晚年自號老鐵、抱遺老人、東維子,會稽人。元末明初著名文學家、書畫家。與陸居仁、錢惟善合稱為「元末三高士」。泰定四年進士。歷天台縣尹、杭州四務提舉、建德路總管推官,元末農民起義爆發,楊維楨避寓富春江一帶,張士誠屢召不赴,後隱居江湖,在松江築園圃蓬臺。有《東維子文集》《鐵崖先生古樂府》行世。

楊慎(明 1488~1559),字用修,初號月溪、升庵,又號逸史氏、博南山人、洞天真逸、滇南戍史、金馬碧雞老兵等。四川新都人,祖籍廬陵。正德六年(1511)狀元,授翰林院修撰,參與編修《武宗實錄》。嘉靖三年(1524)

捲入「大禮議」事件，被杖責罷官，謫戍雲南永昌衛。諡文憲。能文、詞及散曲，論古考證之作範圍頗廣。其詩沉酣六朝，攬採晚唐，創為淵博靡麗之詞，造詣深厚，獨立於當時風氣之外。著作達四百餘種，被後人輯為《升庵集》。

　　楊儀（明 1488～約 1560），字夢羽，又字五川，以字行，常熟人。嘉靖進士，官至山東按察副使。藏書家，藏書樓有七檜山房，又別建萬卷樓，所藏多宋元刊本及法書名畫、鼎彝古器。

　　楊繼盛（明 1516～1555），字仲芳，號椒山。河北容城人。嘉靖二十六年（1547）進士，初任南京吏部主事，師從南京吏部尚書韓邦奇學習律呂。遷南京戶部主事、刑部員外郎，調兵部武選司員外郎。嘉靖三十二年（1553），上疏力劾嚴嵩「五奸十大罪」，下獄。在獄中備經拷打遇害，年四十。明穆宗即位後追贈太常少卿，諡忠湣。有《楊忠湣文集》。

　　楊繩武（明 1595～1641），字念爾，號翠屏。雲南省彌勒縣人。明末進士，官至翰林院庶吉士。崇禎十一年冬，召對平臺，繩武談吐如流，畫地成圖，帝偉之，遂擢升右僉都御史，巡撫順天。洪承疇困松山，欽賜尚方寶劍而令繩武總督遼東寧遠諸軍，出關救松錦。追贈光祿大夫太子少傅兵部尚書，諡莊介。著有《鷗鴣集》《淮遊草集》，尤以《茶花百韻》流傳頗廣。

　　楊文驄（明 1596～1646），字龍友，號山子，貴陽人。萬曆四十六年（1618）舉於鄉。崇禎時，官江寧知縣。福王立於南京，文驄戚馬士英當國，起兵部主事，歷員外郎、郎中，皆監軍京口。以金山踞大江中，控制南北，請築城以資守禦，從之。文驄善書，有文藻，好交遊，為人豪俠自喜，頗推獎名士，士亦以此附之。清兵破南京，百官盡降。命鴻臚丞黃家鼎往蘇州安撫，文驄襲殺之。清兵至，文驄不能禦，退至浦城，為追騎所獲，與監紀孫臨俱不降被戮，一家同死者 36 人。博學好古，善畫山水。

　　楊維斗（明末人，生卒年不詳），繼東林餘緒，參與創建復社。清方苞《書〈楊維斗先生傳〉後》謂：「雖有小善，摘發其心術，使不能掩大惡，一時馳逐聲氣之士雜然。」「自古善人以氣類相感召未有若『復社』之盛。」

　　楊玉璿（明末清初人，生卒年不詳），又名玉祥、璣，款作「璿」字，福建漳浦縣人。精雕刻，無論玉石、水晶、琥珀等都能夠雕成各種形象的玩飾或者器皿。據《康熙漳浦縣志》載：「楊玉璿，善雕壽山石，凡人物、鳥獸、器皿，俱極精巧，當事爭延致之。又能以寸許琥珀作玲瓏准提，毫髮畢露，見者驚奇，載周亮工《閩小記》。」楊玉璿非常善於壽山石雕。他巧妙地利用福州

壽山石質的不同形狀和色澤，鏤刻成不同形象和姿態的人物、鳥獸、魚蟲、花卉、樹木等等，無不形態逼真，栩栩如生，尤其擅長雕刻觀音。

楊中訥（清 1649～1719），字遄木，號晚研，又號晚軒。室名松喬堂。浙江海寧人。康熙三十年（1691）二甲一名進士。授編修，官右中允。督江南學政。曾受業於黃宗羲。歸後築園於海鹽，曰拙宜。與許汝霖、查慎行輩飲酒賦詩於其間。有書名。模晉唐，縱橫中有法度。尤工草書。著有《叢桂集》《蕉城校理集》《春帆別集》《藥房心語》《拙宜唱和集》等。

楊賓（清 1650～1720），字可師，號大瓢、耕夫，浙江山陰人。少聰慧，八歲能擘窠書。及長，工詩古文，不樂仕進。著有《塞外詩》三卷、《大瓢偶筆》八卷、《雜文》一卷、《柳邊紀略》、《力耕堂詩稿》等。

楊鐸（清約 1675～1745），字石卿，號石道人。精金石之學，與許瀚、吳熙載、汪喜孫等交好，著有《函青閣金石記》。

楊芳燦（清 1754～1816），字才叔，號蓉裳，江蘇人。袁枚弟子，工詩。乾隆四十二年（1777）拔貢，官靈州知州，改戶部員外郎。著有《翼率齋稿》。

楊秀清（清 1823～1856），字嗣龍，廣西桂平人，客家人。太平天國重要領袖之一。出身貧民家庭，以耕山燒炭為業。加入拜上帝會，參與發動金田起義。咸豐元年，受封東王，稱「九千歲」，位居天王洪秀全之下，權傾朝野。太平軍攻破清軍江南大營後，已經集教權、政權和軍權於一身，成為太平天國實質上的首領。咸豐六年（1856）9 月，楊秀清在「天京事變」中被害，家人僚屬幾無倖免。

楊以增（清 1787～1855），字益之，號至堂，別號東樵，山東聊城人。建海源閣藏書樓。搜集宋本圖書百餘種，專藏一室，名曰百宋一廛，又稱士禮居藏書。得鮑氏知不足齋、秦氏石研齋、惠氏紅豆山莊、方氏碧琳琅館藏書以及江都汪容甫、海寧陳仲魚、陽湖孫淵如、大興朱竹君等海內名家部分藏書，別辟書室曰宋存書室，藏天水舊籍，以元本、校本、影宋抄本附之。後又得宋本《毛詩》《三禮》《史記》《漢書》《後漢書》《三國志》等，命其室曰四經四史之齋。海源閣樓上藏宋元精槧，樓下為宋、元、明和清初版、殿版、手抄本；另將帖片、古物、字畫貯於閣的後院，凡五間，皆至充棟。由此改變了我國藏書以江南為中心的格局，與江南常熟瞿氏鐵琴銅劍樓並峙，時稱「南瞿北楊」。

楊澥（清 1781～1850），原名海，字竹塘，又字竹唐，號龍石，晚號野航，別號石公山人，江蘇吳江人。深研金石考據，並善刻竹。篆刻早年學浙派，後

側重秦、漢，力矯嫵媚之習，自有特點。晚年所刻正書、隸書側款，得漢魏六朝碑刻遺意。著有《楊龍石印存》二卷。

楊尚文（1807～1856），又名楊林，字仲華，號墨林，山西靈石人。藏書家。善圖繪，嗜金石，喜刊刻古人著述。連筠簃為其位於京師的藏書處。刊刻《連筠簃叢書》15 種 111 卷，由何紹基題簽。輯明姚廣孝等編的《永樂大典目錄》60 卷，是現存歷史文獻《永樂大典》惟一完整的目錄。所收多為曆算物理、史學地理、金石字韻方面的著作。內容抉擇與校刊均稱精審。如所收《鏡鏡詅癡》為清代研究物理（光學）之書，並附有精繪圖表，揚西學東漸之風氣；《元朝秘史》《長春真人西遊記》皆為研究西北史地要籍；《群書治要》更為久佚之秘笈，受到後來學者、藏家的廣泛重視。

楊峴（清 1819～1896），一名顯，字季仇、季述，一字見山，號庸齋，晚號庸叟、藐翁、藐叟、紫薇翁，別署老藐，室名受經堂、遲鴻軒，自號遲鴻殘叟，又室名將閑送老之堂，浙江歸安人。咸豐五年舉人。嘗參曾國藩、李鴻章幕。官常州、松江知府。工書法，以漢隸名一時。名峴，號庸齋，晚號藐翁，浙江湖州人。工書法，精隸，多得力於《禮器碑》而稍加顫筆，著有《庸齋文集》《遲鴻軒詩鈔》《藐叟年譜》等。

楊岳斌（清 1822～1890），原名載福，字厚庵，湖南善化人。行伍出身，曾參與鎮壓新寧李沅發起義。咸豐三年（1853），隨曾國藩創建湘軍水師，任右營營官，此後多次與太平軍交戰，屢立戰功，累升至福建水師提督，賜號彪勇巴圖魯。同治年間，與曾國藩、曾國荃定計合圍南京，圍剿長江兩岸，鎮壓太平天國，授陝甘總督，賞一等輕車都尉世職。光緒元年（1875），受命與彭玉麟整頓長江水師。光緒十一年（1885），率軍赴援臺灣，協同劉銘傳共禦法軍。光緒十六年（1890）病逝，贈太子太保，諡勇愨。能詩文，尤善書法，有《楊勇愨公遺集》傳世。

楊浚（清 1830～1890），字雪滄，號健公，又號冠悔道人。祖籍福建晉江，後遷福建侯官。藏書家，同治五年（1866）應左宗棠之邀，入福州正誼書局，重刊先賢遺書。著有《冠悔堂詩文鈔》《冠悔堂賦鈔》《楊雪滄稿本》等。

楊晨（清 1845～？），字蓉初，一字定勇，又號定夫、定甫，晚號定叟，室名崇雅堂，浙江黃岩人。光緒三年進士，授編修。兩次充任順天鄉試及會試同考官。著有《崇雅堂詩文稿》《詩考補訂》《三國志劄記》《三國會要》《路橋志略》《臺州藝文略‧金石略》《河西楊氏家譜》《敦書戺聞》《瀛州戺聞》，輯

有《臨海異物志》《赤城別集》等。

楊應祖（清代人，生卒年不詳），廣東大埔人。舉人。嘉慶十六年（1811）任新會縣教諭。

楊健（清代人，生卒年不詳），湖南清泉人。進士。嘉慶十九年（1814）任廣州知府。

楊彭年（清代人，生卒年不詳），宜興製壺藝人。曼生為之題其居曰「阿曼陀室」，並畫十八壺式與之，楊氏用於壺底的印章也出自曼生之手。從此，開始了他們具有歷史意義的合作，為後人留下了大量傳世之作——曼生壺。

楊懋建（清代人，生卒年不詳），字掌生，號爾園，別署蕊珠舊史，嘉應州人。道光辛卯（1831）恩科舉人，官國子監學正，年十七受知阮文達，肄業學海堂，自天學、地學、圖書、掌故、中西演算法、歷代音樂，皆精工焉。其著作《京塵雜錄》，內分「長安看花記」「辛壬癸甲錄」「丁年玉笥志」「夢華瑣簿」四部分，記錄了大量清代京師梨園史料。該書有「光緒丙戌（1886）上海同文書局」印記，署「楊掌生著」。

楊聖宜（清代人，生卒年不詳），詩人，濟寧人。

載山（清代僧人，生卒年不詳），無考。

賈島（唐 779～843），字閬仙，一作浪仙，自稱碣石山人，范陽人。初為僧，名無本。後還俗，屢舉進士不第，59 歲任長江縣主簿，後遷普州司倉參軍。詩如其人，耽幽好奇，凄寂僻苦，風格清奇瘦硬，時人以「郊寒島瘦」將其與孟郊並稱。創作態度認真拘謹，注重詞句修煉，刻意求工，自稱「二句三年得，一吟雙淚流」。有《長江集》，存詩近四百首。

賈似道（宋 1213～1275），字師憲，別號秋壑。浙江臺州人。姊為理宗貴妃，屢次超升。開慶元年（1259）以右丞相率兵救鄂州，遣使向蒙古忽必烈稱臣，割地納幣，謊報解圍。度宗立，拜太師，封魏國公，專斷朝政，放情恣樂。後元兵迫建康，宋軍屢敗，似道被劾貶逐，在福建漳州木綿庵被監送人鄭虎臣所殺。

甄鸞（南朝北周時人，生卒年不詳），數學家。北周武帝在建德三年（574）廢佛之前，曾多次召集儒、佛、道三教學者及文武百官討論權衡三教的優劣。奉敕撰《笑道論》三卷。

義淨（唐 635～713），俗姓張，字文明，河北涿縣人，一說齊州。幼年出家，天性穎慧，20 歲受具足戒。於咸亨二年（671）經由廣州，取道海路，經

室利弗逝（蘇門答臘巴鄰旁，Palembang）至印度，一一巡禮鷲峰、雞足山、鹿野苑、祇園精舍等佛教聖跡後，往那爛陀寺勤學十年，後又至蘇門答臘遊學七年。歷遊 30 餘國，返國時，攜梵本經論約 400 部、舍利 300 粒至洛陽，武后親至上東門外迎接，敕住佛授記寺。其後參與華嚴經之新譯，與戒律、唯識、密教等書籍之漢譯工作。自聖曆二年（699）迄景雲二年（711），歷時 12 年，譯出 56 部，共 230 卷，其中以律部典籍居多，今所傳有部毗奈耶等之諸律大多出自其手，與鳩摩羅什、真諦、玄奘等共稱四大譯經家。著有《南海寄歸內法傳》四卷、《大唐西域求法高僧傳》二卷，並首傳印度拼音之法。著作中備載印度南海諸國僧人之生活、風俗、習慣等，係瞭解當時印度之重要資料。《藥師琉璃光七佛本願功德經》，敍述佛陀因曼殊室利的啟請，而為在毘舍離國樂音樹下的大比丘、大菩薩、國王、大臣等，盛陳東方淨琉璃世界藥師如來的功德，並詳述藥師如來因地所發的十二大願。

溫承悌（清 ？～1855），字怡可，號秋瀛，廣東順德人。道光元年（1821）恩賜進士，入翰林院，官刑部主事。工詩，風格清新。著《泛香齋集》。

褚人獲（清 1635～1682），字稼軒，又字學稼，號石農、沒世農夫等，江蘇長洲人。文學家。一生未曾中試，也未曾做官，交遊廣泛，與尤侗、洪升、顧貞觀、張潮、毛宗崗等清初著名作家來往甚密。著作頗豐。著《堅瓠集引》，《堅瓠集》正集十集，另有續集、廣集、補集、秘集、餘集，共 15 集 66 卷，書內古今典章制度、人物事蹟、詩詞藝術、社會瑣聞、詼諧、戲謔無所不記，尤以明清軼事為多。還有《讀史隨筆》《退佳瑣錄》《續蟹集》《宋賢群輔錄》《隋唐演義》等。

褚成博（清末人，生卒年不詳），字伯約，號孝通，杭州餘杭人。光緒六年（1880）進士，散館授翰林院編修。光緒十五年（1889）補授江西道御史，歷任禮科給事中、惠潮嘉兵備道及鄉試會試考官等職。與梁啟超、陳熾、沈曾植及袁世凱等組織強學會，著有《堅正堂折稿》二卷、《光緒餘杭縣志稿》。

愛新覺羅·長麟（清 ？～1811），字牧庵，滿洲正藍旗人。乾隆四十年進士，授刑部主事。明敏有口辯，居曹有聲。歷郎中，出為福建興泉永道，累遷江蘇布政使。五十一年，召授刑部侍郎。五十二年，授山東巡撫，責所屬浚河道，修四十一州縣城工；捕巨野、汶上劇盜田玉堂等，置之法，詔嘉獎。授江蘇巡撫。英使馬戛爾尼訪華期間，長麟任兩廣總督，其時，英使向長麟展示了火柴，長麟十分驚奇，表示從未見過。

愛新覺羅・永瑆（清 1752～1823），乾隆皇帝十一子，封成親王，號詒晉齋主人。與劉墉、翁方綱、鐵保並稱清中期四大書家。

愛新覺羅・裕興（1772～1829），豫通親王多鐸後裔，豫良親王愛新覺羅・修齡第三子。

愛新覺羅・昭槤（清 1776～1833），字汲修，號檀樽主人。清朝宗室大臣，禮親王代善的第六世孫，禮親王永恩之子。著《嘯亭雜錄》八卷，續錄二卷，著名史料筆記，記清道光初年以前的政治、軍事、經濟、民族、文化、典章制度、文武官員的遺聞軼事和社會習俗等。

愛新覺羅・綿愷（清代人，生卒年不詳），清朝世襲親王。道光元年（1821），嘉慶帝第三子綿愷被封親王，封號惇，諡恪。

愛新覺羅・奕訢（清 1833～1898），號樂道堂主人，清朝十二家鐵帽子王之一。道光帝第六子，咸豐年間，奕訢於 1853 年到 1855 年之間擔任領班軍機大臣。在第二次鴉片戰爭中，奕訢授命為全權欽差大臣，負責與英、法、俄談判，並且簽訂了《北京條約》。1861 年與兩宮太后聯合發動辛酉政變，奪取了政權，被授予議政王之銜。從 1861 年到 1884 年，奕訢任領班軍機大臣與領班總理衙門大臣，1865 年革除議政王頭銜。1884 年因中法戰爭失利被罷黜，1894年以善後中日甲午戰爭失敗，再度被起用。諡忠。

愛新覺羅・寶廷（清 1840～1890），初名寶賢，字少溪，號竹坡，字仲獻，號難齋，晚年自號偶齋。同治七年（1868）進士，授翰林院庶吉士、翰林院編修。同治十二年（1873）充浙江省鄉試副考官。7 月轉補翰林院侍讀，後任詹事府左中允、國子監司業、侍讀學士兼詹事府少詹事、文淵閣直閣事、內閣學士兼禮部侍郎、禮部右侍郎、西陵監修大臣、正黃旗蒙古副都統。同年充福建鄉試正考官職，因途中納江山船女為妾，回京上疏自劾罷官。

愛新覺羅・裕瑞（清代人，生卒年不詳），字思元。豫通親王多鐸第五代孫。錢泳《履園叢話》記：輔國公裕瑞為豫親王弟，自號思元主人，所居曰樊學齋，有亭臺花木之勝，一時名士如楊蓉裳、吳蘭雪輩皆與之遊。所著有《薑香軒吟草》一卷，十額駙豐紳殷德稱其詩清華幽豔，是能鑄長吉、飛卿而自成一家者。記其《灤陽道中》云：「一馬長驅掛玉鞭，清秋風景倍蕭然。野蛾亂落荒林雪，山鳥斜沖古寺煙。」著有《棗窗閑筆》。

鳩摩羅什（前秦時入華僧人，生卒年不詳），出生於西域龜茲國。384 年，前秦君主苻堅派呂光迎請鳩摩羅什，征服龜茲，鳩摩羅什隨軍東來。401 年，

後秦君主姚興將鳩摩羅什接到長安。譯出《禪秘要法經》三卷等。

十四畫：趙 蔡 慕 蔣 厲 裴 廖 鄭 端 譚 榮 管
　　　　僧 錢 翟 鄧

趙璘（唐代人，生卒年均不詳），字澤章，南陽人，後徙平原。約唐武宗會昌中前後在世，家世顯貴。大和八年（834）進士及第，開成三年（838），博學鴻詞登科。大中七年（853）為左補闕。後官衢州刺史。小說家，代表作品有《因話錄》六卷。趙璘為唐德宗時宰相趙宗儒之姪孫，其母柳氏為關中貴族，母之叔曾祖姑為玄宗婕妤，生延王玢，為肅宗弟兄。由於家世原因，作者多識典故，嫻於舊事。書中所記，乃得之於家族和親故間的異聞軼事，以及他本人的親歷往事或見聞。全書按五音宮、商、角、徵、羽分為五部分。卷一「宮部」記玄宗至宣宗朝人君言行，卷二、卷三「商部」記王公大臣妙語卓行，皆平實可信，時有自注，說明為親所聞見。卷四「角部」多透露民間流俗，如書生賓士入京應不求聞達科，僧文淑借講經論投世俗之好而聽者填咽，至教坊效其聲調以為歌曲。卷五「徵部」多記中央台省制度，尤以御史臺為詳。卷六「羽部」所錄雜事涉及面更廣，如透門劍伎、便換、割治眼瘤醫術等條，都頗有價值。故《四庫全書總目》謂此書「實多可資考證者，在唐人說部之中猶為善本焉」。

趙彥端（宋 1121～1175），字德莊，號介庵，汴人。紹興八年（1138）進士。約紹興十年（1140 年）為餘干令，凡三載。曾主持重修縣城東山嶺上乘風亭。乾道、淳熙間，以直寶文閣知建寧府，工為詞，詞以婉約纖穠勝，有《介庵詞》四卷，及《介庵集》十卷、《外集》三卷。

趙宜之（金代人，生卒年不詳），字愚軒，詩人，餘無考。

趙孟頫（元 1254～1322），中年曾作孟俯，字子昂，號松雪道人、水精宮道人，湖州人。宋太祖十一世孫，入元後，奉召至北京，官至翰林學士承旨。自幼聰穎過人，工書畫、行書及小楷，圓潤邅麗，世稱「趙體」。畫入逸品，人物、山水、花鳥、樹石、鞍馬，無所不能，無所不佳。詩文清奇，援筆立就。著有《琴原》《樂原》《松雪齋詩集》等。

趙同魯（明 1423～1502），字與哲，一作字浚儀，長洲人。克承家學，善詩文，著《仙華集》。善畫山水，用筆工妙。沈周嘗師事之。每見周仿倪瓚輒謂落筆太過。

趙南星(明1550～1628),字夢白,號儕鶴,別號清都散客,北直隸真定府人。東林黨的首領之一。萬曆二年(1574)進士。歷任汝寧推官、戶部主事、吏部考功郎中、吏部文選員外郎、吏部尚書等職。為政期間,革新吏治,整肅朝綱,風氣為之一新。但隨著東林黨人與閹黨鬥爭的失敗被革官職,削籍戍代州。明思宗即位之初,即清查魏忠賢案,追贈太子太保,諡忠毅。著有《芳茹園樂府》等作傳世。

趙宧光(明1559～1625),字凡夫、水臣,號廣平、寒山梁鴻、墓下凡夫、寒山長。江蘇太倉人,國學生。一生不仕,只以高士名冠吳中,偕妻陸卿隱於寒山,夫婦皆有名於時。讀書稽古,精六書,工詩文,擅書法,尤精篆書,兼文學家、文字學家、書論家、造園師於一身。代表園林有以「千尺雪」出名的寒山別墅,代表作品有《說文長箋》《六書長箋》《寒山蔓草》《寒山帚談》《寒山志》《九圜史圖》等。

趙昱(清1689～1747),原名殿昂,字谷林,一作林谷,別字功千,浙江仁和人。藏書家、文學家。築「春草園」別墅,建「小山堂」等藏書樓,藏書數萬卷。編著有《小山堂書目》二卷、《小山堂藏書目錄備覽》一卷,著錄圖書約950餘種。著作有《愛日堂集》《秀硯齋吟稿》等。

趙翼(清1727～1814),字雲崧,一作耘崧,號甌北,別號三半老人,常州府人。乾隆十五年(1750)中舉。乾隆十九年(1754)考授內閣中書、軍機處行走。乾隆二十六年(1761)探花,授翰林編修。歷任廣西鎮安知府、廣東廣州知府等職,官至貴州貴西兵備道。後辭官,主講於安定書院。嘉慶十五年(1810),赴鹿鳴宴,賞三品頂戴。長於史學,考據精賅,所著《廿二史劄記》與王鳴盛《十七史商榷》、錢大昕《二十二史考異》合稱「清代三大史學名著」。論詩主「獨創」,反摹擬。與袁枚、張問陶並稱清代「性靈派三大家」。還著有《陔餘叢考》《簷曝雜記》《皇朝武功紀盛》《甌北詩鈔》《甌北詩真話》《平定兩川述略》《平定臺灣述略》《粵滇雜記》。多編入《甌北全集》。

趙宜喜(清1755～?),字晉熙,號鑒堂,江西南豐人。監生,由陝西定邊鹽大使,仕至雲南布政使,降補刑部郎中。嘉慶十五年(1810)以常鎮道遷河南按察使,十六年(1811)降調。十七年(1812)改廣東按察使。

趙之琛(清1781～1860),字次閑,號獻父,別號寶月山人,浙江錢塘(今杭州)人。精心嗜古,邃金石之學。篆刻早年師法陳鴻壽,後以陳豫鍾為師,兼取各家之長,以工整挺拔出之,尤以單刀著名。為「西泠八家」之一。亦工

書善畫，媲美奚岡。山水師黃公望、倪瓚，以蕭疏幽淡為宗。花卉筆意瀟灑，點色清雅，饒有華嵒神趣。間作草蟲，隨意點染，體態畢肖，為寫生能手。晚年喜畫佛像。著有《補羅迦室印譜》。

趙懿（清道光間人，生卒年不詳），字懿子，號谷庵。清蔣寶齡《墨林今話》稱懿「工書，尤精篆刻，與從父次閑同受陳秋堂法，嘗入都，隸卜古鐵筆俱見賞於覃溪開學」。

趙飲谷（清代人，生卒年不詳），乾隆年間吳中經學者。錢大昕自撰《竹汀居士年譜》載：「吳中老宿李客山、趙飲谷、惠松崖、沈冠雲、許子遜、顧祿百亦引為忘年交。」案：吳中老宿李客山名果，趙飲谷名虹。

趙希璜（清代人，生卒年不詳），字渭川，廣東長寧人。乾隆四十四年（1779）舉人。官河南安陽知縣。有《四百三十二峰草堂詩鈔》。

趙魏（清 1746～1825），字晉齋，號錄森，一號洛生，浙江仁和人。康熙歲貢生。家藏碑版極多，考證碑版有獨識。考證金石文字獨具特識，收藏金石極富。兼精篆、隸書，善畫。中年遊關中畢沅幕，與孫星衍、錢坫、申兆定等互相砥礪，見聞日廣。著《古今法帖匯目》《竹崦庵碑目》《竹崦庵金石錄》。

趙紹祖（清 1752～1833），字繩伯，號琴士，安徽涇縣人。享年 82 歲。好古博學，尤深於史。著述頗富，有《琴士詩鈔》十卷，文鈔六卷，《讀書隅記》八卷，《消暑錄》一卷，《古墨齋筆記》六卷，《觀書記》八卷，《書畫記》一卷，及《通鑒注商》《新舊唐書互證》《金石文正續鈔》《金石跋》《建元考》《校補王氏詩考》。

趙慎畛（清 1762～1826），字笛樓，湖南武陵人。嘉慶元年（1796）進士，嘉慶二十年（1815）為廣東布政使，官至浙閩總督、雲貴總督，晉太子少保。善隸書，還著有《從征錄》《讀書日記》《惜日筆記》《榆巢雜識》等數十卷。

趙之謙（清 1829～1884），初字益甫，號冷君，後改字為叔，號悲盦、憨寮、無悶、鐵三、梅盦，浙江會稽人。咸豐九年（1859）舉人。歷官江西鄱陽、奉新、南城等知縣。博古通今，精篆刻，初學浙、皖二派，後突破秦漢璽印規範，吸取古錢幣、鏡銘及碑版等篆字入印，章法講究，古勁渾厚，閑靜遒麗，別創新格，印側刻畫像，亦屬首創。書法初學顏真卿，兼習南北二派，一度去揚州鬻字，未得時賞，折回後苦心精思，悟澈書畫合一之旨，求筆訣於古今人書，得包世臣、張琦的論著，而知鉤捺拒送、萬毫齊力之法，遂專力於篆隸八分，參以六朝造像，隸書師法鄧石如，以魏碑筆勢寫行書，日臻神妙，創立自

己面目。擅畫花卉蔬果，筆墨酣暢，水墨交融，設色濃豔，有寬博淳厚之趣，糅合徐渭、原濟、李鱓諸家而抒出己意，開清末寫意花卉新風。著有《二金蝶堂印譜》《悲盦居士詩賸》《補環宇訪碑錄》《六朝別字記》等。曾總纂《江西通志》。

趙穆（清 1845～1894），原名趙垣，字仲穆，又字穆父、穆盦，號牧園，別號琴鶴生，晚號老鐵，室名雙清閣，江蘇常州人。篆刻家。追蹤秦漢，別樹一幟。所刻印存，有百將、百美等八種。亦精刻竹簡，並能製紫泥茶壺，兼及畫菊、畫佛，均能入妙。印風獨樹一幟。有《趙仲穆印存》《雙清閣印存》。

趙時熙（清代人，生卒年不詳），河南開封府人。同治七年（1868）進士，歷任侍郎、京畿道等職。在任廣西和甘肅道臺期間，因政績斐然屢受加封。趙時熙在廣西任上，收存了清光緒十九年繪製的《廣西中越全界之圖》。此圖明確標有山名、水名、村名、路名、關隘、營壘、炮臺、州界、邊界等，清晰地標明瞭中國廣西與越南的邊界。

趙煥聯（清代人，生卒年不詳），湘軍將領，舉人，曾任雲南按察使。咸豐年間協助左宗棠守湖南邵陽，擊潰石達開時立功。

趙彪詔（清代人，生卒年不詳），著《歷代錢圖》。

蔡邕（漢 133～192），字伯喈，陳留郡圉縣人。早年拒朝廷徵召之命，後被徵辟為司徒掾屬，任河平長、郎中、議郎等職，曾參與續寫《東觀漢記》及刻印熹平石經。後因罪被流放朔方，幾經周折，避難江南 12 年。董卓掌權時，強召蔡邕為祭酒。三日之內，歷任侍御史、治書侍御史、尚書、侍中、左中郎將等職，封高陽鄉侯，世稱「蔡中郎」。董卓被誅殺後，蔡邕因在王允座上感歎而被下獄，不久便死於獄中。蔡邕精通音律，才華橫溢，師事著名學者胡廣。除通經史、善辭賦之外，又精於書法，擅篆、隸書，尤以隸書造詣最深，有「蔡邕書骨氣洞達，爽爽有神力」的評價。所創「飛白」書體，對後世影響甚大。生平藏書多至萬餘卷，晚年仍存四千卷。有文集 20 卷，早佚。明人張溥輯有《蔡中郎集》，《全後漢文》對其著作也多有收錄。

蔡克（晉代人，生卒年不詳），蔡邕之孫。

蔡京（宋 1047～1126），字元長，興化軍仙遊縣人。北宋宰相、書法家，先後四次任宰相，任期達 17 年，四起四落，堪稱古今第一人。熙寧三年進士及第，先為地方官，後任中書舍人，改龍圖閣待制、知開封府。崇寧元年（1102），為右僕射兼門下侍郎（右相），後又官至太師。興花石綱之役；改鹽法和茶法，

鑄當十大錢。北宋末，太學生陳東上書，稱蔡京為「六賊之首」。宋欽宗即位後，蔡京被貶嶺南，途中死於潭州。

　　蔡脩（宋 1077～1126），字居安，興化軍仙遊縣人。蔡京長子。宋徽宗信而寵之，賜進士出身，歷任龍圖閣學士、淮康軍節度使、宣和殿大學士等職。宣和五年（1123），代王黼領樞密院事，擔任開府儀同三司、少保等重要職務。北宋在通過海上之盟消滅遼國之後，因功再次升遷，拜少師，後改任太保，封英國公。宣和末年，宋徽宗內禪，作為近臣參與策劃。靖康元年（1126）貶為太中大夫，貶往萬安軍安置，旋即賜死於貶所。

　　蔡松年（宋 1107～1159），字伯堅，號蕭閑老人，真定人。以宋人而隨父降金，官至右丞相，加儀同三司，封衛國公。工詩，風格清俊，部分作品流露出對仕金的悔恨，表達了歸隱的心情。也能詞，與吳激齊名，時號「吳蔡體」，有《明秀集》詞，魏道明注。

　　蔡絛（宋代人，生卒年不詳），字約之，別號無為子，興化仙遊人。蔡京第三子。徽宗時，京為太師，既老眊，事悉決於絛。京敗，絛亦流死。著有《國史後補》《北征紀實》《鐵圍山叢談》《西清詩話》及《蔡百衲詩評》等。

　　蔡子銘（明代人，生卒年不詳），善製羊腦箋。

　　蔡司霶（清代人，生卒年不詳），據《重刊宜興縣舊志》卷五載：蔡司霶是福建龍溪人，舉人，康熙二十三年（1684）任宜興知縣。著《霶園叢話》。

　　蔡毓榮（清初人，生卒年不詳），字仁庵，漢軍正白旗人。父士英，初籍錦州。從祖大壽來降，授世職牛錄章京。轉戰有功。順治間，累遷至右副都禦使。出為江西巡撫，尋改漕運總督，加兵部尚書，以疾告歸。

　　蔡琬（清 1695～1755），字季玉，綏遠將軍蔡毓榮之女。尚書高其倬妻。有《蘊真軒詩草》二卷。

　　蔡時敏（清乾嘉時人，生卒年不詳），字遜初，小字肖官，嘉定人。清嘉時竹刻名家。最善圓雕人物，師承嘉定封氏竹根雕技法，而能出新意自成一家。曾摹李龍眠羅漢圖刻十八羅漢，每個人物各有不同的形象特徵，頗為生動。卒年僅 49 歲。今傳世品有蔡時敏款《竹雕八仙圖》。

　　蔡鑾揚（清乾嘉時人，生卒年不詳），字浣霞，桐鄉人。嘉慶四年（1799）進士，歷官福建延、建、邵道。有《證向齋詩集》。

　　蔡錫恭（清約 1771～1829），乾隆至道光年間人，字少峰，江蘇望族。嗜茗壺，收藏有大彬為寶儉堂所作茗具，張叔未嘗賦詩以記之。又傳請楊彭年製

壺，底鈐篆文「少峰」印款。

　　蔡錦泉（清 1809～1859），字文淵，一字春帆，廣東順德人。謝蘭生選為東床快婿。道光十二年（1832）進士，授翰林院編修，入直上書房，提督湖南學政，內閣中書。博通經史，工詩古文辭，著有《聽桐山館集》。

　　蔡若舟（清代人，生卒年不詳），蔡守叔父。

　　蔡愷（清代人，生卒年不詳），字樂樵，號小癡，廣東順德人。善書畫詩詞，詩風雅淡，著有《爾雅堂筆記》、《眺松閣詩抄》一卷。

　　蔡爾眉（清代人，生卒年不詳），貢生。

　　蔡廷楫（清代人，生卒年不詳），字若舟，廣東順德人，善篆刻。

　　蔡芸甫（清代人，生卒年不詳），字齋中，無考。

　　蔡應嵩（清道光時人，生卒年不詳），號少彭，道光二十年（1840）恩科舉人，丁未科（1847，與李鴻章同科）進士及第。欽命江西分巡廣饒九南兵備道，署吉南贛寧兵備道，加三級賞戴藍翎，督江西軍政，誥封通奉祿大夫（二品）。

　　蔡雲（清代人，生卒年不詳），字談，號鐵耕，元和人，著《癖談》六卷。

　　蔡兆華（清代人，生卒年不詳），字守白，東莞人。上海古籍出版社 2011 年出版《蔡召華詩集》。收錄了蔡召華傳世詩集《愛吾廬詩鈔》《細字吟》《草草草堂草》《綴玉集》。其中《綴玉集》為集《玉臺新詠》句，成五律 200 餘首，頗具巧思，讀者歎為巧奪天工。

　　慕榮幹（清代人，生卒年不詳），字貞甫，號子荷，山東蓬萊人。同治七年（1868）進士，散館授編修。歷任順天同考、福建主考、陝西學政。

　　蔣衡（清 1672～1742），字湘帆，一字拙存，號江南拙叟、拙老人、函潭老布衣，江蘇金壇人。浪跡江湖，臨摹碑帖 300 多種，刻成《拙存堂臨古帖》28 卷。在西安觀碑林時，發現唐代《開成石經》出於眾手，書雜又失校核，下定決心重寫《十二經》，歷時 12 年，至乾隆二年（1737）始告成。由江南河道總督高斌於乾隆五年轉呈朝廷，收藏在懋勤殿。為此乾隆皇帝授蔣為國子監學正。翌年，諭旨以蔣衡手書為底本，刻石太學，於五十九年（1794）刻成，定名《乾隆石經》。還著有《讀易私記》《拙存堂詩文集》《易卦私箋》等。

　　蔣溥（清 1708～1761），字質甫，江蘇常熟人。雍正八年進士，改庶吉士，直南書房，十一年授編修。四遷內閣學士。諡文恪。

　　蔣寶齡（清 1718～1841），字子延、霞竹，號琴東逸史，江蘇昭文人，

後寓上海。布衣。工詩，善畫。道光三年（1823）吳中大水，吳江、震澤尤甚，居民流徙，王之佑作水災記事詩十二章，寶齡為補十二圖，詳寫實況。十九年創辦「小蓬萊畫會」。著有《墨林今話》、《琴東野屋詩集》。《墨林今話》18 卷，續集一卷。記載乾隆至咸豐間畫家 1286 人，多為江浙人氏，各立小傳。涉及書法、金石、詩詞、收藏等事，為清中期畫壇紀實，極具美術文獻價值。

蔣士銓（1725～1784），字心餘、苕生，號藏園，晚號定甫，江西鉛山人。乾隆二十二年（1787）進士，官編修，二十九年（1764）辭職後，主講蕺山、崇文、安定三書院，與彭元瑞稱「江右兩名士」，與袁枚、趙翼合稱「乾隆三大家」。精通戲曲，工詩古文，橫出銳入，蒼蒼莽莽，不主故常，講究骨力。又工古文辭，雅正有法。其詞筆墨恣肆，自是奇才。戲曲亦為清代大家。著《忠雅堂詩集》，存詩 2569 首，戲曲創作存《紅雪樓九種曲》等 49 種。

蔣仁（清 1743～1795），原名泰，字階平，後得「蔣仁」古銅印，乃更名，號山堂，別號吉羅居士、女床山民，浙江仁和人。篆刻師法丁敬，參以己意，於流利中見樸茂，且以顏體行楷刻側款，別有風致。與丁敬、黃易、奚岡齊名，為「西泠八家」之一。兼善書法。

蔣知讓（清 1758～1809），字師退。蔣士銓子，江西鉛山人。乾隆丙申召試舉人，官河南唐縣知縣。亦工詩。有《妙吉祥室詩集》。《乾嘉詩壇點將錄》將其來排位神算子。

蔣攸銛（清 1766～1833），字礪堂。漢軍鑲藍旗人。先世由浙江遷遼東，從入關，居寶坻。乾隆四十九年（1874）進士。嘉慶十七年（1812）任廣東總督。

蔣列卿（清嘉道間人，生卒年不詳），鄧散木《篆刻學》記云：治印鈕名家有蔣列卿，毗陵人。

蔣光煦（清 1813～1860），字日甫、愛荀，號雅山，後改生沐，晚號放庵居士，室名商瓻周鼎秦鏡漢甓之齋、別下齋、拜經樓、東湖草堂、宜年堂、花事草堂、慎習堂、寶米室，浙江海寧人。10 歲而孤，母馬氏親自課讀。及長，豪飲好客，興趣廣泛，音律、博弈、雜藝無不愛好。後專意收藏古籍名刻及金石書畫，每遇善本，不惜千金購買。築別下齋以藏，積古籍四五萬餘卷，又能繪花卉。其中名刻善本居半，為海內知名藏書樓。並延攬學者張廷濟、費曉樓、管庭芬、許光清等，常聚集於別下齋，校勘評論，問難析疑。輯刻有《別下齋

叢書》《涉聞梓舊》，編校精當。太平天國時，避居鄉間，聞藏書樓被焚，嘔血
而亡。還刻有《甌香館集》《群玉堂英光堂（米芾）殘帖》。著有《吳越春秋校
文》《錢塘遺事斠補》《東湖叢記》《斠補隅錄》《花事草堂詩稿》《別下齋書畫
錄》等。

厲鶚（清 1692～1752），字太鴻，又字雄飛，號樊榭、南湖花隱等，浙江
錢塘人。康熙舉人。少貧，性孤峭。博於學，工詩詞。詩宗陶、謝及王、孟、
韋、柳，幽新雋妙，別有自得之趣。詞以姜夔、張炎為宗，字句清遠，聲調和
諧。為「浙派」重要詞家之一。

裴松之（晉 372～451），字世期，河東郡聞喜縣人，東晉、劉宋時期官員、
史學家，著《三國志注》，與其子裴駰、曾孫裴子野合稱「史學三裴」。裴松之
出身世代公卿的士族河東裴氏，八歲熟知《論語》《毛詩》，初仕東晉，歷任殿
中將軍、員外散騎侍郎、故鄣縣令、尚書祠部郎、司州主簿、治中從事史、宋
國世子洗馬。劉宋代晉後，歷任零陵內史、國子博士、冗從僕射、中書侍郎、
司冀二州大中正，封西鄉侯。元嘉十四年（427），裴松之以南琅琊太守一職致
仕，但又被朝廷任命為中散大夫，後又提升為太中大夫。

廖壽恒（清 1839～1903），字仲山，晚號抑齋，亦號抑抑齋，江蘇嘉定人。
同治二年進士。歷任湖南、河南學政，國史館纂修，侍讀學士。累擢禮部尚書，
授軍機大臣。曾纂修《同治實錄》。中法戰爭時，初力主抗擊，嗣與李鴻章共
商《中法條約》細則。後相助康有為向光緒帝送書遞折。1900 年因病開缺回
籍。

廖廷相（清 1842～1897），廣東南海人。

鄭虔（唐 705～764），字弱齊，一作若齊，鄭州滎陽人。開元二十五年
（737）授廣文館博士。工畫魚水、山石，時稱奇妙。天寶初曾以所見所聞，
著書 80 餘篇，坐「私撰國史」罪，謫十年。回長安後，嘗自書詩並畫《滄州
圖》上獻，玄宗署其紙尾曰「鄭虔三絕」。其畫有「山饒墨，樹枝老硬」之感。
用墨富於變化，王洽曾師事之。安祿山亂，不及逃避，被劫至東都，授以水部
郎中，稱病未盡職。至德二年（757），肅宗李亨懲辦失節官員，虔貶臺州司戶。
與杜甫交誼甚深，杜贈詩云：「鄭公樗散鬢成絲，酒後常稱老畫師。萬里傷心
嚴遣日，百年垂老中興時。」其墓在所貶之地，即今浙江臨海。

鄭谷（唐約 851～910），字守愚，漢江西宜春市人。僖宗時進士，官都官
郎中，人稱鄭都官。又以《鷓鴣詩》得名，人稱鄭鷓鴣。其詩多寫景詠物之作，

表現士大夫的閒情逸致。風格清新通俗，但流於淺率。曾與許棠、張喬等唱和往還，號「芳林十哲」。原有集，已散佚，存《雲臺編》。

鄭符（唐代人，生卒年不詳），字夢復。唐武宗會昌三年，段成式與鄭符、張希復遊長安永壽寺時同作詞，段成式《閑中好·閑中好》：「閑中好，塵務不縈心。坐對當窗木，看移三面陰。」鄭符《閑中好·閑中好》：「閑中好，盡日松為侶。此趣人不知，輕風度僧語。」見《酉陽雜俎》續集卷五。此文有誤。

鄭熊（一說唐人，一說宋人，生卒年不詳），撰《番禺雜記》。記錄嶺表山川異物，是研究廣州早期漢族民俗文化不可多得的文獻。原書已失傳，元陶宗儀輯錄本，收入《說郛》一書，共10條。

鄭三俊（明 1574～1656），字伯良、用章，號元岳、玄岳，又號影庵、巢雲，晚年別號遁夫，安徽池州人。萬曆二十六年（1598）進士，授直隸元氏知縣，累任直隸真定知縣，南京禮部祠祭清吏司主事，歸德知府，福建按察司副使提督學政，浙江布政司參政提督糧道，光祿寺少卿，太常寺少卿，都察院左僉都御史，都察院左副都御史，戶部添設右侍郎，南京戶部尚書，南京吏部尚書，刑部尚書，吏部尚書。

鄭成功（清 1624～1662），名森，表字明儼、大木，幼名福松。原為中國南明政權的大將軍，因蒙南明紹宗賜明朝國姓朱，賜名成功，世稱「國姓爺」、「鄭賜姓」、「鄭國姓」、「朱成功」，又因蒙南明昭宗封延平王，稱「鄭延平」。尊稱「延平郡王」、「開臺尊王」、「開臺聖王」等。1645 年清軍攻入江南，不久芝龍降清、田川氏在亂軍中自盡；鄭成功乃率領父親舊部在中國東南沿海抗清，成為南明後期主要軍事力量之一，一度由海路突襲，包圍清江寧府（原明朝南京），但終遭清軍擊退，只能憑藉海戰優勢固守海島廈門、金門。1661 年率軍橫渡臺灣海峽，翌年擊敗荷蘭東印度公司在臺灣大員（今臺灣臺南市境內）的駐軍，開啟鄭氏在臺灣的統治，並大力發展生產，但不久即病死。鄭成功死後，臺灣民間陸續建立廟宇祭祀，其中以臺南延平郡王祠最為重要。

鄭燮（清 1693～1765），字克柔，號板橋，江蘇興化人。少孤貧，天資奇縱。自用印曰「康熙秀才、雍正舉人、乾隆進士」。官山東濰縣令，因助農民勝訟及辦理賑濟，得罪豪紳，遭罷官。作官前後均居揚州賣畫，為「揚州八怪」之一。工書法，以篆隸體參合行楷，非古非今，非隸非楷，自稱「六分半書」。有縱橫錯落、瘦硬奇峭之致，自成體貌。擅畫蘭竹，以草書中豎長撇法運筆，多不亂，少不疏，體貌疏朗，筆力勁峭，自稱「四時不謝之蘭，百節長青之竹，

萬古不敗之石，千秋不變之人」。善詩文，詩意新奇。所作《家書》《道情》，真摯坦率，為世稱許。

鄭灝若（清嘉慶時人，生卒年不詳），字萱坪，善畫。著《四書文源流考》《職官表》等。

鄭寧侯（清約 1698～1766），浙江桐鄉人。《桐鄉縣志》載，明末至清康乾間人，製壺名家，製壺胎薄而堅致。亦善摹古器，工書法。

鄭開禧（清 1776～ ？），字迪卿，又字雲麓，福建龍溪人。嘉慶十九年（1814）進士，授內閣中書，轉任文選司郎中、吏部員外郎。分巡廣東糧儲道，適南海，三水、清遠三縣氾濫，堤岸崩潰，民居流離饑殍，請賑不及，為救數萬災民，首先捐金設法收恤，組織百姓搶修堤防，永禦水患，升任山東都轉專鹽運使。有書樓為知守齋，收藏圖書達十多萬卷。好藏硯，每硯必銘。著有《知守齋詩文集》。

鄭小谷（清 1801～1872），也稱鄭獻甫，自號識字耕田夫，廣西象州人。清代著名教育家、經學家、詩人、學者，廣西歷史上最有影響的壯族歷史文化名人，素有「江南才子」和「兩粵宗師」之稱。

鄭鑾（清代人，生卒年不詳），字子硯，興化人。嘉慶十二年（1807）舉人。嘉慶二十二年（1817）以知縣分發廣東，後任河南魯山知縣，創琴臺書院。咸豐三年（1853），太平軍陷興化，憂憤而卒。工書法，亦能詩詞散文。著有《嶺海集》《梁園集》《魯山集》等。

端木埰（清 1816～1892），回族，字子疇，江寧人。曾任侍讀。工書，善辭賦。著有《有不為齋集》《經史粹言》《碧瀅詞》《楚辭啟蒙》《賦源》，編選有《宋詞賞心錄》《金陵詩徵錄》等。

譚稹（宋代人，生卒年不詳），北宋末年宦官。當方臘起義之初，譚稹首先奉命統軍出征。以後，童貫出任江淮荊浙宣撫使，譚稹改任兩浙制置使，兩人遂共同帶兵南下。童貫致仕後，譚稹出任河北、河東、燕山府路宣撫使，繼童貫之後成為主持北方前線防務的主帥。

譚宗浚（清 1846～1888），原名懋安，字叔裕，號止庵、荔村，室名希古堂、荔村、荔村草堂，南海人。同治十三年榜眼，授編修。官四川學使、雲南鹽法道。性好遊，所至必探名勝，熟於掌故。著有《止庵筆語》《荔村隨筆》《荔村草堂詩鈔》《希古堂集》《遼竺史記事本末》等，編有《蜀秀集》等。

榮祿（清 1834～1903），瓜爾佳氏。字仲華，號略園，滿洲正白旗人。由

蔭生以主事用，數遷侍郎，兼內務大臣、步軍統領，光緒四年擢工部尚書。因納賄被參罷免。光緒十八年出任西安將軍。甲午戰起，授步軍統領，特設巡防局督理五城團防以衛皇室。光緒二十一年任兵部尚書、總理各國事務大臣。光緒二十四年任直隸總督兼北洋大臣、軍機大臣，協助慈禧太后發動戊戌政變。光緒二十六年，策劃立端王載漪子溥儁為大阿哥，謀廢黜光緒帝。又屢請鎮壓義和團，保護各國使館。八國聯軍陷京後逃往西安。光緒二十八年返京後，加太子太保銜、文華殿大學士。次年病死。

管仲（春秋約前 723～前 645），姬姓，管氏，名夷吾，字仲，諡敬，潁上人。齊僖公三十三年（前 698），開始輔佐公子糾。齊桓西元年（前 685），得到鮑叔牙推薦，擔任國相，輔佐齊桓公成為春秋五霸之首。對內大興改革、富國強兵；對外尊王攘夷，九合諸侯，一匡天下，被尊稱為「仲父」。後人尊稱為「管子」，《管子》一書題為管仲所作。劉向編定《管子》時共 86 篇，今本實存 76 篇，其餘 10 篇僅存目錄。

管道升（元 1262～1319），字仲姬，一字瑤姬，湖州人。趙孟頫妻。延祐四年（1317）封魏國夫人，世稱「管夫人」。信佛，與孟頫同為中峰明本和尚（1263～1323）弟子。嘗手書《金剛經》數十卷，施入名山寺。仁宗命書《千字文》入藏秘書監，善畫墨竹，亦工觀音、佛像，筆意清新。論者謂「晴竹新篁，是其所創」。亦能詩。其翰墨詞章、書牘行楷，殆與趙孟頫不可辨同異。

管道杲（元代人，生卒年不詳），趙孟頫妻妹，適姚氏，居於南海。

管庭芬（清 1797～？），名或作廷芬，字培蘭，號芷湘，晚號芷翁，浙江海寧人。諸生。工六法，尤善畫蘭。有《淳溪老屋自娛集》。

僧佑（南朝 445～518），俗姓俞，生於江南建業（今南京），一說生於建康。法穎逝世（齊建元四年，482）後，永明年中竟陵王蕭子良每請他開講律學；由於他披釋精詳，辯解入微，因此聽眾常七八百人。又奉齊武帝敕，往三吳（今湖州、蘇州、紹興地區）去試簡僧眾，並講《十誦律》，說受戒法。所得的信施，都用來修治建初、定林諸寺，並在兩寺造立經藏。從此以後，在他後半生數十年中，經常為學眾廣開律席，一生的主要事業在於傳弘律學。撰《釋迦譜》五卷，為現存中國所撰佛傳中最古的一種。僧佑把各種經傳中所說釋迦的史實，從上溯佛的氏族來源起，下至佛滅後的法化流布等相止，彙編成為本書。

僧伽提婆（前秦時入華僧人，生卒年不詳），本姓瞿曇氏，北印度罽賓人。

他出家以後，遠訪明師，學通三藏，尤精於《阿毗曇心論》。又經常誦習《三法度論》，奉之為入道指南。於符秦建元年間（365～384）來長安，他氣度開朗，舉止溫和，洞察物情，誨人不倦，信眾都樂於親近。建元十五年（379），高僧釋道安也來長安，備受符堅敬重；道安當時年垂七十，仍極力獎勵譯書。還有符堅的秘書郎趙正（後出家名道整），崇信佛法，極力護持譯事。時車師前部（吐魯番）王彌第的國師鳩摩羅佛提、罽賓沙門僧伽跋澄和曇摩蜱、兜（法）勒沙門曇摩難提等先後來到長安，其地逐漸形成新的譯經重鎮。譯《增壹阿含經》51 卷（一作 50 卷）。佛教基礎經典，北傳四部阿含之一。此經記述佛陀及其弟子們的事蹟，闡述出家僧尼的戒律和對俗人修行的規定，論述小乘佛教的主要教義等。

僧六舟（清 1791～1858），俗姓姚，名達受，字六舟，又字秋楫，號南屏退叟、小綠天庵僧等，嘉興海昌人。生平嗜金石。一生歷經乾隆、嘉慶、道光三朝，正處於乾嘉樸學的高峰，也是金石學空前興盛的時期。他兼擅詩文、繪畫、書法、治印、刻竹、裝裱、鑒別古物、修整古器並識讀銘文，尤擅傳拓古銅器全形，堪稱一絕。被金石家阮元稱之為「金石僧」。

錢起（唐 722～780），字仲文，吳興人。書法家懷素之叔。天寶十年（751）進士。初為秘書省校書郎、藍田縣尉，後任司勳員外郎、考功郎中、翰林學士等。善詩，「大曆十才子」之一。

錢鏐（五代吳國 852～932），字具美（一作巨美），小字婆留，杭州臨安人，吳越開國國君。錢鏐在唐末跟隨董昌保護鄉里，抵禦亂軍，累遷至鎮海軍節度使，後因董昌叛唐稱帝，受詔討平董昌，再加鎮東軍節度使。逐漸佔據以杭州為首的兩浙十三州，先後被中原王朝（唐朝、後梁、後唐）封為越王、吳王、吳越王、吳越國王。錢鏐因吳越國地域狹小，三面強敵環繞，只得始終依靠中原王朝，尊其為正朔，不斷遣使進貢以求庇護。在位 41 年，廟號太祖，諡號武肅王，葬於錢王陵。

錢易（宋 981～？），字希白，浙江杭州人。北宋真宗咸平二年（999）己亥科孫暨榜進士第三人。錢易是吳越國王錢俶之子。與其兄錢昆歸順宋朝。錢易 17 歲時舉進士，在崇政殿面試，三篇文章還沒到中午就完成。有人討厭他年輕氣盛，沒有選中。然而錢易從此出名。著《南部新書》，乃其大中祥符間知開封縣時所作。皆記唐時故事，間及五代。

錢選（元約 1239～1299），字舜舉，號玉潭、霅川翁，家有習懶齋，因號

習懶翁，湖州人。本宋景定進士，入元不仕。善畫人物、花鳥、蔬果和山水，喜作折枝花木，筆致柔勁，著色清麗，自成風格。兼精音律，也能作詩。

錢谷（明 1508～1579），字叔寶，號罄室，長洲人，明代畫家。少孤貧，失學，迨壯始知讀書。家無典籍，遊文徵明門下，習詩文、書畫，曾手抄稀見書籍，聞有異書，雖病必強起，借抄不計日夜，至老不衰。擅畫山水，筆墨疏朗穩健，也能人物、蘭竹，稍見平實。以不善生計，家貧，文徵明過其室而題曰「懸罄」，谷自得樂趣。王世貞稱之為畫苑「董狐」，每得其畫，必加品題。

錢謙益（清 1582～1664），字受之，號牧齋，晚號蒙叟，東澗老人，蘇州人。學者稱虞山先生。清初詩壇的盟主之一。東林黨的領袖之一，官至禮部侍郎，明亡後降清，為禮部侍郎。

錢曾（清 1629～1701），字遵王，號也是翁，又號貫花道人、述古主人，虞山人。藏書家、版本學家。藏書近 5000 種，數十萬卷。建書樓述古堂，另有也是園、莪匪樓。其中有很多宋元刻本和精抄本，成為繼錢謙益絳雲樓和毛晉汲古閣之後的江南藏書名家。錢氏抄書以其紙墨精良、校勘仔細而著稱，世稱「錢抄」，與毛晉抄本媲美。著有《懷園集》《判春集》《奚囊集》《今吾集》等七部詩集。

錢陳群（清 1686～1774），字主敬，浙江嘉興人。康熙四十四年（1705），康熙南巡，陳群迎駕吳江，獻詩。上命俟回蹕召試，以母病不赴。六十年（1721）進士，引見，上諭及前事。改庶吉士，授編修。雍正七年，雍正命從史貽直、杭奕祿赴陝西宣諭化導，陳群周歷諸府縣，集諸生就公廨講經，反覆深切，有聞而流涕者。使還，上諭獎為「安分讀書人」。五遷右通政，督順天學政。

錢載（1708～1793），字坤一，號籜石，又號匏尊，晚號萬松居士、百福老人，秀水人。乾隆十七年（1752）進士，《四庫全書》總纂，山東學政，官至二品。晚年賣畫為生。工詩，為乾嘉年間秀水詩派的代表詩人。學問淵懋，品行修潔。精畫，善水墨，尤工蘭竹，著有《石齋詩文集》。

錢大昕（清 1728～1804），字曉征，又字及之，號辛楣，晚號潛研老人，晚年自署竹汀居士，江蘇嘉定人。清代史學家、漢學家。18 世紀中國最為淵博和專精的學術大師，王昶、段玉裁、阮元、江藩等著名學者都給予他極高的評價，公推為「一代儒宗」。尤精金石之學，工書法，善隸書。著有《潛研堂文集》50 卷。

錢侗（清 1778～1815），字同人，號趙堂、可廬李子，江蘇嘉定人。錢大

昕姪。嘉慶十五年（1810）舉人，任文穎館校錄官，敘知縣。後歸家不出。能傳大昕曆算之學。篆刻不多作。著書29種。有《樂斯堂印存》《集古印存》，印譜集漢魏古印，於官名、地名每加辨證。卒年三十八。《來齋金石考》上中下三卷，綜錄古代碑刻，凡夏、商、周六種，秦漢19種，魏晉南北朝14種，隋唐181種，皆據目見者書之。中間辨證，大抵取之顧炎武《金石文字記》，而頗以己意為折衷，多所考據。又於諸碑後載入後人賦詠歌篇。

錢叔美（清代人，生卒年不詳），乾隆時書畫家。

錢坫（清1744～1806），字獻之，號小蘭、十蘭，室名十六長樂堂。自署泉坫，江蘇嘉定人。生平工經史。精訓詁，明輿地，尤工小篆；晚年偏廢，左手作篆尤精絕，兼善鐵毫。間亦作畫，其墨梅有寒瘦清古之致。著有《說文解字斠詮》《十六長樂堂古器款識考》《浣花拜石軒鏡銘集錄》《車別考》《詩音表》《十經文字通正書》《史記補注》《論語後錄》等。《清史稿》卷481有傳。

錢泳（清1759～1844），初名鶴，字立群，號臺仙，一號梅溪，別號梅溪居士、梅花（華）溪居士，別署梅花溪、梅華溪上人家、吳越王孫，室名履園、寫經樓、二邑齋、樊古樓。江蘇金匱人。工詩詞、篆、隸，精鎸碑版，善書畫，作印得三橋（文彭）、亦步（吳迥）風格。有縮臨小漢碑，集各種小唐碑石刻行世。其後揚州江人驥得其殘石數十種，俞樾言之梅小岩中丞，出白金百兩，嵌之杭州詁經精舍之壁。著有《梅花溪居士縮臨唐碑題跋》《履園叢話》《履園叢話·金石目》《履園譚詩》《蘭林集》《梅溪詩鈔》《寫經樓藏帖》等。輯有《藝能考》。

錢杜（清1764～1845），初名榆，字叔枚，更名杜，字叔美，號松壺小隱，亦號松壺，亦稱壺公，號居士，錢塘人。嘉慶五年（1800）進士，官主事。性閑曠灑脫拔俗，好遊，一生遍歷雲南、四川、湖北、河南、河北、山西等地。

錢熙經、錢熙咸、錢熙恩、錢熙輔、錢熙哲、錢熙泰、錢熙祚兄弟七人（清代人，生卒年不詳），浙江金山縣人。金山縣錢圩鎮錢氏大族自清乾隆至光緒年間，歷時一個世紀，數代文人致力於編纂、校勘古代名著，共達1000餘卷，涉及天文、地理、歷史、數學、醫學、文學、工藝等領域，數量之多，校勘之精，時間之長，為國內罕見，在我國出版史上具有一定地位。道光、咸豐年間，錢氏兄弟7人，連同下一代子姪錢培讓、錢培傑、錢培名、錢培益等輯校大量古代名著，錢熙祚嗣子培蓀輯有《金山錢氏家刻書目》十卷，其中最著名的為《守山閣叢書》《指海》《藝海珠塵》《壬癸二集》和《小萬卷樓叢書》。《守山

閣叢書》，錢熙祚等輯，張文虎、顧觀光參與校勘。叢書分經、史、子、集四部，112 種，656 卷，主要為宋元明三朝名著。清嘉慶中，常熟張海鵬曾輯有《墨海金壺》117 種，版毀於火。清道光中，錢熙祚得其殘版 58 種，遂約請張文虎、顧觀光去杭州文瀾閣藏書樓分頭校勘，校正錯訛、脫漏，並收集補充了許多新內容。至道光二十四年（1844），歷時 10 年。

　　錢熙祚（清約 1801～1844），字錫之，號雪枝，室名守山閣、式古居，金山人。校勘目錄學家。生平以校勘、刻書為事，先後輯有《守山閣》叢書 112 種，652 卷。《珠叢別錄》28 種，《式古居匯鈔》《指海》20 集，144 種等，世稱善本，後以捐資，敘選通判，抵京師待銓，忽以疾而終。

　　錢松（清 1818～1860），字叔蓋，號耐青、鐵廬，別號未道士、西郭外史、雲居山人，浙江錢塘人，流寓上海。善書法，能山水、花卉。精鑒別，工篆刻，為「西泠八家」之一。曾摹漢印二千方，所刻雄渾淳樸，在浙派中別具面目。著有《未虛室印譜》。

　　錢式（清 1847～ ？），字次行，號少蓋，浙江錢塘人。錢松子，秉承家學，工篆刻，後從趙之謙遊，盡得其奧，與朱遂生並稱。

　　錢熙載（清代人，生卒年不詳），候選監提舉，好藏書，喜義舉。校勘《雩史》《評纂元史類編》。

　　錢志偉（清代人，生卒年不詳），字峻修，號西溪，清代江蘇吳江籍書畫家，尤精人物、花卉。晚年專寫山水，入沈周、王翬之間，蒼秀有法。

　　翟雲升（1776～1858），字舜堂，號文泉，掖城東南隅村（今萊州市萊州鎮東南隅村）人。童生試時，著名詩人、萊州知府張問陶（號船山）賞之，拔其為第一。道光二年（1822）進士，清代中後期著名古文字學家、書法家。道光二年中進士，授粵西知縣，以母親年邁為由辭任；相國濰陽人陳文恪得知其學識淵博，推薦去京師任國子監丞，也沒有成行。

　　鄧渼（明 1569～1628），字遠遊，號壺邱、蕭曲山人，江西新城人。萬曆二十六年（1598）進士，除浦江知縣，調秀山。召為河南道御史。詩人，亦能製壺。有《大旭山房》《留夷館》《文遠堂》諸集。何覺夫藏文遠堂硃泥茗壺，蔡守詩曰：「遺詩傳器能遙集，欣賞同時笑語喧。壺表孤忠三百載，茶稱十德一千言。為花吐氣多奇句，煮茗招魂與細論。莫道精靈托微物，須彌芥子有乾坤（一作此中日月樂無垠）。」

　　鄧伯羔（明隆慶、萬曆時人，生卒年不詳），字孺孝，江蘇金壇人。少即

謝去諸生，隱天荒蕩之銅馬泉，著書《古易詮》29 卷、《今易詮》24 卷、《藝觳》三卷、《藝觳補》一卷。援據經籍，考訂舊文，甚為詳贍。雖多本於舊文，但廣徵博引，多有精到之處。如其懷疑漢有兩個牟融，辨《出師表》原有兩本等，皆有一定見解。又如引《西京賦》證澹、淡為兩字，引《唐六典》證畊、耕為兩字，比《六書辨析》還有精到之處。又如闢蘇氏檮杌之妄，正邵子稱外臣之非，尤能力持公論，不附和門戶之局。此書有明刊本及《四庫全書》本，《中國叢書綜錄─子部─雜學類》有著錄。

鄧石如（清 1743～1805），原名琰，又字頑伯，一作完伯，別號完白山人、笈遊道人，安徽懷寧人。精四體書。篆書得漢碑篆額及唐李陽冰《三墳記》等篆字的體勢筆意，沉雄樸厚，自成面目，一洗刻板拘謹之風。篆刻得力於書法，蒼勁莊重，流利清新，使當時局限於取法秦漢璽印的風氣為之一變，世稱「鄧派」，亦稱「皖派」。著有《完白山人篆刻偶存》等。

鄧承修（清 1841～1892），字鐵香，號伯訥，廣東惠陽縣人。咸豐十一年（1861）舉人。歷任刑部郎中，浙江道、江南道、雲南道監察御史，鴻臚寺卿、總理各國事務衙門大臣。任御史時大膽進諫，彈劾權貴，痛陳利弊，人稱「鐵筆御史」。在中法勘界中，作為中方勘界大臣，忠於職守，有理有節，不卑不亢，不懼威脅，勇於維護國家利益。光緒十一年（1885）出使安南（今越南）鎮南關（今友誼關），代表中國政府與法國使者會裁中越邊界。鄧據理力爭，收回嘉隆河、八莊、十萬山、分茅嶺、江平、黃竹等地。擅書法，世人譽為「鐵畫銀鉤」。光緒十五年（1889）在淡水創辦崇雅書院。晚年居惠州，主講豐湖書院。

鄧奎（清代人，生卒年不詳），清嘉道年間人，與瞿子冶為好友，擅真草篆隸，博雅能文，專為瞿子冶到宜興監造砂壺。壺底鈐「符生鄧奎監造」印章。亦善治錫器。

鄧淳（清代人，生卒年不詳），字粹如，號樸庵，東莞人，秀才，肄業越華書院。

鄧蔭泉（清代人，生卒年不詳），字卓茂，號蔭泉，廣東香山人。官中書。自署長眉道人，性情恬淡蕭散。中歲始學畫，出筆即蒼，山水仿石田、清湘兩大家。花卉遠法陳道復，近參李芸甫。其骨騫，故其味沉，其韻超奕。一直與蘇六朋交往密切，張維屏曾在《藝談錄》卷下說：「鄧蔭泉善畫山水，兼寫花卉，與蘇、梁、袁、鄭四君皆畫友。」

十五畫：樓 摯 樊 歐 談 慶 黎 潘 劉 樂 衛

樓儼（清 1669～1745），字敬思，號西浦，義烏蘇溪齊山樓人。工於辭章，勤政為民。官至提刑按察使致仕。以詞學名於世。

摯虞（晉 250～300），字仲洽，京兆長安人，三國時期魏國太僕卿摯模之子，西晉著名譜學家，魯公二十四友之一。泰始年間舉賢良，擔任中郎，後任太子舍人、聞喜縣令、尚書郎。元康年間，遷任吳王之友，後歷任秘書監、衛尉卿、光祿勳、太常卿。後因遭亂餓死。著有《族姓昭穆》十卷、《文章志》四卷，注解《三輔決錄》《新婚箴》等。

樊圻（清 1616～？），字會公、治公，江蘇金陵人。精山水、花卉、人物等。王鐸頗推重之，嘗題其小景云：「治公吾不知為誰，此幅全橅趙松雪、趙大年，穆然恬靜，若厚德醇儒，敦龐湛凝，無忒無佻，燈下睇觀，覺小雷、大雷、紫溪、白嶽一段，忽移於尺幅間矣。」

歐旦良（清道同間人，生卒年不詳），號四百三十二峰樵者，廣東順德人。畫家，工畫花卉、樹石，超挺拔俗，尤善畫木棉，紅花煊赫如火。晚年愛收藏奇石，一座座如峰巒的石山擺滿几案，自稱米元章再世。

歐陽修（宋 1007～1072），字永叔，號醉翁，晚更號六一居士，江西廬陵人。北宋文學家、史學家。天聖進士，曾任樞密副使、參知政事。諡文忠。天資剛勁，為官清正，耿直敢書。文學主張實用，重視內容，反對浮靡，為北宋古文運動的領袖。詩歌風格與散文近似，語言流暢自然，重寫實、諷議；詞較婉麗，承南唐餘風而格調較高。又與宋祁合修《新唐書》，史識卓異，自作《新五代史》體例別創，皆為史學要籍。

談修（明萬曆時人，生卒年不詳），字思永。著有《避暑漫筆》二卷、《惠山古今考》十卷，見《四庫全書總目》。

慶裕（清 ？～1894），喜塔臘氏，字蘭圃，滿洲正白旗人。以翻譯生員考取內閣中書，充軍機章京，兼總理各國事務衙門行走。從文祥赴奉天剿匪，還補侍讀，出知湖北鄖陽府。追錄平撚軍之功，晉為道尹。歷任奉天府尹、漕運總督，授熱河都統，調福州將軍。

慶保（清代人，生卒年不詳），本籍滿洲，嘉慶六年（1801）奉旨擔任按察使銜分巡臺灣兵備道，並於翌年代理臺灣府知府。

黎遂球（明 1602～1646），字美周，廣東番禺人。明清之際有名的節烈文人、嶺南地區有名的書畫家。工詩善畫，山水林木，師法黃公望、倪瓚，筆力

蒼老明秀，功力深湛。亦善畫蝦、螺、魚、雞，水墨寫意，富有情趣。他有著不凡的人生經歷：天啟六年（1626）縣試冠其曹，後舉於鄉，數上公車。道經吳越，與徐汧、吳偉業、張溥、金聲、陳際泰輩結交。後客維揚，參加復社。崇禎十三年過維揚，集鄭超宗影園與諸人賦黃牡丹詩十首，糊名易書，送虞山錢蒙叟評定甲乙，獲第一，超宗以黃金二觥，鑴「黃牡丹狀元」字贈之，一時傳為盛事。據說當時粵東鬧饑荒，黎美周籌畫賑法，使很多人得以存活，一時傳為美談。甲申（1644 年）事起，清軍南下，他聞變痛哭，誓死謀劃勤王。他先是詔舉經濟名儒，再拜參軍，後來授兵部職方司主事。南明在福建的小朝廷建立後，他遂與陳子壯、其弟黎遂琪、外甥劉師雄等奉派增援江西贛州城，堅守數月，城破與清軍展開巷戰，最終寡不敵眾，以身殉國，年僅 45 歲。著有《楚遊稿》《磊園集》《蓮鬚閣詩文集》《周易爻物當名易史》《詩風史刺》等。

黎簡（清 1747～1799），小名桂錦，字簡民，一字未裁，號二樵，又號石鼎道人、石鼎道士、未道人、五百四峰長、百花村夫子、百花村長、香國花農、蕅國老農、眾香國士等，廣東順德縣人。因愛羅浮（又名東樵）及西樵之勝，自號二樵。為人清狂，自刻一印「小子狂簡」。乾隆五十四年（1789）拔貢後，不再應試。性好山水，所居名百花村，齋名竹平安館，亭名眾香，閣名藥煙，堂名五百四峰。飲酒蒔花，自得其樂。工詩善畫，兼精書法、篆刻，故有「四絕」之稱。足不逾南嶺，而名動中原。畫山喜用荷葉皴與披麻皴法，是第一個以木棉寫入山水畫的畫家。畫山水，蒼潤處似吳鎮，淡遠處近倪瓚，皴擦松秀，具元人逸致。工詩詞，刻意煉句。一生以寫字賣畫為業。多才多藝，能文，會彈琴，善園林設計。與張如芝、謝蘭生、羅天池合稱為粵東四大家。有《五百四峰草堂詩文鈔》、《藥煙閣詞鈔》、《芙蓉亭》曲本、《南華辨韻》等。

潘岳（漢 247～300），字安仁。河南滎陽人。「總角辯惠，摛藻清豔」，被鄉里稱為「奇童」，長大以後更是高步一時。《隋書·經籍志》錄有《晉黃門郎潘岳集》10 卷，已佚。明人張溥輯有《潘黃門集》，收入《漢魏六朝百三家集》中。

潘仕成（清 1804～1873），字德畬、德輿，祖籍漳州，世居廣州。晚清享譽朝野的官商巨富。先祖以鹽商起家，他繼承家業後繼續經營鹽務，以至洋務，成為廣州十三行的鉅賈。一生主要在廣州度過，他既經商又從政，既好古也學洋，既是慷慨的慈善家，又是博古通今的古玩、字畫收藏家，他還出資自行研製水雷，從國外引進牛痘，獲得官員和民眾的普遍讚譽。他主持修建的私人別

墅海山仙館，成為嶺南文化史上璀璨的明珠。一生業績為普通商賈所難得、學者所不能、官員所莫及，是廣州近代史上的重要人物。

潘耒（清 1646～1708），字次耕，吳江人。生而奇慧，讀書十行並下，自經史、音韻、算數及宗乘之學，無不通貫。康熙時，以布衣試鴻博，授檢討，纂修《明史》，考證精審。

潘奕雋（清 1740～1830），字守愚，號榕皋，又號水雲漫士、三松居士，晚號三松老人，室名三松堂、探梅閣、水雲閣、歸帆閣，江蘇吳縣人。乾隆三十四年（1769）進士，乾隆五十一年（1786）任貴州鄉試副主考，旋即歸田。道光九年（1829）重與瓊林宴，年九旬。藏書家，收藏古籍、金石、書畫甚富，善書畫，輯有《三松堂書目》二冊，其中經黃丕烈校跋過的在 100 種以上。藏書印有「三松居士」「己丑進士」「閑來無事不從容」「一屟木蘭兩登泰岱再遊黃海三宿五臺」等。善書畫，書宗顏、柳，篆、隸入秦、漢之室。山水師倪、黃，不苟下筆。寫意花卉梅蘭尤得天趣。詩跋俱雋妙。著《三松堂集》《說文蠡箋》《三松堂詩文集》《水雲詩》等。

潘有為（清 1743～1821），字卓臣，號應麟，又號毅堂。廣東番禺人。乾隆三十七年（1772）進士，授職內閣中書，參與編纂《四庫全書》。唯他性情耿介，不事權貴，居京官 17 年從未升遷。丁憂回鄉，從此不出。師事翁方綱，為其入室弟子，詩書俱能，畫善設色花卉，詩與當時名士張錦芳、馮敏昌、趙希璜齊名，並對金石書畫精於甄錄鑑別。因慕東漢學者楊孚，自顏其居室曰南雪巢；又建看篆樓一座，樓內收藏書畫、鼎彝、錢幣、印章甚豐。著有《雪巢詩鈔》《古泉目錄》《看篆樓古銅印譜》和《汲古齋印譜》等。

潘正亨（清 1779～1837），字伯臨，號荷衢，廣東番禺人。貢生，捐刑部員外郎。善書工詩。著有《萬松山房詩鈔》。

潘正衡（清 1787～1830），字仲平，又字鈞石，原籍福建，先輩入粵，落籍廣州河南龍溪鄉。因報效治河工程有功，授予同知銜，任鹽運副使。事母至孝，少負詩名。嗜黎簡書畫，收藏頗多，因號黎齋。有《黎齋詩草》。

潘楷（清 1793～1862），號小裴，廣東順德人。道光九年（1829）進士，授刑部主事。歷官安徽司主事、員外郎、郎中、雲南迤東道、貴州按察使。咸豐九年回鄉主講鳳山書院。能詩文，著有《別鶴墅文集》《馴鶴墅詩鈔》。工書法，宗法蘇東坡。

潘紹經（清代人，生卒年不詳），字漢石，廣東順德人，活動於嘉慶至咸

豐年間。工書法，各體皆能，尤擅漢隸。嘗書廣州小馬站「河陽書室」匾額，兩廣總督阮元經過，下轎仔細觀賞，後來還請紹經去作客，於是他的書名大起，亦能畫。

潘存（清 1817～1893），字仲模，別字存之，號孺初，海南文昌人。咸豐元年（1851）舉人，應禮部試，循例捐戶部主事、福建司行人等職務。於京師餘暇，研究經史，工詩詞、文辭，書法尤妙，能懸肘作蠅頭細楷。凡漢魏六朝碑板，以及唐宋元明諸名家書法碑帖，收藏豐富。精研經史百家，著有《楷法溯源》《克己集》《論學十則》等。

潘祖蔭（清 1830～1890），字東鏞，號伯寅，小字鳳笙，又號鄭盦（庵），又別號龜庵、龍威洞天主，室名二十鍾山房、八求精舍、八籥齋、功順堂、近光樓、蓮葉西齋、芬陀利室、滂喜齋、攀古樓、漢學居、龍威洞天，江蘇吳縣人。咸豐二年進士。授編修，累遷侍講學士。官至工部尚書，軍機大臣，加太子太保銜。曾上疏營救左宗棠，糾彈勝保、文煜。諡文勤。好搜羅善本書及金石碑版之屬。有《芬陀利室詞》《鄭庵所藏泥封》《攀古樓彝器款識》，刻有《功順堂叢書》《滂喜齋叢書》。

潘恕（清同光間人，生卒年不詳），著《雙桐圃集》。

潘桐岡（清代人，生卒年不詳），字西鳳，號老桐，浙江新昌人。僑寓廣陵。善刻竹。偶於越東黃岡嶺得奇竹，裁以為琴，而闋其徽。爰以竹鬚代，調之成聲，且清以越。歎為竹人絕技。

潘培楷（清末人，生卒年不詳），光緒時任廣東欽廉邊防督辦。

潘鼎亨（清代人，生卒年不詳），號心榘，廣東順德人，秀才。

潘寶琦（清代人，生卒年不詳），號璿閣，邑增生，廣東順德人。

潘寶琛（清代人，生卒年不詳），號戾南，光緒三十二年（1906）歲貢，廣東順德人。

潘頤福（清代人，生卒年不詳），輯《咸豐朝東華錄》69 卷。

潘淑（清代人，生卒年不詳），字冰蟾，號玉磬山女史，江西吉安人。上洋李硯香妻，周農弟子。工詩。界畫樓臺學李思訓，山水宗荊、關。畫蝶尤工。繪有蛺蝶圖譜，有正側偏反七十二法。夫碧螺山人李硯香，號又巢，畫花卉學張桂嚴晚年禿穎，亦有意趣。

劉向（漢前 77～前 6），原名更生，字子政，沛郡豐邑人。漢朝宗室大臣、文學家，楚元王劉交（漢高祖劉邦異母弟）之玄孫，陽城侯劉德之子，經學家

劉歆之父,中國目錄學鼻祖。以門蔭入仕,起家輦郎。漢宣帝時,授諫大夫、給事中。漢元帝即位,授宗正卿。反對宦官弘恭、石顯,坐罪下獄,免為庶人。漢成帝即位後,出任光祿大夫,改名為向,官至中壘校尉,世稱劉中壘。曾奉命領校秘書,所撰《別錄》,是我國最早的圖書公類目錄。今存《新序》《說苑》《列女傳》《戰國策》《五經通義》。編訂《楚辭》,聯合兒子劉歆共同編訂《山海經》。散文主要是奏疏和校讎古書的「敘錄」,較有名的有《諫營昌陵疏》和《戰國策・敘錄》,敘事簡約,理論暢達、舒緩平易為主要特色,作品收錄於《劉子政集》。

劉歆(漢?～23),字子駿,後改名秀,字穎叔。劉向之子,沛人。繼承父業,總校群書,撰成《七略》,包括輯略(總論)、六藝略、諸子略、詩賦略、兵書略、術數略和方技略。它的主要內容保存在《漢書・藝文志》中,對中國目錄學的建立有一定貢獻。自稱發現《周禮》《左傳》《毛詩》《古文尚書》等古文經,並瞭解它們在民間的傳授情況,建議為它們立學官,遭到今文博士的反對。後謀誅王莽,事泄自殺。著有《三統曆譜》,造有圓柱形的標準量器,根據這量器的銘文計算,他用的圓周率是 3.1547,世有「劉歆率」之稱。原有集,已佚,明人輯有《劉子駿集》。

劉安(漢代人,生卒年不詳),高祖劉邦孫,襲封淮南王。好文學,喜神仙之術。《淮南子》是其及門客集體編寫的一部哲學著作,屬於雜家作品。在繼承先秦道家思想的基礎上,糅合了陰陽、墨、法和一部分儒家思想,但主要的宗旨屬於道家。《淮南子》原書有內篇 21 卷、中篇 8 卷、外篇 33 卷,至今存世的只有內篇。

劉孝孫(唐?～632),湖北荊州人。弱冠知名,與虞世南、蔡君和、孔德紹、庾抱、廋自直、劉斌等登臨山水,結為文會。大業末,為王世充弟杞王辯行臺郎中。辯降,眾引去,獨孝孫攀援號慟送於郊。唐武德初,歷虞州錄事參軍,補文學館學士。貞觀六年,遷著作佐郎,吳王友。歷諮議參軍,遷太子洗馬,未拜,卒。孝孫著有文集 30 卷,《兩唐書志》傳於世。

劉長卿(唐約 726～786),字文房,宣城人。唐天寶年間進士。肅宗至德中官監察御史,後為長洲縣尉,因事下獄,貶南巴尉。代宗大曆中任轉運使判官,知淮西、鄂嶽轉運留後,又被誣再貶睦州司馬。德宗建中年間,官終隨州刺史。工於詩,長於五言。

劉肅(唐代人,生卒年不詳),約唐憲宗元和末前後在世。元和中,為江

都主簿。或云為登仕郎，守江州潯陽縣主簿。其餘事蹟均不詳。蕭嘗取唐初迄
大曆末之軼文舊事，為《大唐新語》三卷，《新唐書‧藝文志》《四庫全書》所
收為 13 卷，分 30 門，前有自序，後有總論，是一部筆記小說集，記載唐代歷
史人物的言行故事，起自唐初，迄於大曆，多取材於《朝野僉載》《隋唐嘉話》
等書。

劉鎮（宋代人，生卒年不詳），字叔安，號隨如，學者稱「隨如先生」。廣
東南海人。寧宗嘉泰二年（1202）進士。嘗謫居三山，20 餘年。與弟鎔、鐸俱
以文名。工詞。劉克莊曾作《跋劉叔安感秋八詞》以盛讚之。有《隨如百詠》，
已逸。詞有趙萬里輯本。

劉辰翁（宋 1232～1297），字會孟，盧陵人。景定三年（1262）廷試對策，
忤賈似道，置丙第。以親老，請濂溪書院山長。薦居史館，又除太學博士，皆
固辭。宋亡隱居。著有《須溪集》。《全宋詞》收其作品 197 首。

劉球（明 1392～1443），字求樂，更字廷振，江西安福人。明英宗時著名
諫臣。永樂十九年（1421）登進士第，授禮部主事，參與編修《宣宗實錄》，
改翰林侍講。正統六年（1441），上疏反對麓川之役。正統八年（1443），應詔
陳言，又言麓川之失，忤王振，逮繫詔獄，被馬順肢解死。景帝即位，贈翰林
學士，諡忠湣，於其家鄉立祠祭祀。有《兩溪文集》。

劉洪（明代人，生卒年不詳），建陽人。

劉獻廷（清 1648～1695），字繼莊，一字君賢，別號廣陽子，直隸大興人。
少穎悟絕人，好讀書，竟夜不臥。父母禁不與火，則燃香代之，因眇一目。及
長博覽經史百家，慨然負大志，不肯為詞章之學。自象緯、律曆、邊塞關要、
財賦軍政，以及岐黃釋道家言，莫不研究，尤精於輿地音韻。以布衣遊彭士望、
徐乾學、顧培等名士間。尤為萬斯同所心折，引參明史館事，顧祖禹、黃儀長
於輿地，亦引修《一統志》。倦遊歸後，方擬與同志著書，未一年而卒。獻廷
歿後，其弟子黃宗夏輯其遺著為《廣陽雜記》傳於世。《廣陽雜記》五卷，清
史料筆記，隨手記錄，涉及禮樂、象緯、法律、農桑、器制等，內容翔實可信。

劉世馨（清乾隆時人，生卒年不詳），字薌谷，廣東陽春人。優貢生，署
番禺縣教諭。工詩，嘗與黎簡唱和。畫善蘭竹，兼嫺山水。著《粵屑》四卷。

劉彬華（清 1771～1829），嘉慶六年（1801）進士，主講越華、端溪書院
凡 20 年。所輯《嶺南群雅》，是現存最早的一部「當代」詩歌總集。

劉華東（清 1778～1841），字子旭、三山，號三柳居士。原籍福建，因父

來粵從事鹽運，便入籍番禺。嘉慶六年（1801）舉人。其詩文縱橫奇譎，不入常套，有「文怪」之稱。亦工書、擅畫。戲曲作家，著有《六國大封相》一劇。清末「廣東四大狀師」之一。

劉喜海（清 179～1852），字燕庭，一作燕亭，又號吉甫、三巴子，山東諸城人。歷官福建汀州太守、陝西延榆道按察使、浙江布政使。喜鑒賞金石，藏書亦富。著有《論泉絕句》《金石苑古印偶存·補遺》《長安獲古編》《陝西得碑目》，輯《搜古彙編》《洛陽存古錄》《嘉蔭簃藏器目》《清愛堂鐘鼎彝器款識法帖》等。《長安獲古編》二卷，銅器圖錄書。有光緒三十一年（1905）劉鶚補刻標題本。錄商周禮樂器四十二、兵器三、秦器四、漢器十二，雜器十八、瓦當二件。封泥、印章為補編。每器繪有器形，摹錄銘文並釋文。書後有劉鶚跋。

劉銘傳（清 1836～1896），字省三，別號大潛山人，室名大潛山房、盤亭（同治三年為淮軍將領時攻下常州，在太平軍護王陳坤書府中，獲得西周三大銅器之一的國寶虢季子白盤，解甲後運回合肥家中，建亭陳放，榜曰盤亭），安徽合肥人。早年在鄉辦團練，後為李鴻章編入淮軍，在蘇南、浙江等地鎮壓太平軍、撚軍。由千總累擢為直隸提督。1884 年中法戰爭期間，以福建巡撫銜奉旨督辦臺灣軍務，籌備抗法，率兵擊退入侵法軍。次年，臺灣設省，即被委為首任巡撫。在任期間，積極辦防、練兵、理番、清賦，又開辦鐵路（為倡建中國鐵路第一人），煤鐵礦以及新式學堂等事業，對開發臺灣作出積極貢獻。謚壯肅。著《大潛山房詩鈔·文鈔》《盤亭小錄》《劉壯肅公奏議》。

劉錦棠（清 1844～1894），字毅齋，湖南湘鄉人。10 歲時，其父劉厚榮因鎮壓太平天國農民起義而喪生。成年後，投入叔父劉松山所在的湘軍，隨同叔父鎮壓太平軍和撚軍，作為左宗棠西征軍的主力平定了西北區域的同治回亂和新疆亂局中阿古柏的繼承人伯克胡里勢力，有「飛將軍」之稱。後推動新疆建省並擔任新疆首任巡撫。官至太子太保，一等男爵。甲午中日戰爭前夕，應徵起復，未及成行而卒，謚襄勤。

劉學詢（1855～1935），字慎初，廣東中山人。24 歲中舉，7 年後又考中進士。包辦闈姓彩票，很快就成為廣東巨富。和孫中山合作舉義，孫中山甘願推他為首。下半生退隱西湖，全力建造和維持自己的劉莊，也真是個奇人奇才。

劉師陸（清代人，生卒年不詳），著《虞夏贖金釋文》。

樂史（宋 930～1008），字子正，撫州宜黃縣人。初在南唐為官，官至秘

書郎。宋太平興國五年（980），以見官舉進士。上書言事，擢為著作佐郎，知陵州，雍熙三年（986），因獻所著書，受宋太宗嘉獎，遷著作郎，直史館。後又在舒州、兩浙、黃州、商州等地為官。樂史擅長著述，撰有《太平寰宇記》200 卷，《總紀傳》130 卷，《坐知天下記》40 卷，《商顏雜錄》《廣卓異記》各 20 卷、《諸仙傳》25 卷、《宋齊丘文傳》13 卷、《杏園集》《李白別集》《神仙宮殿窟宅記》各 10 卷，《掌上華夷圖》1 卷，又編己所著為《仙洞集》100 卷。所撰書中，《太平寰宇記》最稱巨著，樂史之名亦因此書而傳。

衛鑠（晉 272～349），字茂漪，河東安邑人。晉代著名書法家，廷尉衛展之女。衛氏家族世代工書，嫁給汝陰太守李矩為妻，世稱「衛夫人」。工書，尤善隸書。師承鍾繇，妙傳其法。王羲之少時曾從其學書。南梁庾肩吾《書品》列其書中之上品。

十六畫：駱 霍 薛 燕 賴 曇 龍 鄺 澹 鮑 閽 閻 錫 盧

駱綺蘭（清代人，生卒年不詳），字佩香，號秋亭，嘉慶間上元人。江寧諸生龔世治妻。早寡，少耽吟詠。袁枚、王文治詩弟子。工寫生，所作芍藥三朵花圖卷，宗惲壽平。尤喜畫蘭，以寄孤清之致。著有《聽秋軒詩稿》。

駱秉章（清 1793～1867），原名俊，以字行，改字籲門、籥門，號儒齋、文石，廣東花縣人。道光十二年進士。由編修，擢至四川總督、協辦大學士，諡文忠。有《駱文忠公奏稿》。

霍韜（明 1487～1540），字渭先，號兀崖，廣東南海人。官至禮部尚書、太子少保。諡文敏，與石肯鄉梁儲、西樵大同鄉方獻夫，同稱為明代南海縣的「三閣老」。著有《詩經注解》《象山學辨》《程周訓釋》等。今有《霍文敏公全集》傳世。

薛能（唐 817？～880？），晚唐詩人。仕宦顯達，官至工部尚書。唐代詩僧無可稱其「詩古賦縱橫，令人畏後生」。著有《薛能詩集》十卷，又《繁城集》一卷。

薛昂（宋代人，生卒年不詳），字肇明，杭州人。元豐八年（1085）進士。徽宗崇寧間歷太學博士、中書舍人、給事中。無學術，士子有用《史記》《漢書》語，輒黜之。嘗請罷史學，哲宗斥為俗佞。政和三年（1113）遷門下侍郎，尋知應天府。始終諂附蔡京，至舉家為京諱，有誤及輒加笞責，己誤及則自批

其煩。欽宗靖康初，以金紫光祿大夫致仕。又坐事謫徽州居住。

薛尚功（南宋人，生卒年不詳），字用敏，錢塘人。善古篆，尤好鐘鼎書，編次《鐘鼎彝器款識》，又稱《歷代鐘鼎彝器款識法帖》20 卷，紹興十四年（1144）成書。因將銅器銘文摹刻於石，故稱法帖。摹錄商周至秦漢銅器銘文 489 件，石或玉質的器物銘 15 件。臨摹古器物之銘辭，逐加箋釋，大抵以《考古》《博古》二圖為主。後世考釋金文之書，多仿其體例。偶有不當之處，如將有鳥蟲書的春秋戰國時代器物，誤作夏器，但摹錄了宋代出土的大部分銅器，是研究瞭解宋代金文著錄的重要參考書之一。

薛瑄（明 1389～1464），字德溫，號敬軒。河津人。永樂十九年（1421）進士，官至通議大夫、禮部左侍郎兼翰林院學士。天順八年贈資善大夫、禮部尚書，諡號文清，隆慶五年（1571）從祀孔廟。薛瑄繼曹端之後，在北方開創了「河東之學」，門徒遍及山西、河南、關隴一帶，蔚為大宗。其學傳至明中期，又形成以呂大鈞兄弟為主的「關中之學」，其勢「幾與陽明中分其感」。清人視薛學為朱學傳宗，稱之為「明初理學之冠」，「開明代道學之基」。著作集有《薛文清公全集》46 卷。

薛始亨（清 1617～1686），字剛生，號劍公、劍道人、二樵山人，別署甘蔗生，廣東順德人。幼聰悟，5 歲能詩，13 歲遍讀《五經》。少從陳岩野學，府學生。能詩古文詞，有時名。多才多藝，琴、棋、書、畫，樣樣皆精。通曲藝，擅擊劍，曾寶藏一古劍，自號劍道人。善行草書法，工畫蘭竹。明亡後，棄儒冠學道，雲遊東西二樵，又號二樵山人，與隱士、牧童為伍，飲酒舞劍，不問世事。著有《南枝堂詩集》《蒯緱館文稿》《明粵七家詩選》。

薛雪（清 1681～1770），字生白，號一瓢，又號槐雲道人、磨劍道人、牧牛老朽，江蘇吳縣人。詩文俱佳，又工書畫，善拳技。後因母患濕熱之病，乃肆力於醫學，技藝日精。所著《濕熱條辨》即成傳世之作，於溫病學貢獻甚大。又嘗選輯《內經》原文，成《醫經原旨》六卷。唐大烈《吳醫匯講》錄其《日講雜記》八則，闡述醫理及用藥；另有《膏丸檔子》《傷科方》《薛一瓢瘧論》等。

燕文貴（宋約 967～1044），文貴，一作貴，吳興人。本隸冊籍，流落汴京。在天門道上賣畫，畫院待詔高益見之，購其畫上呈太宗光義，並薦畫相國寺壁，謂其間樹石非文貴不能成。光義亦賞其精筆，遂入圖畫院。一說大中祥符初補圖畫院祗候。初師郝惠，不為師法所囿，所作山水，細密清潤，

富有變化，自成一家，人稱「燕家景致」。嘗畫《七夕夜市圖》，寫汴京繁華景象，頗見精備。又作《舶船渡海圖》，大不盈尺，舟如葉，人如麥，而檣帆棹櫓，指呼奮躍，盡得情狀，至於風波浩蕩，島嶼相望，蛟蜃雜出，有咫尺千里之勢。

賴俶（明末人，生卒年不詳），字耕南，江西寧都府人。遊幕廣東順德，而工寫真。

曇無竭（十六國宋人，生卒年不詳），姓李。幽州黃龍人。幼為沙彌便修苦行。持戒誦經。為師僧所重。嘗聞法顯等躬踐佛國。乃慨然有忘身之誓。遂以宋永初元年招集同志沙門僧猛曇朗之徒二十五人，共齎幡蓋供養之具。發跡北土遠適西方。進至罽賓國禮拜佛鉢。停歲餘。學梵書梵語。求得觀世音受記經梵文一部，於元嘉三年（426）譯出，名《觀世音菩薩得大勢菩薩受記經》一卷，又簡稱《觀世音菩薩受記經》。

曇無讖（南北朝北涼時入華，生卒年不詳），中天竺人。六歲喪父，十歲做達摩耶舍的弟子。學念經，聰明特出，記憶力強，一天能背三百多頌。他本學小乘，後來遇到白頭禪師，辯論了一百天，難不倒禪師。禪師便給他樹皮的寫本《涅槃經》，他讀了以後，便專攻大乘。到二十歲時，已熟習大小乘經典六萬多頌。他受到《涅槃經》的啟發才改小歸大，後來他弘揚佛教即以《涅槃經》為主。大約在北涼玄始十年（421），河西王沮渠蒙遜佔領了敦煌地方，迎接他到姑臧。翻譯《大涅槃經》。《涅槃經》的梵本有三萬五千頌，譯成漢文大約百萬言。曇無讖所譯的經，除去上面所說的兩部以外，還譯出《方等大集經》30卷、《悲華經》十卷、《方等大雲經》六卷、《金光明經》四卷、《優婆塞戒經》七卷、《佛本行經》五卷、《菩薩地持經》十卷等。

龍應時（清1716～1800），字戀之，號雲麓，廣東順德人。乾隆辛未（1751）進士，曾任山西平陽府靈石縣知縣。長於書法和詩歌，著有《天章閣詩鈔》五卷。

龍元任（清1778～1837），字仰衡，號莘田，廣東順德人。嘉慶十年（1805）秉承父志籌建大良清暉園（廣東四大名園之一）。嘉慶二十二年（1817）進士，官詹事府右中允、左庶子、翰林院侍講、提督山西學政。能文章，工詩，又善書、畫，摹仿元賢皆逼肖。有《春華詩集》。

龍元僖（清1809～1884），字仰為，號蘭簃，廣東順德人。道光十五年（1835）進士，官至國子監祭酒，太常寺卿、會試副總裁等。奉旨督辦廣東團

練、順德團練。抗擊英法侵略，打擊強盜賊寇，護鄉保民。

龍葆誠（清同光間人，生卒年不詳），原名驤，字躍衢，廣東順德人。拔貢生。清咸豐元年（1851）舉人。性謹慎，精思強記，能書。著有《鳳城識小錄》。

鄺露（明1604～1650），字湛若，號海雪，廣東南海人。是明末廣東著名詩人；生於世代書香之家。鄺露工於詩詞，還通曉兵法、騎馬、擊劍、射箭，又是古文物鑒賞家和收藏家。還精於駢文；又是篆、隸、行、草、楷各體兼擅的有成就的書法家，其草書字跡勁秀，師法王羲之而自成一格。南明唐王時任中書舍人，永曆帝時出使廣州，清兵入粵，鄺露與諸將戮力死守，凡十餘月，城陷，不食，抱琴而死。

澹臺明滅（春秋前512～？），魯國武城人，澹臺氏，字子羽，孔子學生，貌醜，但品行端正：「行不由徑，非公事不見卿大夫。」（《史記·仲尼弟子列傳》孔子發現了他的優點後說：「以貌取人，失之子羽。」

澹菴（清代僧人，生卒年不詳），無考。

鮑昭代（南朝宋人，生卒年不詳），文學家，詩人。

鮑廷博（清1728～1814），字以文，號淥飲，又號通介叟，安徽歙縣人。藏書家、目錄學家、刻書家。家世經商，殷富好文，父鮑訒，不惜巨金求購宋元書籍，築室收藏，取「學然後知不足」義，名其室為知不足齋。清乾隆三十八年朝廷開《四庫全書》館，鮑氏家族進獻626種，且多為宋元以來之孤本、善本，居私家進書之首，得乾隆帝褒獎，賞賜內府銅活字印本《古今圖書集成》等。《四庫全書》修成後歸還其原書，乾隆帝在其《唐闕史》《宋仁宗武經總要》二書上題詩，廷博深受鼓舞，遂立志刊刻《知不足齋叢書》，將家藏善本公諸海內。廷博刻書，博採眾長，廣搜遺編，凡經史考訂、算書、金石、地理、書畫、詩文集、書目等皆擇優收入。其中不少是海內孤本。刊刻態度嚴謹，校勘精細，每得一書，必廣借善本，參互考訂，不妄改一字，極受時人稱道。鮑廷博善詩文，其文稿大半散失，作《夕陽詩》20韻，《花韻軒詠物詩存》一卷，另有《花韻軒小稿》二卷、《花韻軒遺稿》等。

鮑康（清1810～1881），字子年，號觀古閣主人，又號臆園野人，安徽歙縣人，錢幣學家和金石學家。喜收藏、精鑒賞，著有《謚法考》、《臆園手札》、《觀古閣泉說》（附《泉辨》)）、《觀古閣叢稿》、《大錢圖錄》、《古泉叢考》、《古泉考略》、《觀古閣泉目》等。

鮑超（清 1828～1887），初字春亭，改字春霆，四川奉節人。原為廣西向榮部屬。咸豐初投隸湘軍水師，屢與太平軍為敵，以救胡林翼（時署湖北巡撫）得擢參將，又奉命在長沙募勇，號「霆軍」。其後，以鎮壓太平軍有功擢至總兵，乃至浙江總督。諡忠壯。

鮑臨（清代人，生卒年不詳），字敦夫，浙江山陰人。同治十三年（1874）進士，改庶吉士，授編修，歷官司業。

闍那崛多（北周武成元年入華，？～600），為北印度犍陀羅國富留沙富邏城（今巴基斯坦白沙瓦）人。屬剎帝利種姓。童年在大林寺出家。入華後譯出《十一面觀音神咒經》《金色仙人問經》《妙法蓮華經普門品重誦偈》《佛語經》《佛本行集經》《大威德陀羅尼經》等共 37 部 176 卷。開皇二十年（600）卒，終年 78 歲。譯《起世因本經》十卷，為佛陀解說宇宙形成、發展、組織和滅亡的經書。

閻望雲（明代人，生卒年不詳），浙中巧匠。善攻木，項墨林最賞重之。其為天籟閣所製諸器，如香几、小盒等，至今流傳作古玩觀。又作竹根杯，如荷葉式，附以霜螯蓮房，巧而雅，墨林題詩美之。

閻敬銘（清 1817～1892），字丹初，號約盦、荔門，室名福永堂，籍稱閻朝邑，陝西朝邑人，道光二十五年（1845）進士，授戶部主事，遷員外郎，乞病歸。咸豐九年（1859）赴鄂，總管軍需。後任湖北按察使。同治初署布政使，參與鎮壓太平軍。繼署山東巡撫，鎮壓宋景詩起義軍和撚軍。光緒間，歷官戶部尚書、軍機大臣、東閣大學士。後因反對修圓明園被革職。以善理財著稱。諡文介。

錫申（清代人，生卒年不詳），海陵人，餘無考。

錫珍（清代人，生卒年不詳），額勒德特氏，字錫卿，蒙古鑲黃旗人。同治七年（1868）進士。改翰林院庶吉士。十年（1871）散館授編修。十一年（1872）後歷任侍講、日講起居注官、咸安宮總裁。光緒元年（1875）充山東鄉試正考官。歷任詹事、通政使司通政使、都察院左副都御史、戶部右侍郎、兼管錢法堂事務、充總理各國事務衙門大臣。著有《喀爾喀日記》等。

盧循（晉？～411），字於先，小字元龍，范陽涿縣人。盧循出身范陽世家盧氏，東晉末年，隨從孫恩發動天師道信徒起義，史稱「孫恩盧循之亂」。孫恩敗亡後，接任起義軍領袖。趁著桓玄之亂，攻佔廣州，割據十七郡，稱雄於嶺南，自封平南大將軍、廣州刺史，設置百官，割據嶺南地區。義熙六年（410），

盧循乘劉裕北伐南燕之際，進犯建康，接連擊敗何無忌和劉毅的軍隊，席捲東南五州之地，攻至石頭城。劉裕凱旋回師後，統軍反擊，大破盧循。劉裕平定嶺南後，盧循兵敗自殺。

盧懷慎（唐？～716），滑州靈昌縣人，祖籍范陽郡涿縣。進士及第，歷任監察御史、吏部員外郎、侍御史、御史中丞，遷兵部侍郎、黃門侍郎，冊封漁陽縣伯。唐玄宗繼位後，以本官加授同平章事，遷侍中兼吏部尚書，成為宰相。自認才能不如宰相姚崇，遇事推讓，成為「伴食宰相」。

盧肇（唐818～882），字子發，江西宜春人，唐會昌三年（843）狀元。先後在歙州、宣州、池州、吉州做過刺史。撰《逸史》，是古代中國文言軼事小說集。今存《舊鈔本》《類說》本，《說郛》本。《太平廣記》等輯有佚文78條。

盧見曾（清1690～1768），字抱孫，號雅雨山人，山東德州人。清康熙六十年進士。官至兩淮鹽運使、長蘆鹽運使等職。晚年致力於著述，刻印《雅雨堂叢書》。好校刊古書，又補刊《朱彝尊經義考》，作《中州集例》《山左詩鈔》。著有《雅雨堂詩文集》等。

盧擇元（清嘉道間人，生卒年不詳），江西南康人。道光三年（1823）拔貢，道光年間曾任長樂、晉江知縣。

盧同伯（清嘉道間人，生卒年不詳），廣東順德人。道光年間進士。

盧葵生（清？～1850），名棟，字葵生，江蘇楊州人。世代漆工，以漆砂製硯法名重一時。

盧毓芬（清代人，生卒年不詳），字湘儂，廣東人，善篆刻。

盧觀恒（生卒年不詳），新會富商。

十七畫：戴 韓 藍 謝 應 繆 鍾 魏

戴昺（宋代人，生卒年不詳），字景明，號東野，天台人。約宋理宗紹定末前後在世。少工吟詠，為族祖戴復古所稱。嘉定十二年（1219）進士，授贛州法曹參軍，寶祐中嘗為池州幕僚。昺詩清婉可諷，有《東野農歌集》五卷，收入《四庫總目》傳於世。

戴埴（宋代人，生卒年不詳），字仲培，鄞縣人。宋理宗嘉熙二年（1238）進士。曾為知州，轉運使。著有《鼠璞》傳世。詩文集已佚，清四庫館臣據《永樂大典》所輯《江湖後集》中存詩五首，文、賦各一首。

戴明說（清 1609～1686），字道默，號嚴犖，晚號定圃，滄州人。崇禎七年（1634）進士。順治十三年（1656）擢戶部尚書。工書畫，墨竹得吳鎮法，尤精山水。雍正賜以銀質巨章，曰：「米芾畫禪（董其昌），煙巒如睹，明說克傳，圖章用錫。」著《定圃集》。

戴敦元（清 1767～1834），字金溪，號吉旋，浙江開化人。幼時閱書過目不忘，有神童之稱。乾隆五十八年（1793）進士，由刑部主事累遷刑部尚書。官刑部十年，專治刑獄，於律例罅漏之處，數奏請更定，諡簡恪。有《戴簡恪公遺集》。

戴熙（清 1801～1860），字醇士，號鹿床、榆庵、松屏、蓴溪、井東居士等，浙江錢塘人。道光十一年（1831）進士，入翰林，官至兵部右侍郎，辭官歸里後主持崇文書院。擅畫山水，學王翬筆墨，兼師宋元諸家，尤善花卉及竹石小品，能治印，著有《習苦齋集》、《題畫偶錄》、《古泉叢話》二卷等。

戴澤春（清代人，生卒年不詳），號頌雨。廣東新會人。久居大良。

韓非（戰國約前 280～前 233），著《韓非子》。

韓嬰（漢代人，生卒年不詳），燕人。文帝時為博士，景帝時至常山王劉舜太傅。武帝時，與董仲舒辯論，不為所屈。治《詩》兼治《易》。著《韓詩外傳》十卷，該書由 360 條軼事、道德說教、倫理規範以及實際忠告等不同內容雜編。一般每條都以一句恰當的《詩經》引文作結論。

韓愈（唐 768～824），字退之，河南河陽人。自稱「郡望昌黎」，世稱「韓昌黎」「昌黎先生」。貞元八年（792）登進士第，兩任節度推官，累官監察御史。貞元十九年（803），因論事而被貶陽山，後歷都官員外郎、史館修撰、中書舍人等職。元和十二年（817），出任宰相裴度的行軍司馬，參與討平「淮西之亂」。元和十四年（819），又因諫迎佛骨一事被貶至潮州。晚年官至吏部侍郎，人稱「韓吏部」。諡文，故稱「韓文公」。宋元豐元年（1078），追封昌黎伯，並從祀孔廟。韓愈是唐代古文運動的宣導者，被後人尊為「唐宋八大家」之首，有「文章巨公」和「百代文宗」之名。著有《韓昌黎集》40 卷、《外集》10 卷等。

韓翃（唐代人，生卒年不詳），詩人，有《送王少府歸杭州》：「歸舟一路轉青蘋，更欲隨潮向富春。吳郡陸機稱地主，錢塘蘇小是鄉親。葛花滿把能消酒，梔子同心好贈人。早晚重過魚浦宿，遙憐佳句篋中新。」

韓泰華（元代人，生卒年不詳），號小亭。浙江杭州人。元代水利專家和

天文學家。祖父韓文綺。中統三年（1262），中書左丞張文謙薦任提舉諸路河渠，中統四年，因功升任副河渠使，至元二年（1265）又升任部水少監，至元十三年（1276）任工部郎中。後至太史局修曆。晚年僑居金陵，築玉雨堂以藏書，藏書甚富，有元人文集百餘種。著有《玉雨堂叢書》。

韓日纘（明 1578～1636），字緒仲，號若海，廣東博羅人。萬曆三十五年（1607）進士，曾任檢討官，後累官至禮部尚書。

韓鈿閣（明末人，生卒年不詳），《賴古堂別集・印人傳》記：鈿閣韓約素，梁千秋之侍姬，慧心女子也。幼歸千秋，即能識字，能擘阮度曲，兼知琴。嘗見千秋作圖章，初為治石，石經其手，輒瑩如玉。次學篆已，遂能鐫，頗得梁氏傳。然自憐弱腕，不恒為人作，一章非歷歲月不能得。

韓封（清 1758～1834），字桂舲，詩人，廣東新會人。與紀曉嵐、伊秉綬等俱有詩詞唱酬。有《韓桂舲先生自訂年譜》一卷。

韓駬（清初人，生卒年不詳），蘇州人。有清乾隆二十三年（1758）刻本《補瓢存稿》六卷傳世。

韓崇（清 1783～1860），字元芝、元之，一字履卿，別稱南陽學子，蘇州人。性嗜金石，編著有《錄德錄》《江左石刻文編》《江右石刻文編》《書畫題跋》《寶鐵齋書錄》《義門先生集》《三節合編》等。

藍漣（明末清初人，生卒年不詳），字公漪，福建侯官人。康熙間布衣。工書畫，兼精篆刻。遨遊江湖，與吳偉業、毛奇齡、陳恭尹、梁佩蘭友善。詩磊落有奇氣。年 80 餘卒於粵。有《採飲集》。

謝道韞（晉代人，生卒年不詳），字令薑，陳郡陽夏人。東晉時期詩人，宰相謝安的侄女，安西將軍謝奕的女兒，與漢代的班昭、蔡琰等齊名。

謝疊山（宋末元初人，生卒年不詳），江西弋陽人。變賣家產組織義軍抗擊元兵侵略，兵敗被俘，拒絕高官厚祿誘惑，最後絕食殉國。

謝文蕭（明代人，生卒年不詳），詩人，餘不詳。

謝榛（清 1495～1575），字茂秦，號四溟山人、脫屣山人，山東臨清人。16 歲時作樂府商調，流傳頗廣，後折節讀書，刻意為歌詩，以聲律有聞於時。嘉靖間，挾詩卷遊京師，與李攀龍、王世貞等結詩社，為「後七子」之一，客遊諸藩王間，以布衣終其身。其詩以律句絕句見長，功力深厚，句響字穩。著《四溟集》24 卷、《四溟詩話》4 卷。

謝肇淛（清 1567～1624），字在杭，號武林、小草齋主人，晚號山水勞人，

福建長樂人。博物學家、詩人。明萬曆二十年（1592）進士，官至廣西右布政使。詩風雄邁蒼涼，寫實抒情，為當時閩派代表。著《五雜俎》16卷，為明代一部有影響的博物學著作，《史觸》17卷，《太姥山志》等。

謝振定（清1753～1809），字一齋，號薌泉，湖南湘鄉人。乾隆四十五年（1780）進士，改庶吉士，授編修。負經世才，尚氣節，能古文辭，歷官御史，罷，復起禮部員外郎。嘉慶元年（1796）怒燒和珅之車，史稱「燒車御史」傳名後世。有《知恥齋集》。

謝蘭生（清1760～1831），字佩士，號澧浦、里甫、理道人，廣東南海人。工詩善畫，詩學蘇軾，畫得吳鎮、董其昌、王原祁等人法。筆調清雅，設色明快。書宗顏真卿，參以褚遂良、李邕，晚年酷似米芾。著有《常惺惺齋文集詩集》八卷，《書畫題跋》等。

謝吉暉（清光緒間人，生卒年不詳），字崧梁，湖南湘鄉人，著《今文房四譜》一書，光緒十六年（1890）湘鄉擎經榭謝氏刻本。1938年藏書家趙詒琛收入《藝海一勺》影印再版。

應瑒（漢170～217），字德璉，汝南郡南頓縣人。「建安七子」之一，歸附曹操的時間也較晚。有《正情賦》等傳世。

應時良（清1784～1856），字笠湖，一作竺湖，浙江海寧人。善詩、畫。有《百一山房集》。

繆頌（清乾嘉慶間人，生卒年不詳），字石林，號石林散人、癡頌，江蘇吳縣人。為王玖弟子。其詩畫放縱超脫，受時人推重。曾遊宜興，請葛子厚為製壺。

鍾離春（戰國時人，生卒年不詳），齊無鹽人，女。狀貌醜陋，但關心政事，曾自謁齊宣王，責其奢淫腐敗，宣王感動，立為王后。後世用以稱頌和比擬貌醜而有德行的婦女。鍾離春事跡見於《論衡》與《列女傳》。

鍾繇（漢151～230），字元常，潁川長社人。東漢末為黃門侍郎。曹操執政時，鎮守關中，招集流散，使生產逐漸得到恢復。曹丕代漢後，任為廷尉。明帝即位，官至丞相、太傅。世稱「鍾太傅」。工書，師法曹喜、蔡邕、劉德升。博採眾長，融會貫通，各體兼能。尤精於隸、楷。點畫多奇趣，結體茂密而修長，飄逸蕭疏，形成由隸入楷的第一代新面目。與張芝、王羲之齊名，合稱「鍾張」「鍾王」。真跡早佚，所存《宣示表》《賀捷表》《薦季直表》《丙舍帖》等，皆為後人摹刻。

　　鍾離權（漢 168～256），姓鍾離，名權，字雲房，一字寂道，號正陽子，又號和谷子，漢咸陽人。約東漢、魏晉時人，原型為東漢大將，故又被稱做漢鍾離。少工文學，尤喜草聖。隱於晉州羊角山。道成，束雙髻，衣槲葉，自稱「天下都散漢鍾離權」。民間傳說「八仙」之一。

　　鍾嶸（南北朝人，約 468～518），字仲偉，潁川長社人。齊代官至司徒行參軍。入梁，歷任中軍臨川王行參軍、西中郎將晉安王記室。梁武帝天監十二年（513）以後，仿漢代「九品論人，七略裁士」的著作先例，寫成詩歌評論專著《詩品》。以五言詩為主，將兩漢至梁作家 122 人，分為上、中、下三品進行評論，故名為《詩品》。提倡風力，反對玄言；主張音韻自然和諧，反對人為的聲病說；主張「直尋」，反對用典，提出了一套比較系統的詩歌品評的標準。

　　魏伯陽（漢 151～221），本名魏翱，字伯陽，道號雲牙子，會稽上虞人。東漢時期黃老道家、煉丹理論家，道教丹鼎派的理論奠基人。

　　魏忠賢（明 1568～1627），字完吾，北直隸人。自宮後改姓名李進忠，由才人王氏複姓，出任秉筆太監後，改回原姓，皇帝賜名為魏忠賢。熹宗時期，出任司禮秉筆太監，極受寵信，被稱為「九千九百歲」，排除異己，專斷國政，以致人們「只知有忠賢，而不知有皇上」。崇禎繼位後，打擊懲治閹黨，治魏忠賢十大罪，命逮捕法辦，自縊而亡，其餘黨亦被肅清。

　　魏錫曾（清 1828～1881），字稼孫，號鶴廬、印奴，齋堂為非見齋、績語堂，浙江仁和人。自幼嗜印成癖。除搜集印譜外，亦致力印學研究，論印極精闢。著有《書學緒聞》。

　　魏春松（清代人，生卒年不詳），無考。

十八畫：聶 瞿 關 邊 歸 顏

　　聶道真（晉約 270～340），譯經居士聶承遠之子。少時隨父授學，博通內外典籍，並通達梵語，最初隨父在竺法護的譯席中，不久成為正式的譯員。永嘉末年，他跟隨竺法護避俗世禍亂，到達西部邊疆。竺法護示寂後，繼續傳譯佛經活動。在華嚴部中譯出二十四品，三十八卷。歷代三寶紀卷六等諸錄中更列舉數十部。於太康至永嘉間譯出《觀世音受記經》一卷。

　　瞿應紹（清 1778～1849），字陛春，號子冶，又號月壺，晚取號瞿甫，亦作翟父，別署老冶、子冶父、石瞿、緘齋，室名毓秀堂、萬竹盦、香雪山盦、

二十六花品廬、玉鑰三潤雪詞館。上海松江人。道光間貢生，官浙江玉環同知。詩文甚佳，擅篆刻，善繪畫，富收藏。尤好製壺，法陳曼生。尤精製砂胎錫壺，與楊彭年合作，往往柄有彭年印記者即其手製，與曼生壺同為後世珍重。有《月壺草·題詩畫》存世。

瞿中溶（清 1769～1842），字木夫，又字鏡濤，妻死後改號空空叟，江蘇嘉定人。為錢大昕女婿。工書善畫，富收藏，尤精金石考證之學。著有《漢金文篇》《湖南金石志》《吳郡金石志》《集古官印考》《集古虎符魚符考》《古玉圖錄》《弈載堂文集》《古泉山館集》等。

關尹子（春秋時人，生卒年不詳），字公度，名喜，曾為關令，與老子同時。老子《道德經》五千言，係應其請而撰著《關尹子》。劉向謂：「喜著書凡九篇，名關尹子。」

關魯窩（清乾隆年間人，生卒年不詳），廣東南海人。

關復生（清道咸時人，生卒年不詳），廣東順德人，畫家，蘇六朋弟子。

邊讓（漢約？～193），字文禮（一作元禮），兗州陳留郡浚儀縣人。年少時，博學善辯，又能寫文章，曾作《章華賦》，名噪一時。漢靈帝時，大將軍何進以軍事徵召為令史。官至揚州九江郡太守，被曹操所殺。

邊壽民（1684～1752），初名維祺，字頤公，又字漸僧、墨仙，號葦間居士，江蘇山陽人。工詩詞，能書善畫。善畫花鳥、蔬果和山水，尤以畫蘆雁馳名江淮，有「邊蘆雁」之稱。其潑墨蘆雁，蒼渾生動，樸古奇逸，極盡飛鳴、食宿、游泳之態。潑墨中微帶淡赭，大筆揮灑，渾厚中饒有風骨。又善以淡墨乾皴擦小品，更為佳妙。因他畫蘆雁，稱其所居名「葦間書屋」。

歸有光（明 1506～1571），字熙甫、開甫，別號震川、項脊生，吳郡人。九歲能屬文，弱冠盡通《五經》《三史》。舉鄉試，上春官不第。徙居嘉定安亭江上，讀書講道，學生常數百人，稱為震川先生。嘉靖四十四年（1565）始舉進士，授長興令，用古教化為治。隆慶中始用高拱等薦為南京太僕寺丞，後卒於官。歸有光為古文，原本經術，又好太史公書，為明代一大家。著有《震川文集》30 卷、《別集》10 卷，又有《易經淵旨》《諸子匯函》《文章指南》等。

歸昌世（明 1574～1644），歸有光孫，字文休，號假菴，昆山人。諸生。十歲能詩歌，有聲詞苑。與李流芳、王志堅稱三才子。又工書畫篆刻。篆刻取法文彭，能不為其束縛。嘗論印曰：「作印不徒學古人面目，而在探其源。源

則作者性靈也。性靈出，而法亦生，神亦皆偕焉。」善草書、畫蘭竹，詩文得家法。著有《假庵詩草》傳世。

顏之推（南朝 531～約 597），字介，生於江陵，祖籍琅邪臨沂。年少時因不喜虛談而自己研習《儀禮》《左傳》，得到南朝梁湘東王蕭繹賞識，19 歲便被任為國左常侍。一生著述甚豐，所著書大多已亡佚，今存《顏氏家訓》和《還冤志》。

顏師古（唐 581～645），名籀，字師古，以字行。雍州萬年人，祖籍琅邪臨沂。經學家、訓詁學家、歷史學家。祖顏之推，父顏思魯。

顏真卿（唐 709～785），字清臣，京兆萬年人，一說臨沂人。曾任平原太守，官至吏部尚書、太子太師，封魯郡公，為人剛烈忠讜，為國捐軀，世所敬仰。世稱「顏平原」「顏太師」「顏魯公」等。書法初學褚遂良，後請教張旭，深悟筆法，參用篆書筆意寫楷書，真書筆力彌滿，端莊雄偉，氣勢森嚴；行書遒勁鬱勃，闊達自在，書風明顯區別於二王和唐初諸家，對我國書法藝術的發展有重大影響，傳世書跡和碑刻甚多，世稱「顏體」。後人輯有《顏魯公文集》。

十九畫：蘇　嚴　羅　寶

蘇武（漢前 140～前 60），杜陵人。在漢武帝時擔任郎官。天漢元年（前100），奉命以中郎將持節出使匈奴，被扣留。匈奴貴族多次威脅利誘，欲使其投降；後將他遷到北海邊牧羊，揚言要公羊生子方可釋放他回國。蘇武歷盡艱辛，留居匈奴 19 年，持節不屈，至漢昭帝始元六年（前 81）方獲釋歸漢，拜典屬國，祿中二千石。甘露三年（前 51），位列麒麟閣十一功臣之末。

蘇易簡（宋 958～997），字太簡，四川梓州銅山人。宋太宗太平興國五年庚辰科進士第一。有《文房四譜》《續翰林志》。《文房四譜》五卷，筆譜二卷，其餘各一卷，附筆格、水滴器。書前有徐鉉序，末有自序。

蘇軾（宋 1037～1101），字子瞻，號東坡居士，四川眉山人。嘉祐二年（1057）進士。知密州、徐州、湖州。因對王安石所行新政有異見，被貶謫黃州。元祐間復起用，任翰林學士，出知杭州、潁州，官至禮部尚書。紹聖四年（1097），黨爭又起，再謫惠州、儋州。和當地黎、漢族居民關係密切，對開拓南疆文化作出重要貢獻。其文汪洋恣肆，明白暢達，為「唐宋八大家」之一。作詩清新豪健，善用誇張比喻，獨具風格。詞開豪放一派，對後世影響很大。擅長行書、楷書，得力於王僧虔、李邕、徐浩、顏真卿、楊凝式，而自成

家數。用筆豐腴跌宕，有天真爛漫之趣。與黃庭堅、米芾、蔡襄並稱「宋四家」。能畫竹，學文同，為湖州竹派之一。傳說他畫竹幹從地一直起至頂，米芾問何不逐節分畫，答：「竹生時何嘗逐節生。」嘗在試院，興到無墨，遂用朱筆寫竹，後人競效，稱為「朱竹」。能作枯木、怪石、佛像，出筆奇古。論畫力主「神似」，認為「論畫以形似，見與兒童鄰」，並提出「士夫畫」（即文人畫）之說。徽宗即位，大赦，提舉玉局觀，後人傳為「玉局法」。北還，病死常州，追諡文忠。與父洵、弟轍，合稱「三蘇」。著有《東坡七集》《經進東坡文集事略》等。

蘇轍（宋 1039～1112），字子由，一字同叔，晚號潁濱遺老。眉州眉山人。嘉祐二年（1057）登進士第，初授試秘書省校書郎、商州軍事推官。宋神宗時，因反對王安石變法，出為河南留守推官。此後隨張方平、文彥博等人歷職地方。宋哲宗即位後，入朝歷官右司諫、御史中丞、尚書右丞、門下侍郎等職，位列執政。哲宗親政後，因上書諫事而被貶知汝州，連謫數處。宰相蔡京掌權時，再降朝請大夫，遂以太中大夫致仕，築室於許州。宋孝宗時追諡文定。蘇轍與父親蘇洵、兄長蘇軾齊名，合稱「三蘇」。其生平學問深受其父兄影響，以散文著稱，擅長政論和史論，蘇軾稱其散文「汪洋澹泊，有一唱三歎之聲，而其秀傑之氣終不可沒」。其詩力圖追步蘇軾，風格淳樸無華，文采少遜。蘇轍亦善書，其書法瀟灑自如，工整有序。著有《欒城集》等行於世。

蘇過（宋 1072～1123），字叔黨，蘇軾幼子，時人稱為小東坡。官中山府通判，蘇軾連年謫貶，過均隨行。軾死，營葬於汝州郟城，遂家潁昌小斜川，自號斜川居士，有《斜川集》，已佚。後人有輯本。

蘇雲卿（宋代人，生卒年不詳），廣漢人。紹興年間來到豫章東湖，因為對待鄰居很有禮貌，因此人都尊其為「蘇翁」。他的布衣之交張浚當上宰相後，派人帶著書信和禮物給他，希望他能出仕。蘇雲卿拒絕後便雲遊四海，不知所蹤。

蘇宣（明 1553～？），字爾宣，一字嘯民，號泗水，歙縣人。幼承庭訓，喜讀書、擊劍，雖斷碑殘碣，亦多窺研。後在上海顧從德、嘉興項元汴等處縱覽秦漢璽印，盡得其法。其作品能得漢印神貌，所刻流傳極廣。與文彭、何震齊名，有鼎足而三之稱。董其昌、陳繼儒、袁中道、孫克弘等人用印，皆出其手。著有《蘇氏印略》四卷。

蘇六朋（清 1791～1862），字枕琴，別署枕琴居士、枕琴道人、枕琴道士、

怎道人、怎叔、阿琴、阿朋、南水村人、南水村佬、南水漁人、南水漁郎、南溪漁隱、南溪漁者、溪南漁叟、山樵漁郎、羅浮布衣、羅浮山樵、羅浮道人、浮山樵者、浮山阿朋、七百三十峰散人、第七洞天樵子、七十二洞天散人、石樓吟叟、石樓仙客、消遙道士、雲裳道人、夢香生等別號。廣東順德人。幼年到羅浮山住山，從寶積寺德堃和尚學畫。善畫人物，尤擅寫真像，又以自然為師，觀察山光水色，山中集市的人物、山貨蔬果、禽鳥家畜，加以描繪。返廣州後，在城隍廟擺地攤賣畫，更得以觀察各類市井人物，積累了豐富的創作題材。後設石亭池館以賣畫自給。善畫人物，取法宋元。題材以道釋、仙人及民間故事為多。運筆流暢，頗具奇思。細筆工繪者尤佳。與張維屏、黃培芳諸人修禊，常由六朋繪圖紀盛。亦工山水。

蘇孫瞻（清代人，生卒年不詳），字甘漁，號耕虞，晚號耐寒，江蘇太倉人。以畫名海虞。兼善人物、寫真及山水、花鳥，著重色。初與許吟亭、倪閑谷結詩侶，稱「語溪三布衣」。嘗遊楚，畫楚江幽思圖，題者甚多。卒年八十二。

嚴元照（清 1773～1817），字元能（一作修能），一字久能（一作九能），號悔庵，又號蕙櫋，浙江歸安（今湖州）人。詞人。朱孝臧題云：「娛親暇，餘事作詞人。廿載柯家山下客，空齋畫扇亦前因，成就苦吟身。」

嚴儀生（清嘉慶時人，生卒年不詳），字兩亭，浙江德清縣人。曾任順德知縣、南韶連兵備道。

嚴保庸（清 1796～1854），字伯常，號問樵，江蘇丹徒人。道光九年（1829）進士，入翰林，改官山東棲霞知縣。篤志好學，自以為傳奇無愧作者。善蘭竹及寫意花卉，嘗舉吳偉業「能不得花意」七字為寫生法。

嚴大昌（清代人，生卒年不詳），順德詩人，號為「鳳城五子」之一。

嚴邦英（清代人，生卒年不詳），廣東順德人，輯有《順德先哲書畫錄》。

羅隱（唐 833～909），字昭諫，本名橫，號江東生，新登人。少善屬文，恃才傲物，十舉進士不第，易名為隱。887 年為錢塘令，遷著作郎。天祐三年（906）充節度判官。後梁開平二年（908）授給事中。詩文以譏刺為主，雜文筆鋒犀利。咸通八年（867）著《讒書》，又有詩集《甲乙集》，清人輯有《羅昭諫集》。

羅泌（宋代人，生卒年不詳），著《錢幣考》。

羅志仁（宋代人，生卒年不詳），字壽可，號秋壺，清江人。度宗咸淳九

年（1273）預鄉薦。元世祖至元二十四年（1287）應薦為天長書院山長。清同治《清江縣志》卷八有傳。《全宋詞》錄有其詞 7 首。

羅子開（明代人，生卒年不詳），與張二喬交往之名士，餘不詳。

羅石（明代人，生卒年不詳），山東萊陽人，學者。

羅雅谷（明末時入華，1593～？），字味韶，義大利米蘭人，天主教耶穌會傳教士。著有《測量全義》十卷、《五緯表》十一卷、《五緯曆指》九卷、《月離曆指》四卷、《月離表》四卷、《日躔曆指》一卷、《日躔表》二卷、《黃赤正球》一卷、《籌算》、《日躔增五星圖》、《水木土二百恒星表》、《周歲時刻表》、《五緯用則》、《夜中》一卷、《比例規解》一卷、《曆引》二卷以及《日躔考》《晝夜刻分》《五緯總論》《測時》《周歲警言》等等包括天文、數學、曆法與神學等方面的著作。

羅天尺（清 1686～1766），字履先，號石湖，別號百藥居士。廣東順德人。乾隆年間廣東著名詩人和文獻學家，詩風力矯清初以來競尚神韻的流習，骨力特重。巡撫傅應泰推薦他參加朝廷的博學鴻詞特試，但他無意仕進，隱居鄉間講學著述終老。著有《癭暈山房詩鈔》十卷、《五山志林》八卷。

羅聘（清 1733～1799），字遯夫，號兩峰、花之寺僧、衣雲和尚，安徽歙縣人，僑居江蘇揚州。金農弟子。擅畫人物、佛像、花果、梅竹、山水，筆情古逸，思致淵雅，自成風格。為「揚州八怪」之一。所作佛像奇而不詭，尤工畫鬼，嘗多次作《鬼趣圖》，藉以諷當世，極得名流稱賞。蔣心餘有詩云：「兩峰嶔崎人，資稟軼流輩。展足裂地維，放手破天械。碧眼燃溫犀，萬鬼失狡獪。神光掣瞳人，下透轉輪界。」著有《香葉草畫堂集》。妻方婉儀，號白蓮居士，工畫梅竹蘭石，亦能詩，傳子允紹、允纘，均能畫梅，世稱「羅家梅派」。

羅傳球（清嘉道時人，生卒年不詳），字鳴庵，廣東順德人。清道光六年科進士，授翰林院編修。能詩文，工書法，有書名，與潘鳴球、黃允球合稱「鳳城三球」。

羅季躍（清代人，生卒年不詳），字慶榮，清代順德人。光緒十五年（1889）順天舉人，官內閣中書。

寶鋆（清 1807～1891），姓索綽絡。字佩珩，又字佩蘅，號銳卿，室名吟尹梅閣、自怡悅齋，滿洲鑲白旗人。道光十八年進士。咸豐間累官總管內務府大臣。英法聯軍內犯，咸豐帝逃奔熱河，命提巨額庫銀修葺行宮，力持不可被降職（險丟性命）。同治帝即位後，命在軍機大臣上行走，並充總理各國事務

大臣，擢戶部尚書，拜體仁閣大學士。光緒間官至武英殿大學士。諡文靖。著有《佩蘅詩鈔》《同治朝籌辦夷務始末》等。

二十畫：釋

釋道宣（唐代和尚，生卒年不詳），京兆人。撰《廣宏明集》30 卷，擴大梁僧佑《弘明集》。

釋道世（唐代和尚，生卒年不詳），撰《法苑珠林》100 卷，別本作 120 卷。全書分為 100 篇 668 部，概述佛教之思想、術語、法數等，博引諸經、律、論、紀、傳等，共計四百數十種，其中有現今已不存之經典。又以內容之不同而分類，故使用極為方便。其引用之文並非照經文抄錄，而係錄其要義。為我國佛教文獻中極其珍貴之一部書。

釋古罍（清代人，生卒年不詳），字月旋。海幢解虎錫公之子。齠齔從頂湖棲壑和尚落髮受具。遷住海幢，執侍阿字大師丈室，尋為典客。

二十一畫：鐵 酈 顧

鐵腳道人（生卒年代無考），明正德、嘉靖年間名賢敖英得到署名為鐵腳道人撰《霞外雜俎》的小書後，為其作序和跋。據他介紹，鐵腳道人姓杜，名異才，魏人。「虯髯玉貌，倜儻不羈人也」。他在衡山小住一段時間後，是一個奇特的存在。後來的陸紹珩在《小窗幽記》中寫道：「和雪嚼梅花，羨道人之鐵腳。」說的就是鐵腳道人赤著雙腳，在雪地上行走，嚼梅花滿口，和雪咽之，讓寒香沁入肺腑，那份灑脫令人羨慕。可見鐵腳道人不但豪放落拓，還是一個養生達人。他的養生法，養身與養心兼備，而以養心為主，深得養生真諦。《四庫全書總目提要》著錄《霞外雜俎》時標明杜異才為明朝人。

酈道元（魏？～527），字善長，范陽涿州人。北魏時期酷吏、地理學家、青州刺史酈範之子。幼時隨父訪求水道，博覽奇書，遊歷秦嶺、淮河以北和長城以南的廣大地區，考察河道溝渠，搜集風土民情、歷史故事、神話傳說。為官之後，仕途坎坷，未盡其才，歷任御史中尉、北中郎將，遷冀州長史、青州刺史、魯陽太守、東荊州刺史，轉河南尹，封永寧伯。執法嚴峻，拜關右慰勞大使。北魏孝昌三年（527），為叛臣蕭寶夤部將郭子恢殺於陰盤驛，贈吏部尚書、冀州刺史。撰有《水經注》40 卷，文筆雋永，描寫生動，既是一部內容豐富多彩的地理著作，也是一部優美的山水散文彙集，成為中國遊記文學的開創

者。另著《本志》13 篇及《七聘》等文，均已失傳。

顧烜（隋時人，生卒年不詳），著《顧氏錢譜》。

顧元慶（明 1487～1565），字大有，江蘇長洲人。家陽山大石下，學者稱大石先生。平生以圖書自娛，自經史以至叢說，多所纂述。堂名夷白，藏書萬卷，擇其善本刻之，署曰陽山顧氏山房。行世者有《文房小說四十二種》《明朝四十家小說》。亦善書畫，著有《瘞鶴銘考》《雲林遺事》《山房清事》《夷白齋詩話》等。

顧從德（明代人，生卒年不詳），字汝修，江蘇人。著《印藪》，古印譜錄，初版明代王常輯，係摹刻，有顧從德等序六篇。萬曆三年（1575）成書。附凡例，木版硃印，寬 18.7 釐米。後顧從德於萬曆三年（1575）增補印章（玉印增加到 220 餘枚，銅印增加到 3200 餘枚），以木板翻刻成譜，是為通行本。顧從德另有《集古印譜》，係我國第一部用原印鈐出的印譜，為以後的印譜形制奠定了基礎。

顧憲成（明 1550～1612），字叔時，號涇陽，因創辦東林書院而被人尊稱「東林先生」，江蘇無錫人。萬曆八年（1580）進士，歷任京官，授戶部主事。萬曆十五年（1587），因為上疏申辯，觸怒當道，被聖旨責備，貶謫為桂陽州判官，提為處州推官、任吏部文選司郎中，掌管官吏班秩遷升、改調等事務。萬曆二十二年（1594）革職回家。萬曆三十二年（1604）發起東林大會，制定《東林會約》。諷議朝政而逐漸聚合成一個政治集團「東林黨」。著有《小心齋劄記》《涇皋藏稿》《顧端文遺書》等。崇禎初贈吏部右侍郎，諡端文。

顧炎武（明 1613～1682），本名絳，字寧人，人稱亭林先生，南直隸昆山人。明末清初傑出的思想家、經學家、史地學家和音韻學家，與黃宗羲、王夫之並稱為明末清初大儒。崇禎十六年（1643）國子監生，加入復社。清兵入關後，先後依託於弘光政權、僉都御史王永祚、唐王朱聿鍵、詩社，組織反清活動。拒絕朝廷徵辟，一生輾轉，行萬里路，讀萬卷書，創立了一種新的治學方法，成為清初繼往開來的一代宗師。學問淵博，對於國家典制、郡邑掌故、天文儀象、河漕、兵農及經史百家、音韻訓詁之學，都有研究。晚年，治經重視考證，開啟清代樸學風氣。治學以「博學於文，行己有恥」為主，合「學與行、治學與經世」為一。著有《日知錄》《天下郡國利病書》《肇域志》《音學五書》《韻補正》《金石文字記》《亭林詩集》等。

顧苓（明末清初人，生卒年不詳），字雲美，別號濁齋居士，吳縣人。自

辟塔影園，隱於虎丘。工詩文，善書。行楷學趙孟頫。與鄭簠鄰居，二人相交甚得，喜探究古文字，對漢碑考證，尤有心得，能闡微辨贋。篆刻師秦漢印，不求形似，能得其神，仿宋元朱文，工整厚實，頗見功力。在吳中頗有影響。著有《塔影園稿》。

顧橫波（清 1619～1664），原名媚，又名眉，字眉生，別字後生，號橫波。江蘇上元（今南京）人。與馬湘蘭、卞玉京、李香君、董小宛、寇白門、柳如是、陳圓圓合稱「秦淮八豔」。嫁與龔鼎孳為妾。工詩善畫，善音律，尤擅畫蘭，能出己意，所畫叢蘭筆墨飄灑秀逸。著《柳花閣集》。在「秦淮八豔」中，顧橫波是地位最顯赫的一位，受誥封為一品夫人。龔鼎孳是明末清初文學家，安徽合肥人。崇禎七年（1634）進士，出任湖北蘄春縣令，崇禎十二年任兵部給事中。赴京途中，結識顧橫波，攜其進京，後納為妾。

顧杲（明末人，生卒年不詳），字子方，無錫人。顧憲成之從子，工書法，與吳門楊廷樞同社，酒後與貴池吳應箕談論天下事，輒痛哭；哭罷，輒狂歌。崇禎十一年（1638）與餘姚黃宗羲、長洲楊廷樞等發佈聲討閹黨餘孽阮大鋮罪行的《留都防亂公揭》，列名第一。

顧祖禹（清 1631～1692），字景範，號廊下，一作字瑞五，號景範，蘇州府常熟人。因家對宛溪，故稱宛溪先生。顧祖禹的先祖顧野王撰有《輿地志》，其高祖顧大棟撰有《九邊圖說》，曾祖顧文耀、父親顧柔謙都通曉輿地之學。在家庭的影響下，他畢生專攻史地，以沿革地理和軍事地理的研究為精深。著《讀史方輿紀要》130 卷，約 280 萬字。歷時 30 年，著重考訂古今郡縣變遷，詳列山川險要戰守利害。

顧嗣立（清 1665～1722），字俠君，號閭丘，江蘇長洲人。康熙五十一年進士，曾預修《佩文韻府》，授知縣，以疾歸，喜藏書，尤耽吟詠，性豪於飲，有酒帝之稱。博學有才名，喜藏書，尤工詩，著有《秀野集》《閭丘集》。

顧修（清嘉慶間人，生卒年不詳），字仲歐，號松泉，又號菜崖，石門人。諸生，工詩話，富於藏書。嘉慶四年（1799）匯刻《讀畫齋叢書》8 集 46 種、《讀畫齋題畫詩》19 卷、《讀畫齋偶輯》不分卷。選輯經史考據、書畫、詩話、筆記等切於實用之書，尤以研究《文選》著作 4 種最具特色。另刻有《南宋群賢小集》，為世所珍。嘉慶四年（1799）編《匯刻書目初編》20 卷，詳列嘉慶以前叢書 261 種子目，是我國第一部叢書子目的專門目錄，開拓了目錄學的新領域。還有《圖畫偶輯》《讀畫齋學語草》《百疊蘇韻詩》等。

顧洛（清 1763～約 1837），字西梅，號禹門，浙江錢塘人，清嘉道時名家，書法古勁圓厚，用成延至其家，倩為代筆。生平作畫未嘗重稿，未授一弟子。

顧沅（清 1799～1851），字澧蘭，號湘舟，又自號滄浪漁父，江蘇長洲人。出身世代簪纓之家，但不求仕進，歸隱里門，興建私家花園闢疆小築。園中藝海樓縱橫環立三十六櫥，貯書十萬卷，樓下為吉金樂石齋，收藏商彝、周鼎、晉帖、唐碑之屬。其中頗多秘本、善本，尤以收藏宋版元刻古籍而出名，為當時江南首屈一指的大收藏家。輯有《賜硯堂叢書》《古聖賢像傳略》等。善詩，有《聽漏吟》《遊山小草》《然松書屋詩鈔》等詩集。

顧文彬（清 1811～1889），字蔚如、子山、子珊，號艮齋、艮庵、艮盦、艮盦居士、過雲樓主、退庵、怡園，室名眉綠樓、過雲樓、駕紅詞館、因因庵、玉幾山房，江蘇元和人。道光二十一年（1841）進士。官至浙江寧紹道臺。工書法，尤工倚聲，富收藏，精於鑒別書畫，著《眉綠樓詞》八卷、《過雲樓書畫記》十卷、《過雲樓帖》等。

二十二畫：龔

龔大明（宋 1168～1238），字若晦，仁和人。詩人。寧宗聞其名，召至禁中齋修，賜號沖妙大師。

龔鼎臣（宋代人，生卒年不詳），字輔之，鄆州須城人。景祐元年進士，歷官諫議大夫、京東路安撫使、知青州。改大中大夫，提舉亳州太清宮。以正議大夫致仕。著《東原錄》。

龔開（1222～約 1302），字聖予（一作聖與），號翠岩，晚號龜城叟、岩叟，人稱龔高士。淮陰龜山人。景定年間曾任兩淮制置司監當官。詩文書畫均佳。山水師法米芾、米友仁，人物、鞍馬則學曹霸，亦能畫梅、菊等花卉。喜水墨畫鬼魅及鍾馗，「怪怪奇奇，自成一家」，開明清寫意畫之先河。其特點是用筆粗重、墨色淋漓，造形比較誇張，畫上多題詩及跋語。抒情寓意，寄託遺老的懷抱。

龔鼎孳（明 1616～1673），字孝升，因出生時庭院中紫芝正開，故號芝麓，安徽合肥人。崇禎七年（1634）進士，官兵科給事中。崇禎十七年（1644）李自成攻陷北京後，為直指使。清軍入京後，迎降，遷太常寺少卿，後累官禮部尚書。洽聞博學，詩文並工。工書，善山水。詞作以意象綿密、著意鍛煉、好

用擬人、善於和韻為主要風貌，在清詞史上獨具特色，著有《定山堂集》47卷，其中《詩集》43卷、《詩餘》4卷。

　　龔春（明代人，生卒年不詳），藝名供春，浙江宜興人。以作紫砂壺而聞名。正德間為吳頤山書僮，曾隨侍主人到宜興湖㳇金沙寺，向靜智和尚學習煉土製壺技術，久經鑽研，技巧純熟精煉，後專以製壺為業。製品質薄堅實，新穎精巧，質樸溫雅，別具一格。其價值之高，曾有「供春之壺，勝於金玉」評語。作品以樹癭壺最為名貴，但傳世品極少，清末民初仿品甚多。

　　龔賢（清 1618～1684），又名豈賢，字半千，號柴丈人，江蘇昆山人。自幼寓居南京。參與明末復社。清初文壇名詩人。尤長於山水畫，居「金陵八家」之首，是主張革新的代表畫家之一。畫山水強調以內然為根本，抒發自己感情，形成獨特風格。藝術特點是皴法的創造，皴擦加染，層層加積，在濃畫厚潤之中留出受光部分，有似西畫的高光。著有《香草堂集》等。

　　龔自珍（清 1792～1841），字璱人，又號定庵、定盦道人、定公，原名鞏祚，一名自暹，更名簡易，字伯定，又號羽琌、羽琌山民，又名愛吾、阿珍，學佛取名鄔波索迦，別署觀實相之者，室名懷人館、祀龍樹齋、龍樹齋、紅禪室、病梅館、寶燕閣、奢摩它室、小奢摩室、羽陵山館，浙江仁和人。史學家和文學家。幼從外祖段玉裁學。嘉慶十七年充武英殿校錄。道光九年進士。官內閣中書、禮部主事。丁父憂歸，掌教丹陽雲陽書院，卒於任。治學提倡「通經致用」及「尊史」。晚年支持林則徐禁煙、抗英。有《小奢摩詞》《龔自珍全集》。

　　龔照瑗（清？～1897在世），字仰蘧，安徽合肥人。江蘇候補道，中法戰爭期間，曾為臺灣守軍轉運武器和兵員。1890年後歷任浙江按察使、四川布政使，出使英、法、意、比大臣，授光祿寺卿、太常寺卿。1896年曾在倫敦誘捕孫中山。同年回國，任宗人府丞。次年被劾罷官。

　　龔在德（清代人，生卒年不詳），南海舉人。

附錄二：補遺

蔡守題拓片（林銳供稿）

題溫畫磚

　　己未閏七夕堀廣州城發見。景叔先生乘定，蔡文哲夫記。鈐「道在瓦甓」朱文方印，「守」字朱文方印，「寒瓊藏甓」白文長方印，「瓦甓無脛而奔萃」朱文方印。

題寶元磚

己未七月於廣州拆城發見。今歸番禺汪氏景吾，精衛之胞兄也。蔡文記。

題磚拓

甲寅歲除無寐，展翫此專拓本。思去年今日從上海馳車之華涇訪鎦三於黃葉樓，一別四載。殘年再見，喜可知也。鎦三盡發所藏石墨。傳燭同觀。更以古甓十數種拓片題贈，此其一也。是夕並與靈素夫人裁句為令，歡飲徹明。客中侶此度歲，人洵生不可多得。今宵回憶，倐經一年。因記勝事。

題花紋磚拓

　　此殘專雖無文字，顧其花紋精湛絕倫，殆兩京之遺物歟。且僅得一角已如是之鉅。其制度弘偉，亦為古甓中罕見之品。是拓有百匋樓印，知為鈕葦邨重熙 [1] 所藏。葦邨與陳經 [2]、丁芮模 [3]、王廙 [4] 同時皆耆古專。陳有《求古精舍金石圖》，丁有《漢晉專文考畧》，王有《寶鼎精舍古專錄》，鈕有《百陶樓墼文集錄》。余昔年曾得王二樵畫像曲專挍本，亦無文字者。丁巳十月十日得此拓時，景叔先生有專錄之輯，因目寄似，希審定採錄為幸。蔡文哲夫志。鈐「蔡守審定」朱文方印，「爛就考煤重開光」朱文方印。

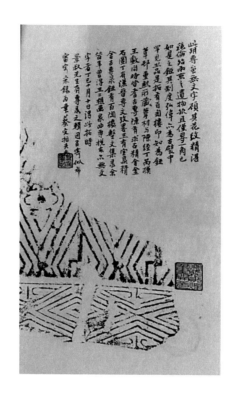

【注釋】

[1] 鈕重熙，字葦邨，為清代古磚研究家，其藏磚名聞天下，陸心源等人所著藏磚專著均有提及。著有《百陶樓磚文集錄》。

[2] 陳經，清代人。編有《求古精舍金石圖》4 卷，傳世有清嘉慶二十三年（1818）說劍樓刊本。收漢至宋的瓦當、磚雕、鼎鬲、古泉等物百數種，多為編者自藏。繪刻精美，圖後附文說明，詳述款識、器型、尺寸，金石類書。

[3] 丁芮模，清代人。博雅好古，嗜收古彝鼎、法書、名畫，工篆、隸，得兩漢筆法。著有《國朝書畫家筆錄》《漢晉專文效畧》等。

[4] 王戲，清代人，編有《寶鼎精舍古專錄》。

題曲磚拓

寶鼎精舍拓奇㼷，柳七和尚藏有年。□㼷嚮未見著錄，自我題之千世傳。丙辰清明後一日題。鈐「寒瓊題詩」白文方印。

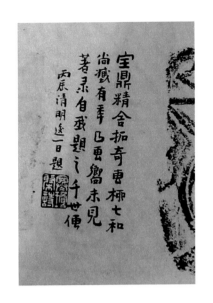

題永元城磚拓

戊己之交，廣州堀城，發見古專千百品。有年號者當以此為至古。專文十一字，為：「永元九年□白造，萬歲富昌。」第五字不識。或釋「　」字，未安也。閏七月七夕與南海潘觶仲同訪尋，身毛喜豎，貽友挩百㼧。此寄景叔先生審定。蔡守哲夫並記。第五字或釋作「山」，亦未碻也。哲夫又記。鈐「道在瓦甓」朱文方印，「瓦甓無脛而奔萃」朱文方印，「寒瓊藏甓」白文長方印。

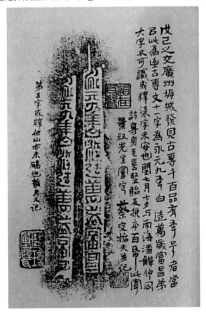

題埃及古刻拓本

　　未有文字，先有畫像，萬圜一癸。昔年英吉利欽使薩道羨處得見海外諸古
國畫像景本不尠。比來復見湞陽端氏所藏埃及古刻數十品，多若吾圜上古之象
形字。是刻為戚畹樵埜氏 [1] 使英時所导。洵海外奇品，如江珧充庖，偶一下
筋，令人頓忘宍味。丙辰九月哲夫跋。鈐「蔡守」白文方印，「守吾素」朱文
長方印。

　　附錄：南海張氏使倫敦時得於於博物院，石質鬆脆，椎拓輒易剝落，故不
易拓，花紋精細，均為形文字，中作一人首，其殆古之酋長與。丙辰八月拓為
寒瓊道兄欣賞。壺父題記。

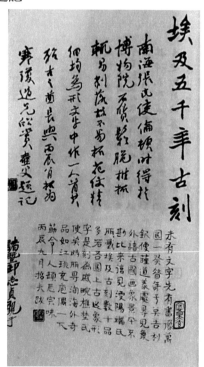

【注釋】

　　[1] 戚畹樵埜，即張蔭桓，詳見《附錄 蔡守與時人遊》。

題元武宗皇后硯拓

　　元武宗皇后硯。景叔先生審定。蔡守。鈐「蔡哲夫」白文方印，「壽祺」
白文方印。

《廣倉專錄》3 卷，鄒安編。1921 年初版。廣州中山圖書館藏書

蔡守致周肇祥一箚（吳曉峰供稿）

救菴仁兄大人左右：頃辱雙十節手畢，並崇文齋計單及解齋收条。瑣瑣之事，有勞清神，實為歉仄之至。封川宋高宗刻及光孝鐘拓覓得，當寄贈不誤。廣雅存版，前由徐紹棨字信符出資印之，賣後與局四六分，後有潤言徐公不為。今則不再印已數年矣。此事即晦聞長廣東教育時也。徐菊人先生之弟世光 [1] 逝世三周紀念，有函來征詩畫，以應之。但數年前室人欲求其墨梅冊一頁而弗予，望代速之為盼。此叩道安。弟文頓首。十月二十日。鈐「蔡守哲夫」楷書朱文長方印。

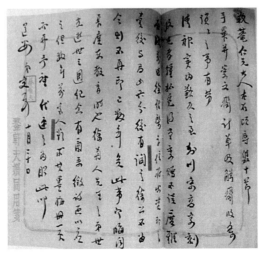

【注釋】

[1] 世光，即徐世光，徐世昌之弟，1929 年徐世光逝世。可推此信是 1932 年所寫。

《民國藏書家手札圖鑒》大象出版社 2019 年 12 月第一版

遺文（林銀煥供稿　據《全國報紙索引》下載整理）

紅樓秋病圖

蔡哲夫為聞野鶴繪

（題款模糊不清）

《民眾文學》1927 年第 16 卷第 16 期 1 頁

紅樹室圖

蔡哲夫為陸丹林作

順德蔡守，字哲夫，寒瓊、檢淚髡寒、水窗、思琅、成城子、寒道人皆其別署也。詩詞書畫金石無不精博，旁通佉盧文。富收藏，夫人張傾城、談溶溶，亦工詩能畫，年來同寓香江，唱隨其樂。右紅樹室圖是其為社友陸丹林得意之傑作，題詠甚多。

（圖上題跋文字模糊不清）

《鼎臠》1926 年第 45 期第 3 頁

紅樹室圖

　　蔡哲夫，名守，順德人。別署寒瓊，又號檢淚詞人。金石書畫詩詞無不精絕。喜收藏，庋歷朝造像碑版，富甲全粵。其夫人張傾城、談溶溶，亦工詩擅畫，均有聲於南華。年來同寓香江，唱隨其樂。右圖並有趙石禪、景枚、高天梅等題詩，極精妙。（陸丹林）

　　（圖上題跋文字模糊不清）

《真光雜誌》1928 年第 27 卷第 1 期第 1 頁

廣州拆城出土漢磚

　　作此與眾異。漢作此與眾異塼。廣州堀城出土之漢專，以目此為最奇玅鑾倫。庚午二月文跋。鈐「筆癢」白文長方印，「寒瓊藏甓」白文長方印。

《蜜蜂》1930 年第 1 卷第 5 期 2 頁

跋漢玉及漢瓦拓片

　　漢系璧，白質黑沁，絕精。鈐「寒璿藏玉」朱文方印，「閨中有有漢玉雙乳壓」白文長方印。

　　璜。白盾黑沁，造工精湛絕倫。鈐「寒璿藏玉」朱文方印。

　　南越殘瓦。廣州城東北四十里石牌邨。第四十八戊辰春三月出土，蔡文登來。鈐「寒瓊藏瓦」朱文方印，「道在瓦甓」白文方印。

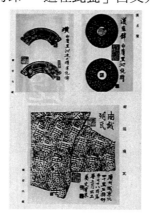

《東方雜誌》1930 年第 2 卷第 2 期 1 頁

蔡守藏清張之萬山水畫

《藝林月刊》1930 年第 11 期 9 頁

跋廣州寶莊嚴寺塔鈴拓片

　　廣州寶莊嚴寺塔。寺迺梁武帝之母甥男道場。曇裕法師開山建塔。趙宋被火重建。即今六榕寺花塔也。蔡守記。

《東方雜誌》1930 年第 27 卷第 2 期 1 頁

蔡守藏魏銅造像拓片

　　魏比丘尼法勇造像。鈐「蔡守」朱文方印,「比丘尼古溶」朱文方印。

　　銅佛記,艸書至尠。文識。鈐「寒瓊」白文方印。刻銘「正光元年（520 北魏孝明帝）庚子十二月□朔丘尼法勇為□敬造釋迦□□□□□」

《東方雜誌》1930 年第 27 卷第 2 期 1 頁

蔡守藏西涼金佛造像拓片

　　西涼金佛拓本。

　　五涼吉金著錄,誠海內無匹之鬷品也。髡寒藏。刻銘「己巳六年七月六日比丘尼□京□人□□神功,保佑□□□□方安靜□□□□普同其傾」。

《天津商報畫刊》1932 年第 6 卷第 50 期 2 頁

禺山飛來寺

蔡哲夫寄贈

禺峽山為第十九福地，在廣東清遠縣城外三十里。兩山穹窿對峙，束滇湟諸水而赴於海，故曰峽。世傳軒轅二庶子大禺居峽南，仲陽居峽北，因以得名。山中巖洞幽竁，名蹟甚多。而飛來古寺則梁普通元年二神人所立，而請真俊和尚居之，歷代修建，至今不墜也。

《藝林月刊》1933 年第 45 期第 4 頁

蔡守花南甌北圖

南甌北圖。乙亥歲晚乍。敦菴先生惠存。弟文寒瓊

《藝林月刊》1936 年第 80 期 14 頁

蔡守拓古陶缽

底刻篆書銘：「西子湖畔有斯古缶，叔未拾來愛不釋手。永寶藏之，萬年眉壽。誰為作銘，方外達受」。鈐「寒瓊審定」朱文方印。談月色跋：「匋缶無釉，有花紋。底有梅花一朵。似唐宋間物，西湖出土。六舟為叔未銘。清儀閣舊物也。五松琴館用作茶洗，以儗時大彬口口。月色拓並記」

《藝林月刊》1939 年第 111 期 3 頁

蔡守藏朱熹銅琴拓片

《同聲月刊》1940 年合刊號 1 頁

詩得灣字

石尤風緊浪成山，勝事些些天亦慳。

想像紅塵妃子笑，今宵何必荔支灣。

《國民日報》1918 年 8 月 23 日第八版

為鈍根畫《紅薇感舊圖》題四絕句並序

乙卯（1915）七月十七夕，與橋李陸四娘貴真湖上訪碑歸，同讀《紅薇感舊記》，頓憶乙巳（1905）秋著書獲戾，避地武林，柳意之殷勤。去年京華吟詠觸時忌，劉春之巧為護持，不勝哀感。遂挑燈走筆為制斯圖，並系四絕。

沖夜西湖雙棹返，紅門橋畔小紅樓。

枕邊共讀紅薇記，逋客風懷得似不。

十年斯地作亡人，柳意能教秋氣春。

同有美人恩未報，為圖今夜一愴神。

去歲京師歌五噫，不祥文字又幹時。

春娘慧絕憐才甚，解使梁鴻姓運期。

圖成哀豔複荒涼，感舊憐新暗自傷。

敲斷瓊釵寒月墜，貴真還唱玉嬌娘。

題屯安《紅薇感舊記》

《新無錫》1919 年 8 月 3 日第 4 版

與春娘登遙集樓

盛年橐筆入長安，翻共吳娃鎮日閑。

一代人材歸眼底，八陘山色上眉端。

與卿未分終牢落，此世誰能遣苦艱。

漫怨東風吹鬢亂，姑容袖手耐春寒。

《上海先施樂園》1920 年 6 月 18 日第二版

上巳遊萬生園

且容仲御安閒坐，那有公望過問來。

太潔可愁丁五濁，不祥莫甚是多才。

未青萬柳將春惱，無意孤花犯節開。

一月京華塵汙面，秉蘭臨水自低徊。

《上海先施樂園》1920 年 6 月 18 日第二版

雪夜春娘留飲

一領狐裘凍不溫，韓潭雪夜訪劉春。

拔釵沽酒情何限，並枕談詩艷絕倫。

都下故人多不賤，花間新特獨憐貧。

閑商身世微之子，寥落宣南孰與親。

《上海先施樂園》1920 年 6 月 18 日第二版

饒栢森博士之無線電學演講

無線電速度每秒五十萬里

饒栢森博士於十一月十六日由湘蒞南昌特為各界演講。特定十八日上午十時為豫章中學及保靈女校演講《無線電學》。屆時到會者達五百餘人。演詞如下：

電學有很多的階級，她的祖宗就是磁鐵。有了磁鐵，後來才有有線電報。然後由有線電進到無線的電報或電語。然無線電報既無天線及地線，則其聲浪如何能由甲地傳至乙地？因為聲浪藉以太而至各地，計每秒可行五十計每秒可行五十萬里，大約可繞地球七周又半，故我輩不可不加以研究也。望諸君努力在科舉有新貢獻。講畢，即將所帶來之儀器作實地的實驗。散會時已鐘鳴十一下矣。

《興華》1922 年第 19 卷第 4 期 22 至 23 頁

題畫詞

九龍游春兩闋調寄引駕行

山非今日，城猶故國斜陽裏，聽寒潮，咽危石，空留趙家餘址。偷指，有塔影峨峨，鐘聲隱隱大秦寺，是誰使，金銀海氣，擁岩楹，鏤雲雉。左嶠。　詩人去國，倦客思鄉情味。歎患難頻年，江湖滿地，盡魚龍戲。增欷。幸夫妻負戴，丹青娛老共榮恥。問活計，破銅爛鐵，在風塵際。

附：和詞　傾城女士

空城潮打，荒古草沒蠻煙裏，媚春晴，好風日，同尋來王遺址。遙指，過北澗飛橋，東山絕壑訪蕭寺，賦偕隱，茅菴結個，看孤芳，有新雉，特峙。　棲遲島國，想像山家滋味。共抱月連吟，眠雲賭茗，與郎君戲。相歡　歡投間國士，依人王粲素餐恥。好早辦，魚竿蠟屐，釣遊潭際。

《藝觀》1926 年第 1 期 74 版

編後記

　　我非專家，也非受過專業教育的學者。窮 8 年功夫，編成《蔡守集》四卷，附《〈蔡守集〉人物考》一卷，一百三十萬字。《周易・乾》：「終日乾乾，夕惕若厲，無咎」。唯一理由是有「讀書」的愛好而已！謬誤在在，敬希指正！

　　《蔡守集》由（臺灣）花木蘭文化事業有限公司收錄於《古典文獻研究輯刊》中，原預定於 2023 年 3 月出版。

　　出版預告發出後，由於這是一個冷僻的課題，引起許多人的注意並紛紛表示願意提供或補充有關資料。

　　學者陳永正教授說，蔡守就像一口荒棄多年的池塘，值得發掘。只要你有心，隨便一處打一桶水上來，總會有所收穫。《蔡守集》出版日期一展再展，定於 2024 年 9 月出版。

　　六年來，蒙諸多專家學者青睞，不吝賜教指導，提供資料。特別致謝國學耆宿中山大學陳永正教授，親自校勘本書第一、第二卷。感謝汪夢川先生、林銳先生、趙曉濤博士、林銀煥教授、戴建生博士、嚴星柔博士、吳曉峰先生、秦國基先生的幫助。

　　感謝劉麗麗女史為本書進行了三次通校。

　　感謝（臺灣）花木蘭文化事業有限公司全體同寅。

壬寅中秋晚七時廿五分血月現東方　漢鏡堂記於味水齋